Comment tirer sa révérence

Du même auteur,
chez le même éditeur

Il faut tuer Lewis Winter, 2013

R
MAC

Malcolm Mackay

Comment tirer sa révérence

Traduit de l'anglais par
Fanchita Gonzalez Batlle

Liana Levi

L'éditeur remercie Creative Scotland pour son soutien
à la publication de ce titre

Titre original : *How a Gunman Says Goodbye*

ISBN : 978-2-86746-697-7

www.lianalevi.fr

1

Attention aux marches. Tu parles d'un retour en fanfare si tu te cassais la figure le jour de la reprise. Ce n'est pas la première fois qu'il revient au club depuis qu'il s'est fait remplacer la hanche. Il hante les lieux depuis deux semaines. Pour que tout le monde voie qu'il est revenu, et en forme. Nouvelle hanche, et toujours le même vieux Frank. Quelqu'un l'a compris. Frank a reçu ce matin un coup de fil de John Young. Young est le commandant en second, le bras droit de Peter Jamieson. Si Young vous appelle pour vous inviter au club, c'est généralement parce que Jamieson veut vous voir. Pour certains ce peut être une tuile. Pour Frank, c'est excellent. Sa convalescence, ses vacances, tout s'est bien passé. Agréablement, pour quelque temps. C'est un plaisir de rester les doigts de pied en éventail sans même penser au travail. Mais c'est vite devenu ennuyeux. Quand on vit pour son boulot, les longues vacances ne valent rien. Il était impatient de retourner travailler. D'être de nouveau dans le circuit. Il lui a fallu deux semaines pour convaincre tout le monde, mais on dirait que ça a marché.

Il passe la porte à deux battants en haut de l'escalier. Il entre dans ce qu'on appelle maintenant la salle de billard. La boîte avec sa piste de danse est en bas, mais ça, c'est pour les clients. Les initiés, ceux qui connaissent la réalité du club, restent le plus souvent en haut. Il y a un bar à droite en entrant. L'essentiel de la salle est occupé par les tables de billard. Elles sont devenues la passion de Jamieson il y a deux ans. Il a une foule de petites distractions. Des occupations inoffensives pour passer le temps et décompresser. Il finira par se lasser du billard et s'orientera vers autre chose. Probablement le golf. Actuellement, c'est billard et courses. Pas trop de monde dans la salle à cette heure. Deux alcoolos invétérés au bar. Quelques personnes reconnaissables qui tuent le temps aux tables. L'un d'eux est un requin d'usurier que Frank a vu là cette dernière quinzaine. Il semble traîner beaucoup dans le coin. Kenny McBride, le chauffeur de Jamieson, est là lui aussi. Personne qui puisse passer pour important.

Il y a un petit couloir au fond de la salle. Des portes des deux côtés, des bureaux, mais un seul qui compte. Au fond du couloir à gauche. Le bureau de Peter Jamieson. La pièce où il dirige son organisation. Il a une quantité d'affaires légales telles que le club, mais elles ne sont là que pour servir leurs contreparties illégales. Le club sert à blanchir l'argent; les hommes comme Frank y ont un emploi fictif pour justifier leurs revenus. Lui-même étant apparemment consultant sécurité. Ledit consultant avance dans le couloir en s'assurant de dissimuler la dernière trace de claudication. Il est assez en forme pour travailler, mais il doit le prouver à tous. S'ils voient qu'il boite encore légèrement ils vont croire qu'il est toujours un vieil infirme. Il a maintenant soixante-deux ans, ce qui est assez vieux. Mais il n'est pas infirme. Il est bien décidé à ne pas le devenir.

Il frappe et attend. Quelqu'un lui répond d'entrer. Il ouvre la porte et voit la scène familière. Jamieson assis derrière son bureau au fond de la grande pièce, face à la porte. Derrière lui, deux postes de télévision qui transmettent d'habitude des courses de chevaux. Pas aujourd'hui. Ils sont tous les deux éteints. John Young est assis sur le vieux canapé à droite en rentrant. C'est toujours là qu'il est. Un de leurs petits trucs. Ça signifie que lorsque quelqu'un est assis en face de Jamieson il ne peut pas voir Young qui, lui, peut le voir. Une paire de malins ces deux-là.

« Frank, dit Jamieson en se levant. Heureux de te voir, mon vieux. » C'est plus qu'il n'en espérait. Il a vu Jamieson au club il y a deux jours. Mais cette fois c'est différent, et ils le savent tous les deux. C'est un retour officiel.

Jamieson et Young lui ont serré la main – très inhabituel – et il est maintenant assis devant le bureau.

« C'est bien que tu sois de retour, Frank, dit Jamieson. Pour être franc, c'est un soulagement. »

Frank hoche poliment la tête. Mieux vaut ne pas avoir l'air trop content de toi. Mieux vaut te rappeler ce qui s'est passé en ton absence. Les choses changent, même en quelques mois. Pour commencer, ils ont engagé Calum MacLean. Sur la recommandation de Frank. Calum a du talent, et il est intelligent. En plus, il est jeune. Frank ne se rappelle pas s'il a déjà trente ans. Jamieson ne le dira jamais, mais à long terme Calum est destiné à remplacer Frank. Pour le moment, il est son suppléant, mais il ne peut même pas assumer ce rôle. Grièvement blessé aux mains au cours d'une mission. Un bout de temps que Frank n'a pas vu Calum. Pas depuis avant son voyage en Espagne. Il est probablement trop tard pour lui rendre visite. Tiens-toi au courant. Les choses changent et tu dois le savoir pour rester dans le coup.

« Prends un verre de whisky, lui dit Jamieson. Tu es en voiture ? Bof, tu peux quand même en prendre un. » Il remplit deux verres pour fêter ça. Le retour de Frank MacLeod.

« Tu sais quoi ? Je pense que ton bronzage est en train de passer », remarque Jamieson en souriant. Il a envoyé Frank passer deux semaines dans sa petite villa espagnole. Les premières vacances à l'étranger de Frank en vingt ans. Une pause délicieuse, pour ceux à qui ça plaît.

« Tant mieux, répond Frank. Difficile de se fondre dans la foule par ici quand on est tout orange. »

Fini les plaisanteries, passons aux choses sérieuses. « C'est bien que tu sois de retour, parce que nous avons besoin de tes talents, dit Jamieson. Nous avons un petit message à envoyer, et tu es l'homme de la situation. J'aurais pu utiliser Calum, mais il est hors service. Du coup, les choses ont traîné plus longtemps qu'elles n'auraient dû. Ça nous a fait paraître un peu faiblards.

– Comment va Calum ? » demande Frank. Comme s'il s'inquiétait sincèrement pour le gamin. Plus inquiet de la place de chacun dans l'organisation. Il respecte Calum, mais il s'agit d'une compétition féroce. Quelqu'un qui a le talent de Calum ne reste pas longtemps suppléant.

Jamieson met plus de temps que prévu à répondre. Hésitant, il lance un regard à Young. Frank est attentif. Il sait que Jamieson n'est pas convaincu de la loyauté de Calum. C'est pourquoi Frank est allé voir le blessé avant de s'envoler pour l'Espagne. Il a essayé de le persuader de travailler dans l'organisation. Le vieux chargé d'enrôler le jeune free-lance. Ça n'a pas vraiment marché.

« Honnêtement ? Je pense que le garçon continue d'inventer des excuses. Une seule de ses blessures était grave. Elle est guérie depuis assez longtemps pour qu'il vienne me dire qu'il est prêt à travailler. Il y a deux jours j'ai envoyé notre médecin l'examiner. Je ne veux pas trop bousculer le petit, mais d'après lui il est bon pour le service. »

Frank hoche la tête. Tout ça se tient. Calum était free-lance. Il n'avait encore jamais travaillé pour une organisation. Il a été recruté pour l'affaire Lewis Winter. Pour tuer Winter, un dealer de Shug Francis. Il a fait du bon boulot, tout le monde est d'accord là-dessus. Shug a compris que c'était Calum qui avait tué son homme. Il a bêtement décidé de riposter. En envoyant le gros Glen Davidson tuer Calum. Ça ne s'est pas bien passé. Le couteau de Davidson a pu lacérer les mains de Calum, mais il a quand même fini dans le flanc de son propriétaire. Un mort de plus chez les hommes de Shug.

« Le mieux est de ne pas le bousculer, dit Frank. Il n'a pas l'habitude d'appartenir à une organisation. Les free-lances finissent par faire n'importe quoi. Laisse-lui du temps. »

Franck ne veut peut-être pas qu'on le remplace, mais ça arrivera tôt ou tard. À ce moment-là, c'est Calum qui devrait prendre la relève. Dans l'intérêt de Jamieson, il faut que ce soit quelqu'un comme Calum. Quelqu'un qui vit son métier, le respecte et le comprend. Il y a bien trop de petits imbéciles en circulation qui se prennent pour des tueurs. Ils n'en sont pas. Ce ne sont que des hommes armés. Il y a beaucoup réfléchi en Espagne. En se disant qu'il était peut-être le dernier de sa génération. Frank, Pat et Bob sont en passe d'être remplacés par Kyle, Conner and Jordan. Des gosses qui font un métier d'adulte. Un talent comme celui de Calum, c'est rare. Depuis toujours, mais encore davantage maintenant. Il faut le manipuler avec précaution, s'assurer qu'il ne soit pas récupéré par quelqu'un d'autre.

« Je lui parlerai une nouvelle fois, si tu le souhaites », dit Frank. En espérant que Jamieson aura l'intelligence de refuser.

Il grimace. « Non. Tu ne peux faire passer cette conversation pour amicale qu'une fois. Si tu insistes il saura que c'est moi qui fais pression. » Jamieson est rudement malin, c'est sûr. « Oublions le garçon, dit Jamieson, c'est de toi que je veux parler. Comment va la hanche ?

– Bien, répond Frank avec un sourire. Bien mieux qu'avant mon départ. »

Jamieson acquiesce. C'est ce qu'il veut entendre. « Parfait. J'ai un travail pour toi. » Il baisse la voix, devient plus sérieux. Il est sur le point d'ordonner la mort d'un homme, une certaine solennité s'impose. « Shug s'est donné beaucoup de mal pour établir des réseaux. Il a plus d'un fournisseur. Je crois qu'il se ravitaille dans le Sud. Je ne lui connais pas de fournisseurs par ici. Nous sommes parvenus à neutraliser quelques-uns de ses réseaux, mais l'un d'eux est devenu inquiétant. »

C'est ce que Frank s'attendait à entendre. Et qui confirme les rumeurs. Shug commence à s'affoler un peu. On dit que Jamieson a engagé Nate Colgan pour s'assurer qu'aucun réseau ne décolle. Intimidation et tabassages. Ainsi personne ne devient un problème suffisamment grave pour être éliminé. On dirait pourtant que quelqu'un y est parvenu.

« Il y a un certain Tommy Scott, dit Jamieson. Un gamin de rien du tout. Nous le jugions sans importance. Un vendeur de rue. Il fréquentait un gang qu'il fournissait en came, ce genre de conneries. Il livrait à bicyclette. À bicyclette ! J'ai sous-estimé le petit salaud. J'ai reçu des plaintes. Il s'est introduit sur notre marché dans Springburn Way. J'ai essayé de lui envoyer un avertissement, mais le gamin est dur. Et déterminé. Une de ses petites bandes assure la sécurité de ses vendeurs. Il n'a que trois ou quatre livreurs maintenant, mais il n'en avait aucun il y a deux mois. Il grandit vite, et piétine certaines plates-bandes. J'en ai assez d'entendre des doléances. J'ai besoin que mes hommes sachent que je protège leur territoire. Il faut que cette ordure de Shug Francis sache que les siens ne sont pas en sécurité. »

Rien de très surprenant là-dedans. Shug tente sa chance avec quelques jeunes ambitieux. L'un d'eux se montre plus efficace que les autres. Frank doit maintenant s'occuper de lui. Dommage pour le gamin.

Avant qu'il ne quitte le bureau Young lui montre une photo de Scott. Et lui donne son adresse. Une tour d'HLM, à l'avant-dernier étage. Génial, vraiment. Il y a peu d'endroits pires que ça. Devoir sortir de ce genre d'immeuble n'est jamais l'idéal. On est toujours loin de son véhicule. Mais l'emplacement mis à part, c'est un boulot tranquille. Ils le remettent en selle en douceur. Jamieson prépare sûrement l'assaut contre Shug Francis. Il le faut. Il aurait déjà dû le faire. Shug a menacé Jamieson, donc Jamieson doit l'écraser sous peine de passer pour une lavette. C'est peut-être le premier coup assené. Scott a l'air du gamin typique des cités. Cheveux gras, survêtement, et probablement un tas de tatouages stupides sur les bras. Ça devrait être facile. D'après les informations de Young, il a un copain qui traîne très souvent avec lui. Andy McClure, dit Balourd.

Frank sort du club. Quelques papillons commencent à s'agiter dans son estomac. Trois mois d'absence. Son dernier boulot datait de deux mois avant ça. C'est une longue période d'oisiveté, surtout à son âge. Il adresse un signe de tête poli à quelques visages familiers qu'il croise. Il se laisse tomber sur le siège de sa voiture. Ceux qui savent ce qu'il fait comprendront qu'il est de retour. Aller voir Jamieson sans s'arrêter au bar signifie qu'on est là pour le travail. Jamieson a parlé de soulagement. Il n'a pas idée. Quand on vit pour son travail on comprend à quel point l'existence est vide sans lui. Ces trois mois commençaient à peser. C'était bien, l'Espagne, mais ça n'est pas le style de Frank. La retraite au soleil est pour les autres. Il veut la pluie de Glasgow. La tension du boulot. Son exaltation. Sa vie. C'est bon d'être de retour.

2

Une journée typique dans la vie de Tommy Scott. Debout vers dix heures. Avant, il se levait tard parce que la veille il avait bu et fait la foire. Maintenant, c'est parce qu'il travaille tard. Du lit à la douche. Avant, il ne se douchait pas tous les jours, mais maintenant il doit faire un effort. La présentation, c'est important. Il l'a appris dans un des ateliers de réinsertion où l'agence pour l'emploi l'avait envoyé il y a six mois environ. À ce moment-là il s'en fichait, il n'écoutait pas. Coincé dans une pièce avec des toxicos et des irrécupérables. La gêne, l'ennui. Il s'est rappelé ce conseil quand le bras droit de Shug, Fizzy, a fait une petite remarque suggérant qu'il avait l'air de débouler de sa cité. C'était le cas. Or, il ne fallait pas que ça se voie. Donc, maintenant, douche quotidienne et nouveaux vêtements. Rien de spécial, simplement neufs et propres. Puis, petit déjeuner. Ensuite, au boulot.

Avant, il détestait son travail. Parcourir les rues en essayant de rivaliser avec les autres petits dealers. Un sale boulot. Il faisait le tour des cités à bicyclette pour gagner du temps. On ne peut pas être crédible à bicyclette. À la réflexion, c'était embarrassant. Il le comprend mieux maintenant. Fini la bicyclette. Toutes les basses besognes. Les erreurs du passé doivent rester dans le passé. Qui en contient beaucoup. Malgré ses vingt-quatre ans, il a réussi à se planter bon nombre de fois. Victime de son style de vie. Au début c'était un adolescent qui aimait faire la fête, puis un adolescent qui ne vivait que pour la fête. Le week-end. Puis toute la semaine. Il s'est drogué. Il a couché avec beaucoup de filles. À dix-neuf ans il a eu un enfant qu'il a vu deux fois depuis qu'il est né. Un autre à vingt et un ans. Il ne l'a jamais vu. Il n'a pas revu la mère non plus après son sixième mois de grossesse. Des erreurs du passé. Il ne peut pas les trimballer avec lui, elles pèsent trop. Il n'a pas de copine depuis deux ou trois mois, il est trop pris par son travail.

Petit déjeuner. Un bol de corn-flakes avec un peu de sucre et du lait à la limite du tourné. Il l'expédie en vitesse ; des choses plus importantes l'attendent. Une réunion. Une réunion d'affaires. Qui aurait cru, il y a trois mois, quand il perdait son temps sur sa bécane pour vendre de la mauvaise coke coupée et toute autre saleté sur laquelle il pouvait mettre la main, que Tommy Scott aurait un jour une réunion d'affaires. À l'époque, c'étaient soirées chez des copains toute la semaine et boîtes pendant le week-end. Maintenant, c'est boulot et rien que boulot. Le reste ne compte pas, pas avant qu'il obtienne ce qu'il veut. À savoir de l'argent. Du vrai. Pas seulement de quoi vivre. Pas seulement pour se déchaîner un week-end et payer ses factures. Assez pour s'acheter une maison. Assez pour s'acheter une voiture. Et il y arrivera, il en est convaincu.

Pour être honnête, c'est arrivé par hasard. Mais c'est en général le cas, non ? Il avait entendu quelques histoires sur Shug Francis. On disait qu'il tentait de s'imposer. D'annexer une part du territoire de Peter Jamieson. Tommy avait travaillé pour Jamieson dans la rue. Ça n'avait pas duré. Le crétin qui dirigeait le réseau pour Jamieson n'aimait pas le style de vie de Tommy. Shug bataillait pour trouver quelqu'un qui deale pour lui. Des petits vendeurs, il pouvait en avoir. C'est facile de convaincre un abruti de se poster à un coin de rue et de distribuer des friandises contre de l'argent. Il lui fallait mieux. Quelqu'un d'un niveau supérieur. Qui puisse établir et gérer un réseau, pas seulement en faire partie. On raconte maintenant que Jamieson a fait éliminer Lewis Winter. Selon une rumeur contradictoire, ce serait l'œuvre de la nana de Winter et de son amant, mais ça paraît trop marrant pour être vrai. La mort de Winter, le dernier à gérer un réseau pour Shug, a fait fuir tout le monde. Un autre type a été tabassé presque à mort avant même de démarrer. Il paraît que Nate Colgan s'en est chargé. Une terreur, celui-là. Et deux autres se sont fait acheter ; ils travaillent pour Jamieson à présent.

Ainsi Shug manque gravement de personnel. On dirait que sa tentative pour s'introduire par la force va rater, comme tant d'autres. Et puis Tommy tombe sur David « Fizzy » Waters dans une station-service. Pur hasard. Fizzy faisait le plein ; Tommy achetait un billet de loterie. Il faut bien rêver, non ? Fizzy allait sortir. Tommy a abandonné les numéros magiques et lui a couru après. Fizzy n'avait aucune idée de qui il était, mais Tommy s'est présenté. Combien de fois on a une telle occasion ? Il a dit à Fizzy que ça l'intéressait d'aider Shug. Qu'il connaissait bien la rue, c'était vrai. Qu'il avait les bons contacts, ça l'était moins. Il lui a donné son numéro pour qu'il l'appelle. Deux semaines ont passé, rien. Puis le coup de téléphone. Deux ou trois petits boulots minables de vente et de livraison pour faire ses preuves. Puis le travail s'est intensifié.

De l'initiative. Voilà ce que Shug et Fizzy cherchaient. Quelqu'un qui puisse réfléchir seul. Agir sans devoir toujours faire appel à eux. Les chefs n'aiment pas qu'on leur soumette chaque petit problème. Donc il s'est débrouillé seul. Grâce à l'influence que lui donnait le fait de travailler pour Shug il a établi de nouveaux contacts. En un rien de temps il est devenu l'employé qu'il avait dit être déjà. Il est maintenant bien davantage. Il a une liste de contacts sûrs à fournir. Plusieurs personnes travaillent pour lui, vendeurs et coursiers. En deux mois il a mis sur pied le genre de réseau local que Shug s'attendait à devoir créer lui-même.

À Shug ça aurait pris au moins six mois. Et Tommy gagne tout l'argent qu'il veut.

Au début ils ne lui faisaient pas confiance. Ils ne le disaient pas, mais il n'est pas idiot, il l'avait deviné. Ils pensaient qu'il était un pauvre type des cités parmi d'autres. Un petit vendeur et rien de plus. En réalité, son passé l'a aidé. Ses années de foire, à traîner avec un gang en gaspillant son temps et ses chances. Elles lui ont servi, parce qu'il connaît les gens utiles. Il est assez proche d'un des gangs pour l'utiliser. Ses membres ont assuré quelques tabassages en échange de drogue. Ils en ont revendu moyennant rémunération. Essentiellement à petite échelle, mais c'est important que tout le monde sache qu'ils sont avec lui. Il faut les traiter avec précaution, ils sont versatiles et peu dignes de confiance, mais excellents pour les relations publiques. Son propre petit bataillon de brutes. Très précieux.

Avant, c'était toujours Tommy et son meilleur copain d'enfance, Andy McClure. Rien que tous les deux. Tommy et Balourd, pour employer son sobriquet malheureux mais justifié. Ils faisaient la foire ensemble, travaillaient ensemble et, quand le manque d'argent l'exigeait, habitaient ensemble. Ils partageaient tout. Argent, seringues, filles. Ils le font encore. Tommy comprend la nécessité d'avoir quelqu'un à qui se fier. Tous ces nouveaux contacts, tous ces nouveaux collègues, ils ne s'intéressent à lui que pour le fric. Lui-même s'intéresse à Shug pour la même raison. Ils le vireraient à la première occasion. Pas Andy, il restera à ses côtés jusqu'au bout. Tout le monde a besoin de ça. De quelqu'un vers qui on sait pouvoir se tourner. Il n'emmène quand même pas Balourd aux réunions importantes, Andy n'a rien d'intelligent à apporter.

Tommy songe à ça en sortant de chez lui. Balourd va être vexé qu'il y ait une autre réunion sans lui. Il pense qu'il devrait y assister. Il se voit comme son bras droit, un personnage clé. Mais il ne l'est pas. Pas assez intelligent pour être un bras droit utile. En plus, Tommy n'est pas encore assez important pour en avoir besoin. Il n'est encore qu'un modeste dealer, même s'il progresse vite. Il a de nombreux petits vendeurs ; il pénètre dans de bons secteurs. Il envoie les messages qu'il faut. Mais ce n'est pas un caïd. Il est important pour Shug, oui, mais pour personne d'autre. Cette réunion pourrait contribuer à changer ça. Deux types qui contrôlent le terrain dans quelques grands ensembles du Lanarkshire. Un grand territoire et une grosse demande. Ils sont connus mais pas importants pour les grandes organisations, ils ont néanmoins leurs ambitions. Ce serait bien de les avoir comme alliés. Les ambitieux devraient se serrer les coudes.

Quand il entre dans le pub ils le jaugent. Ils essaient de décider s'il est sérieux ou pas. Ils ont entendu dire qu'il est une étoile montante. Ils ont besoin d'un nouveau fournisseur. Une étoile montante avec de bons contacts serait l'idéal. Apparemment ils sont cousins. Ian et Charlie Allen, mais il ne sait pas lequel est qui. En se dirigeant vers eux Tommy ne leur trouve aucun air de famille. Tous les deux la petite cinquantaine. L'un grand, avec une tignasse blonde, les joues grêlées. L'autre bas sur pattes, bien enveloppé, la tête rasée et des lunettes. Rien de tout ça n'a d'importance, mais l'âge peut être une difficulté. Tommy est jeune et ça se voit. Les hommes mûrs n'aiment pas ça. Ils veulent quelqu'un du même niveau d'expérience qu'eux. Ça les rassure de penser qu'ils travaillent avec quelqu'un comme eux. Mais ils s'accommoderont de ce désagrément s'ils font une bonne affaire.

Poignée de main et sourire à l'un et à l'autre. Il se présente et s'assoit en face d'eux. Il respire l'assurance. Il est inquiet, mais il a appris à le cacher.

« J'ai entendu dire que vous cherchiez un nouveau fournisseur », dit-il tranquillement, ils ne sont pas là pour rigoler. Les hommes comme eux n'aiment pas plaisanter. Droit au but, ils respectent ça. « Une entreprise comme la vôtre a besoin d'un fournisseur sûr, régulier, et qui propose un grand choix. Je peux vous offrir ça. Je peux répondre à vos besoins. » Il a réfléchi à ces mots pendant le trajet. Ils lui plaisent. Ils lui semblent correspondre à ce que les Allen ont envie d'entendre.

« Notre dernier fournisseur nous a lâchés », dit le dodu. Il n'en dira pas plus, aucun détail. Vous ne dites pas de mal d'un fournisseur en public, même s'il vous a lâché. S'il apprend que vous avez sali son nom, il risque d'agir en conséquence. Les fournisseurs ont tendance à être des hommes dangereux. « Quel est le volume de vos fournitures ?

– Plus qu'il ne vous en faut », répond Tommy.

C'est vrai. Shug a passé un accord avec un des plus gros fournisseurs, mais celui-ci commence à râler. Shug ne brasse pas encore assez de marchandise, c'est pourquoi ce nouvel accord impressionnera le patron. Tommy n'est pas censé savoir qu'il cherche à passer à la vitesse supérieure, mais c'est évident. Un gros fournisseur n'a pas envie de petits clients. Shug doit augmenter son chiffre ou perdre son fournisseur.

« Nous avons tout ce qu'il vous faut, leur dit Tommy, et encore plus. Nous pouvons facilement satisfaire votre demande. Si elle augmente – et je suis sûr que ça arrivera – nous n'aurons aucun mal à suivre. Nous ne proposons que des produits de qualité. Ils plairont à vos clients. » Ce sont de bons arguments de vente. Flatteurs. Un peu effrayants.

« Bon à savoir, dit le dodu en hochant la tête. Nous vous ferons signe dans les deux prochains jours. » Ils se lèvent et s'en vont. Fin de la réunion d'affaires.

Elle s'est bien passée. Il n'était pas question qu'ils s'engagent tout de suite d'une manière ou d'une autre. Ils voulaient le rencontrer, écouter ce qu'il avait à dire. Voir s'il était sérieux. Ils ont entendu ce qu'ils voulaient. Inutile de parler d'argent. Les deux parties connaîtront le prix du marché quand les affaires se feront. Il variera d'une opération à l'autre. Tommy est convaincu qu'ils vont appeler pour donner leur accord. Ils ne trouveront pas mieux. Ça va considérablement renforcer Shug. Une occasion rarissime. Shug qui cherche tellement à se faire des alliés. Tommy pourrait être son plus important dealer. Devenir cadre supérieur. Ne pas seulement bien gagner sa vie mais être vraiment riche. Et puissant. C'est à ça qu'il pense en rentrant chez lui à pied. Déjeuner. Vérifier où en sont certains vendeurs. Deux seulement devraient commencer à manquer. C'est mercredi, la demande est faible. Il reconstituera tous leurs stocks demain, avant la flambée du week-end. Il fait en sorte que les affaires marchent bien. Ses affaires.

3

Attendre devant une tour d'HLM en regardant la pluie gicler sur le pare-brise. Attendre et surveiller. En s'assurant de ne pas être vu. Une étape du boulot, ennuyeuse mais nécessaire. La part la plus ennuyeuse de ce boulot dépasse la plus intéressante d'un travail normal. Les gens trouveraient bizarre de vous voir assis comme ça dans votre voiture. N'importe quel passant pourrait vous remarquer et se rappeler votre visage. Noter votre numéro d'immatriculation. Deux jours plus tard apprendre qu'un homme a été assassiné dans le coin. Faire son devoir de citoyen et vous signaler à la police. Frank a tout entendu sur le sujet. Les différentes façons dont on se fait prendre. Les histoires tire-larmes d'une centaine d'imbéciles qui se sont fait coffrer pour une seule erreur.

Il y a longtemps que Frank a appris à être prudent. S'installer, observer, et attendre. Être patient. Effectuer une reconnaissance soigneuse. Puis agir vite. La rapidité de Frank entre l'ordre et son exécution a toujours été sa marque de fabrique. C'est une des choses qui le distinguent de Calum. Calum est bon, mais il est lent. Il réfléchit à son boulot. La reconnaissance lui prend trop de temps. Ça rassure les hommes comme Jamieson que ce soit vite fait. Ça leur fait croire que ç'a été facile.

Il regarde l'heure. Regarde la porte. Il ne sait pas si c'est la bonne. Ni même s'il se trouve du bon côté du bâtiment. Scott pourrait être déjà au fond de son lit. Ou avoir chez lui une bande de copains boutonneux. Mieux vaut attendre, ne pas prendre de risques. Il se dit qu'il aurait probablement dû se garer plus loin du bâtiment. Sa vue n'est pas parfaite, encore moins avec cette pluie. Il vaut mieux être assez près pour voir la porte. Et limiter le nombre de pas à faire. L'endroit est le genre de baraque où les ascenseurs pourraient être en panne. Ça serait peut-être trop dur pour lui. Grimper jusqu'en haut et redescendre. Non, ça n'irait pas. Même s'il était jeune et en grande forme, sans ascenseur il mettrait trop longtemps pour s'enfuir après l'exécution. Un souci de plus. Mais c'est à ça que sert la reconnaissance.

Il est presque deux heures du matin. Assez attendu. Personne n'a franchi la porte qu'il surveille. Pas une seule lumière visible de ce côté du bâtiment. Frank sait que beaucoup d'appartements sont vides. On détruit une à une ces monstruosités. Bon débarras. Ce doit être horrible de vivre là. En tout cas, horrible d'y liquider quelqu'un. Quand les occupants s'en vont, leur appartement reste vide. Quand il n'en reste qu'une poignée, la municipalité les déplace. Moins il y en a, plus le bâtiment devient invivable. D'autres individus utilisent alors le bâtiment. Des SDF. Des toxicos. Certains s'en servent comme décharge. Ça ne doit pas être agréable pour Scott de vivre ici. Rien d'étonnant à ce qu'il ait pris le risque idiot de travailler pour Shug. De suivre les traces de Lewis Winter. Vivre ici est une raison pour être prêt à tout.

Frank descend de voiture et la verrouille. Sa hanche est un peu raide. C'est mauvais pour elle de rester assis dans la voiture comme ça. Le médecin l'a prévenu. Il lui a dit d'être prudent pendant quelque temps. N'en faites pas trop, lui a-t-il recommandé. Frank lui a dit qu'il était consultant sécurité. Le médecin a souri et a fait un commentaire sur les avantages d'un travail de bureau. Frank a approuvé. Il avance maintenant vers la porte du bâtiment en remontant sa capuche. Parce qu'il pleut mais aussi parce qu'il pourrait y avoir une vidéosurveillance.

La plupart ne marchent pas. Il prend quand même la précaution de remonter sa capuche. Et après tout, il pleut.

Il est devant la porte. Il y a une caméra en haut dans un coin, mais il suffit d'un coup d'œil pour voir qu'elle est inutile. Apparemment, un petit voyou a décidé qu'il n'aimait pas être surveillé et l'a fracassée. Ce qui en fait une bonne porte d'entrée. Résultat utile de la reconnaissance. Dans le hall, il se trouve face à deux ascenseurs. Aucun des deux ne paraît hors service. Encore une bonne nouvelle. Personne dans les environs. Il appuie sur le bouton. Quand les portes s'ouvrent, personne à l'intérieur. Il appuie sur le bouton de l'avant-dernier étage. C'est haut, et l'ascenseur est lent. Frank surveille les numéros qui s'allument l'un après l'autre en priant pour qu'il ne s'arrête pas à un autre étage. Avec des gens qui attendent et le bousculent. L'ascenseur s'arrête au treizième, l'avant-dernier étage. Frank est dans le couloir froid. Silencieux et vide, comme il aime. Il regarde les numéros des portes. Il veut repérer celle de Scott pour pouvoir la retrouver très vite au moment voulu. Il calcule de quel côté du bâtiment elle se trouve, de façon à pouvoir surveiller les lumières.

Il trouve ce qu'il cherche vers le fond du couloir à sa droite. Appartement 34B. Porte fermée, silence à l'intérieur. Il vérifie les alentours. Rien de particulier si ce n'est l'appartement de l'autre côté. Le 35A. Sa porte est directement en face de celle de Scott. Ça serait bien de savoir s'il est occupé. Il devrait peut-être vérifier demain matin. Savoir qui y habite et qui risque d'entendre des bruits suspects. Frank n'est pas assez bête pour se planter devant une porte avec un judas. Il se tient contre le mur où est la porte et l'étudie de côté. Il cherche des signes de mesures de sécurité. Sûrement pas de caméras ici. La porte n'a pas l'air d'avoir non plus de serrures inattendues. Ça pourrait se révéler important, mais il espère qu'il n'en est rien. Il a vu tout ce qu'il avait besoin de voir pour le moment. Il sourit en retournant à l'ascenseur. Tout semble aussi simple qu'il l'espérait. Quand les portes de l'ascenseur s'ouvrent il regarde dans le couloir derrière lui. On voit des empreintes de chaussures mouillées à deux endroits. Il devra s'en souvenir s'il pleut demain.

L'intervention est pour demain soir. Il le décide quand l'ascenseur revient au rez-de-chaussée. Un boulot simple, sans complications. Inutile de le remettre à plus tard. Il sort de l'ascenseur et traverse le hall. Il retourne à sa voiture. Il pleut toujours. La pluie est une chance mitigée. Davantage de risques de laisser des empreintes. Et de se retrouver sur le cul s'il faut courir. Mais elle justifie la capuche. Et les gens restent chez eux. Un avantage appréciable. Frank démarre et s'éloigne. Il traverse la ville dans la nuit, comme il l'a fait si souvent. Une ville qui change. Qui saute maladroitement d'un passé industriel à un brillant avenir. Il faut la connaître. Dans tous ses coins et recoins, comme diraient les anciens. Il faut une seconde à Frank pour se rappeler qu'il fait partie des anciens.

Il est devant chez lui. Il ferme doucement la portière et avance dans l'allée du jardin. Demain il utilisera une autre voiture. Et partira de chez lui plus tôt. Quand même, on prend l'habitude d'être prudent et on s'y tient. Il ouvre la porte, la referme doucement. Il la verrouille. Il n'allumera pas. Il sait où tout se trouve. Il peut très bien se déplacer dans le noir. Mais la nécessité de silence a disparu. Ici il n'y a personne à réveiller. Personne de qui se cacher. Il n'y a jamais eu personne dans sa vie. En tout cas, personne d'assez proche pour vivre avec lui. Il y a eu quelques femmes au cours des années, mais il n'a jamais permis que ça devienne sérieux. Quand il était en Espagne, il y a eu une Anglaise. Dans les quarante-cinq ans, drôle, plutôt pas mal. Elle venait voir son fils. Elle répétait que c'était idiot pour des gens de leur âge d'avoir une aventure de vacances. Ce qui ne l'a pas empêchée d'en profiter. Frank n'a jamais eu que de brèves aventures. Des aventures de vacances, pourrait-on dire. Vacances dans la vie qu'il s'est choisie.

4

Il faut se rendre à l'évidence, Balourd est une buse. Un vrai crétin, pour tout dire. Tommy Scott l'a toujours su, mais c'est aussi un ami loyal et qui fait de son mieux. Parfois, pourtant, parfois il donne l'impression qu'il apprend. Comme en ce moment, par exemple. Il entre dans l'appartement. Scott l'a envoyé de l'autre côté du couloir avec un sac de marchandise. Ils en planquent beaucoup sous les lattes de parquet dans l'appartement inoccupé d'en face. Moins de chances qu'on la trouve. Scott ne garde pas longtemps de grandes quantités près de lui, il est plus malin que ça. Il la prend chez le fournisseur de Shug et la transmet vite à ses vendeurs. On ne peut pas la conserver longtemps, question de bon sens. C'est en tout cas leur mode de fonctionnement. Balourd est allé cacher la marchandise de l'autre côté du couloir. Et il a mis plus de temps que d'habitude à revenir. Il entre maintenant avec une expression bizarre. D'ordinaire, il s'en tient à une variété d'expressions de la niaiserie. Cette fois, il a l'air déconcerté.

Balourd a refermé la porte derrière lui. « Je viens de voir un type dans le couloir.

– Ah oui ? » répond Scott. Il pourrait faire semblant d'être intéressé, mais en général il vaut mieux ne pas encourager son copain.

« J'ai regardé par le judas avant de sortir, comme tu m'as dit. Il y avait ce type. Un vieux. L'air vieux en tout cas. Avec un gros blouson. Et une capuche. Il était comme ça contre le mur », dit-il en mimant la position de Frank. « Il regardait ta porte. »

OK, maintenant il est intéressé. « Ah bon ? Il est simplement parti ?

– Oui. J'ai attendu qu'il entre dans l'ascenseur et je suis venu. »

Le seul éclairage de l'appartement provient de la télé dans un coin. Le son est au minimum. Scott est à la fenêtre et écarte à peine le rideau pour voir. Il demande à Balourd : « Éteins cette télé. » Il attend l'obscurité totale et suit les mouvements d'une silhouette qui se déplace sur le parking. Elle arrive dans la rue et monte dans une voiture.

Il est parti, ce qui est bon signe. Donc il ne va probablement rien tenter cette nuit. Le vieux con. Ça c'est une occasion. Une magnifique occasion.

« C'était qui ce type ? demande Balourd. J'aurais dû faire quelque chose ?

– Non, tu as fait ce qu'il fallait. » Il hésite. Qu'est-ce qu'il peut dire à son ami ? Il va avoir besoin de lui, alors il doit tout dire. « Je crois qu'il travaille pour Peter Jamieson.

– Jamieson ? Merde, tu crois que ce vieux en avait après nous ?

– J'imagine que oui. Et aussi qu'il reviendra. Tu vois, si j'ai raison, ce vieux con est venu pour nous tuer. Seulement, quand il reviendra, nous serons là pour l'attendre.

– Nous ? » Balourd réfléchit. Ça lui demande du temps. « C'est pas le genre de truc qu'on devrait dire à Shug ? Pour qu'il s'en occupe ?

– Non. » Ça serait la solution de facilité, mais pas la bonne. De l'initiative. C'est ce qu'ils veulent. Sers-toi de ton esprit d'initiative. Règle ça tout seul et impressionne-les vraiment.

Pas question de dormir. Pas avec la sourde inquiétude que Frank MacLeod puisse revenir tout de suite. Ce n'était peut-être pas lui, mais alors qui ? Fizzy, le bras droit de Shug, l'a averti. Il lui a dit que Jamieson était un salaud puissant, qu'il avait des tueurs dans son personnel. Le plus dangereux est Frank MacLeod. Un vieux qui en a effacé des tas et s'en est toujours tiré. Une sorte de légende, semble-t-il. Ça serait un coup dur pour Jamieson s'il était tué. Un coup magistral au crédit de Shug s'il l'était par un de ses hommes. Quelle occasion ! Merde, une chance pareille ne se présente qu'une fois dans la vie. Ils doivent la saisir. Le tuer. Tuer un homme. Merde, il n'a encore jamais fait ça. Il n'y a même jamais pensé. Scott y réfléchit pendant qu'ils se préparent à sortir. Tuer un homme, c'est autre chose. C'est un peu franchir une limite. Mais il doit le faire. Il n'a pas le choix. Tuer ou être tué. Et c'est une chance tellement extraordinaire pour lui.

Sous la pluie et dans le froid à la recherche d'un flingue. N'importe lequel. N'importe quoi qui fonctionne. Il existe des trafiquants professionnels. Ils vendent à n'importe quelle heure, mais rien qu'à leurs clients. Ils doivent connaître la personne, savoir qu'ils peuvent lui faire confiance. Ils ne vendront pas à des types comme lui et Scott le sait. Un jour, ils lui en vendront, ces salauds. Un jour ils courront après sa clientèle, ils feront la queue pour le servir, mais pas cette nuit. En plus, ils sont sacrément chers et il n'a pas beaucoup de liquide sur lui. Alors ils optent pour le bon marché. Ils n'auront pas un très bon flingue, et alors ? Du moment qu'il tire, que Frank MacLeod s'écroule et ne se relève pas, il sera assez bon. Il ne sera peut-être pas propre non plus. Scott connaît le jargon. Un flingue est propre quand il n'a pas déjà servi dans un autre délit qui peut être relié à vous si vous vous faites prendre en sa possession. Ils n'auront rien qui puisse leur garantir ça. Pas cher et disponible, c'est ça l'important.

Il s'appelle Donall Tokely. Tout le monde l'appelle le Hérisson pour des raisons que la plupart ont oubliées. Il semble que ça ait eu à voir avec sa coiffure quand il était gamin. Quand Scott et Balourd faisaient partie d'un gang dans le coin, le Hérisson était avec eux. Plus jeune d'un an environ, mais un petit dur. Lui et quelques autres membres du gang ont atterri en prison. Trois ans pour vol. Le jour de sa sortie il a volé la collecte d'une œuvre de bienfaisance chez un marchand de journaux. L'année dernière il s'est rapproché de gens plus sérieux. Il a noué des contacts grâce à… sa propre mère ! Elle écoule des contrefaçons de vêtements sans sortir de chez elle. Le Hérisson est devenu copain avec quelques-uns de ses fournisseurs et depuis il a grimpé les échelons. La rumeur a couru qu'il faisait du trafic d'armes. On lui apportait de vieux articles d'Irlande du Nord et le Hérisson les vendait. Il a montré un pistolet à Scott il y a deux mois. En lui disant que s'il voulait sérieusement monter un réseau il devrait en acheter un. Scott a dit non merci. En tout cas pas maintenant. À présent il veut acheter ce pistolet.

Ils cognent à sa porte et attendent impatiemment. Qu'est-ce qu'ils feront s'il dort à poings fermés ? Ils doivent se grouiller. Question de vie, de mort, et de business. Scott veut avoir tout le temps de se préparer. Il ne sait pas vraiment ce qu'il doit faire pour ça, mais il lui paraît évident qu'il a besoin de temps. Avec celui-là ils doivent être prudents. Frank est, entre autres, un homme très dangereux. Ils cognent de nouveau à la porte. Scott essaie de se rappeler si le Hérisson vit toujours avec sa mère. Il redoute bien davantage cette vieille sorcière opulente que son fils. Il a entendu quelques histoires à son sujet qui lui ont donné la nausée. Le bruit d'un verrou qu'on tire, la porte s'ouvre.

« Tommy. Merde. Tommy. Tu sais l'heure qu'il est ? Tu es bourré ou quoi ? » Le Hérisson le regarde en clignant des yeux. Scott l'a toujours bien aimé. Ils avaient apparemment des ambitions semblables. Il a toujours pensé qu'il était un cran au-dessus de leurs autres copains. Mais quelque chose a changé. Ses ambitions ont largement dépassé celles de son copain. Scott passe à un autre niveau, il laisse la médiocrité et le Hérisson derrière lui.

« Écoute, mon vieux », dit-il sans oublier le « mon vieux ». « Il me faut un flingue. Tout de suite. Rien de compliqué, quelque chose qui marche. J'ai pas grand-chose sur moi, mais je te donnerai ce que j'ai et je te devrai le reste. Tu sais que je fais ça bien. Je peux te payer soit en liquide, soit en marchandise, à toi de choisir. Nous pouvons probablement conclure un bon accord. »

Le Hérisson le regarde en fronçant les sourcils. Trop de mots à analyser à cette heure-ci. « Tu veux un flingue. Je croyais que tu en voulais pas.

– Maintenant si.

– Hmm ! Mais j'en ai pas. Pas tout de suite. Je peux t'en trouver un si tu veux, mais ça prendra quelques jours. Tu aurais dû le dire. Quand j'en avais.

– Comment ça tu en as pas ? » Il y a dans sa voix un peu de colère que Balourd et le Hérisson ont tous les deux remarquée. « Tu gagnes ta vie avec ces saletés.

– Ouais, OK, arrête un peu, ho ! J'en vends. J'en ai vendu une tripotée il y a quelques semaines. Je me suis fait un gros tas de fric. Je les ai vendus à un seul acheteur. Les gens qui me les avaient fourgués, en fait. Ils voulaient les récupérer. Ils ont payé pour. Joli bénéfice sans lever le petit doigt. Mais je vais en recevoir d'autres, si tu attends. »

C'était leur meilleur choix. Où aller maintenant, bon sang ? Les seuls autres fournisseurs d'armes que Scott connaît sont des types qui ne lui en vendront probablement pas. Le Hérisson est un imbécile. Scott l'a compris dès qu'il leur a raconté qu'il avait revendu les armes aux propriétaires précédents. Il n'a pas l'air de comprendre. Ils lui vendent les armes et les rachètent plus cher. Une seule raison pour gaspiller de l'argent comme ça. Quelqu'un est prêt à leur payer bien davantage. Si le Hérisson avait quelque chose qui ressemble à un cerveau il aurait refusé leur offre et en aurait cherché lui-même une meilleure. Mais non, il a choisi le profit rapide. Aucune ambition. Aucune initiative. Il n'ira jamais nulle part.

« On est obligé de se servir d'un flingue ? demande Balourd.

– S'il en a un et qu'on n'en a pas, on est foutus. Même à deux contre un. Ce type est un pro et nous pas. On doit faire ça bien. Pour montrer à Shug qu'on sait s'y prendre. »

Mark Garvey. Sale bonhomme. Mais il vend des armes, tout le monde le sait. Il vend à des types parmi les pires. Il a l'air de pouvoir échapper au radar de la police, Dieu sait comment. Il doit avoir une foutue veine, parce qu'il est là-dedans jusqu'au cou. Cambrioleurs, tueurs à gages, dealers, proxénètes, le grand jeu. Certains racontent qu'il a fait taire deux de ses propres fournisseurs avant qu'ils aient l'occasion de le lâcher. Ça peut être des conneries. Il en circule beaucoup. Scott sait où il habite, du moins où il habitait. S'il a déménagé, ils vont réveiller quelqu'un d'autre. Ils frappent à une autre porte. Un plus joli quartier cette fois. La porte s'ouvre. Une belle femme dans les trente ans, en nuisette.

« Hem, nous cherchons Mark Garvey ! », dit Scott. Une lumière s'allume derrière la femme. Peut-être pas aussi belle finalement. Fausse blonde, pattes d'oie, vilaine peau. Avec un peu de maquillage elle serait quand même pas mal.

La femme s'est éloignée. Garvey est maintenant sur le seuil, l'air soupçonneux. Un peu plus de cinquante ans, cheveux teints en châtain, ça se voit qu'il essaie de paraître jeune pour sa femme. Difficile de tenir le rythme d'un second mariage.

« Qu'est-ce que vous voulez ? » Garvey regarde Scott, sans s'occuper de Balourd. D'un coup d'œil, il comprend qui est le chef.

«Il nous faut un flingue», répond doucement Scott. Garvey ne raconte peut-être pas tout à sa petite femme. «N'importe quoi qui fonctionne fera l'affaire.

– Vraiment? Tant mieux pour vous. Mais vous vous êtes trompés d'adresse.» Il s'apprête à fermer la porte.

«Je crois que nous sommes à la bonne adresse, rétorque Scott en coinçant la porte avec le pied. Je sais que vous ne vendez pas aux inconnus. Très bien. J'ai une organisation derrière moi. Je peux vous payer en liquide ou monter un bon accord en marchandise. À vous de choisir. Ça pourrait devenir un arrangement permanent.

– Non. Maintenant enlevez votre pied de ma porte avant que je me mette en colère.

– C'est urgent. Si vous nous aidez, nous ne l'oublierons pas.

– Écoutez bien.» Garvey s'avance agressivement. Il n'est pas costaud, mais son mouvement est efficace. Scott a retiré son pied. «Si vous êtes pressés et si vous avez une organisation derrière vous, alors adressez-vous à elle. Elle est là pour ça. Et ne me réveillez pas au milieu de la nuit, bordel. Compris?» Il a fermé la porte. Pas en la claquant, les voisins pourraient entendre, et un type comme Garvey n'a pas envie que ses voisins sachent qu'il a eu des visiteurs.

Contraints de battre de nouveau le pavé. Ils ont essayé deux autres trafiquants. L'un les a ignorés, l'autre leur a fermé la porte au nez. Scott n'en connaît pas d'autres. L'ancien gang a probablement quelque chose, mais il n'en est pas assez proche pour en obtenir une arme. Les membres du gang protègent jalousement leurs objets de valeur. Il pourrait s'adresser à Shug. Qui lui en fournirait probablement une. Mais ça rendrait toute l'opération inutile. Shug enverrait presque certainement quelqu'un d'autre faire le boulot. Il ne leur resterait plus que le mérite de l'avoir informé. Le mérite ne mène pas loin.

Ils retournent lentement à l'appartement, Balourd se plaint. Il a été d'une inutilité crasse. Retour à la case départ, Scott réfléchit sérieusement. Il essaie de comprendre comment on descend un tueur comme Frank MacLeod. Comment deux hommes arrêtent un homme et son arme. C'est l'initiative qui compte.

5

Faire les tournées. Rien de spécial, simplement se montrer. C'est important. Les types ont besoin de voir qu'on les surveille. Ça maintient une certaine pression sur eux. John Young a déjà eu une entrevue ce matin. Il est allé voir un de leurs deux principaux fournisseurs. Il a dû être particulièrement diplomate avec celui-là. Les fournisseurs sont des grincheux. D'accord, ils doivent se méfier. Les opérations de police contre les gros importateurs ont tendance à être mieux financées, mieux menées. Plus ça se confirme et plus les fournisseurs deviennent difficiles. Ç'a été une entrevue ordinaire. Principalement faire passer un message en finesse. Young a entendu des rumeurs, des gens importants changeraient de fournisseurs. Certains se feraient avoir comme des bleus. C'est dangereux pour tout le monde. Il est un peu plus rassuré maintenant. Le fournisseur dit que ça ne va pas loin. Deux ou trois types qui se chamaillent pour des tarifs. Ça ne dégénérera pas. Et ça n'est pas contagieux.

Sa première inquiétude calmée, il passe à la suivante. Elles sont toujours nombreuses. Celle-là concerne de plus près les affaires. Les types ne sont vraiment pas très brillants. Young s'étonne tous les jours qu'ils puissent être aussi bêtes. Des gens qui devraient être plus malins que ça. C'est à cause de l'argent. La cupidité rend les gens idiots. Au point d'être prêts à risquer mille fois plus que ce qu'ils gagnent. Marty Jones a une sale petite affaire qui fait de l'argent. C'est essentiellement un proxénète. Personne ne l'aime beaucoup, mais il travaille et il gagne de l'argent. Il verse une commission à l'organisation, et profite en échange des avantages de faire partie du groupe Jamieson. Marty fournit une marchandise recherchée et gagne beaucoup. Mais ça n'est jamais suffisant pour des types comme lui. Ils ne peuvent pas se contenter de ce qu'ils ont. Tant qu'ils n'apprennent pas.

Ce matin Young a fait surveiller Marty. Il vient d'apprendre qu'il est allé à la boîte de nuit que dirige son frère. Parfait. La scène du crime. Young se gare devant la boîte et descend de voiture. Essoufflé. Il s'aperçoit qu'il aurait besoin de perdre du poids. Il entre. Il ne connaît pas l'endroit. Il demande à une femme qui nettoie le sol de l'entrée où il peut trouver le directeur. Elle lui indique un couloir. Il rirait de l'absence de mesures de sécurité si ça n'était pas la même chose chez lui. Dans le couloir, il trouve une porte marquée « Direction ». Il entre sans frapper. Une pièce exiguë. Sinistre. Marty assis dans un fauteuil devant le bureau, son frère Adam dans le fauteuil de l'autre côté. Ils le regardent tous les deux et aucun ne sait quoi dire. Exactement le début qu'il souhaitait.

Il y a un vieux fauteuil dans un coin. Young s'y installe.

« Je pense que vous savez tous les deux pourquoi je suis ici. » Pas de sourire, pas de plaisanteries, on n'est pas là pour jouer au petit malin. Il s'agit d'affaires et ils doivent comprendre que c'est grave.

« Je ne suis pas sûr… », commence Marty sans achever sa phrase. Il n'est pas sûr de ce qu'il doit dire.

« Je sais que vous avez organisé des soirées privées ici. Je sais que vous avez utilisé de la marchandise fournie par nous. Je sais que vous avez fait un bénéfice consistant et que vous ne nous l'avez pas répercuté. Je ne vais pas vous demander de cesser les soirées. Je suis venu seul, en toute amitié. Vous gagnez de l'argent. Bien. Vous nous versez une commission. Grâce à ces soirées, vous nouez des contacts avec d'autres organisations. Bien. Nous pouvons tous en tirer avantage. » Il s'adresse à Marty maintenant. « Dans les deux prochains jours vous allez venir au club me présenter les comptes de ces soirées. Régler l'arriéré de notre commission. Nous allons conclure un accord utile pour nous deux. Sinon, je reviendrai et je ne serai pas seul. »

Il se lève et s'en va. Les deux autres se taisent. Ils ont été pris la main dans le sac. Marty est assez intelligent pour savoir qu'il doit jouer franc jeu. Il versera la commission. Il sait le prix que ça lui coûtera s'il ne le fait pas. Les menaces faisaient un peu cliché, mais c'est la seule chose qu'ils comprennent. Young n'est pas du genre à se montrer violent d'emblée. Ça détruirait toute perspective de profit. Toutefois, il ne peut pas être trop subtil avec eux. Il faut qu'ils comprennent ce qui se passera s'ils ne mettent pas de l'ordre. La somme n'est pas énorme, mais elle valait la peine que Young se montre. Il faut qu'ils sachent qu'ils ne peuvent pas ignorer l'organisation. Tout le monde doit le savoir. Mais ce n'est pas tout. Ces soirées ont un gros potentiel. C'est quand il a appris qui y participait qu'il s'y est intéressé. Des personnages qui jouent un rôle important dans de grandes organisations. Personnages dont il serait utile de se rapprocher. Des gens qui ont des informations, l'arme favorite de Young.

Une dernière entrevue avant le déjeuner et il retournera au club. C'est la plus importante. Il n'y a pas plus sérieux que de se défendre de ses ennemis. Le seul moyen est de savoir ce qu'ils préparent. Il se trouve maintenant dans un appartement dont il se sert beaucoup. Petit, mais sûr, et situé de telle sorte qu'un observateur ne peut pas voir qui entre et sort de quel appartement. Un bon endroit pour rencontrer ceux avec qui il ne souhaite pas être vu. Mais il l'utilise depuis pas mal de temps. Il en cherche déjà un autre qui lui convienne. Son informateur est arrivé avant lui. Un contact ancien, pas totalement fiable. C'est pourquoi il doit attendre. Young arrive toujours le dernier et repart le premier. L'informateur attend qu'il arrive et lui laisse le temps de s'en aller avant de partir lui-même.

« Donc tu travailles de nuit », dit Young en s'asseyant à la table de la cuisine. C'est un appartement peu meublé, toujours froid.

« Cette semaine et la semaine prochaine », répond Greig. L'agent Paul Greig. Un informateur un peu trop enthousiaste. Un flic de près de quarante ans destiné à ne jamais quitter le bas de l'échelle. Il semble avoir du talent en tant que flic. Et une réputation. Tellement pourri que même les criminels ne peuvent pas lui faire confiance. Young le connaît depuis des années. Il n'a jamais eu et n'aura jamais confiance en lui. Mais Greig l'informe de temps à autre.

« Dis-moi ce que j'ai besoin de savoir.

– Je crois que l'enquête sur Lewis Winter est presque aussi morte que lui. Il n'y a pratiquement plus que Fisher qui travaille dessus, et même lui a autre chose à faire maintenant. On ne s'y intéresse plus. »

Young hoche la tête en essayant de faire croire qu'il ne le sait pas déjà. Laisser l'informateur parler. Ne pas le pousser. Ne pas l'agacer ni l'effrayer.

« Le problème de Fisher, c'est qu'il ne sait pas rabouter les fils », dit Greig. Il a de l'expérience. Il sait ce que Young veut. « Il a tous les noms qu'il faut, il ne peut simplement pas les mettre dans le bon ordre. Il sait qu'il y a quelque chose entre Shug et Jamieson. Que Glen Davidson y était mêlé et qu'il a disparu. Il sait que Lewis Winter était impliqué, et qu'il est mort. Il sait que Davidson a appelé ce MacLean juste avant de disparaître. Que MacLean a déménagé le lendemain. Pas besoin d'être un génie pour faire le rapport entre tout ça, mais il faut des preuves. Je ne crois pas qu'il en trouvera. Il y a trop de pros dans le coup. »

Young le regarde. Entendre le nom de Calum est toujours inquiétant. Ils ont essayé de le mettre à l'abri du radar aussi longtemps que possible, mais ça ne pouvait pas durer. C'est le métier.

Il demande : « Alors Fisher assemble les pièces du puzzle ? » Il joue l'indifférence. Ça ne marche pas.

Greig hausse les épaules. « Il a les pièces, mais de là à en faire un dossier solide… Un meilleur flic y arriverait peut-être. Dans un éclair d'inspiration. Pas le genre de Fisher. Il ne lâchera pas, c'est certain, mais il n'arrivera à rien. » Nouveau haussement d'épaules.

Young acquiesce, sans y croire. Fisher est bien assez dangereux. Il faut être idiot pour sous-estimer quelqu'un d'aussi tenace. Respecter son ennemi.

Il roule dans la ville. Direction le club, mais il fait un détour. La maison de Fisher est à vingt minutes. Ça vaut la peine de passer par là. Pas pour y faire quelque chose. On ne fait rien à un flic. Mais on a besoin de savoir où il en est. On se renseigne sur lui et sur sa famille. Sur ses amis. Son style de vie. Tous les petits détails qui pourraient être précieux plus tard. À des fins défensives, pas agressives. Il n'a pas besoin de passer devant la maison, mais il trouve plus facile de comprendre une situation avec une image claire devant lui. Voir la maison, imaginer l'homme à l'intérieur. Pas de famille digne de ce nom. Peu d'amis. Il doit y avoir une faiblesse. C'est obligé. Ils ont vérifié ses mails et son téléphone mais n'ont rien trouvé. Ils peuvent faire davantage. Obtenir une clé de sa maison. Jeter un coup d'œil à l'intérieur. Consulter l'historique de son moteur de navigation. S'informer. Quand on ne trouve rien d'intéressant, le créer. En tout dernier recours. Fisher a beau être un emmerdeur, il reste un flic. Et on ne provoque pas un flic.

6

Frank a bien dormi. Il y a eu une époque, assez lointaine, où il était nerveux les heures précédant un boulot. Plus maintenant. Question de routine. La routine est apaisante. Elle devient familière et agréable. Calme la fièvre des préparatifs. Une fois engagé, le travail est facile. La concentration devient l'émotion dominante. Aucune place pour l'inquiétude. Il prend une douche, son petit déjeuner, et parcourt le journal. Il doit trouver qui occupe les appartements, mais c'est assez simple. Un coup de fil matinal à un contact. Il obtiendra l'information par un tiers. Probablement même par une quatrième ou cinquième personne. Quelque part au bout de la filière il y a une vieille femme qui travaille dans un bureau pour les services postaux locaux. Elle n'entendra jamais le nom de Frank, ne saura jamais que l'information est destinée à un usage criminel. Elle recevra une petite rémunération et indiquera les noms des occupants des appartements. Frank ne peut pas faire mieux en si peu de temps. C'est loin d'être l'information la plus fiable. Il y a des chances que quelqu'un pénètre dans un ou deux appartements vides. C'est un risque à prendre. On ne peut travailler qu'avec les meilleurs renseignements disponibles.

Il lit le journal, puis va à l'épicerie. Il marche un peu tous les jours. Pour faire travailler sa hanche, reprendre des forces. Et aussi être vu dans le quartier. Depuis des années il y joue un rôle. Le monsieur vieillissant à l'air un peu triste qui vit tout seul. Il n'a jamais été proche de ses voisins, mais il veille à se montrer suffisamment pour éviter qu'ils ne deviennent trop curieux. Il se dirige vers l'épicerie au coin de la rue. Une courte distance, mais on l'aura vu se comporter normalement le jour d'un assassinat. C'est de ça qu'il s'agit. Il n'a pas besoin du lait et des gâteaux secs qu'il va acheter. Il veut seulement qu'on le voie se comporter de façon normale, ordinaire. Si quelqu'un dans le coin sait comment il gagne sa vie, il n'a jamais rien dit. Ni même laissé entendre qu'il est au courant. Il est peut-être assez malin pour la boucler.

L'épicier l'a vu. Deux autres clients aussi. De retour chez lui, il tue le temps. Le seul inconvénient du métier. Quand on travaille, il faut s'éloigner de ses collègues. Bizarrement, plus il vieillit, plus il aime aller au club et voir du monde. Faire une partie de billard, perdre quelques heures. En période d'inactivité il y va deux ou trois fois par semaine. Ostensiblement pour jouer son rôle de consultant sécurité, rendre son poste convaincant. En réalité, il aime la compagnie. Vous restez loin de celui qui vous engage pour un contrat. Vous gardez vos distances pendant plusieurs jours ensuite, parfois une semaine. Ça dépend du bruit provoqué. Il n'y en aura vraisemblablement pas beaucoup pour un type comme Scott. On attribuera sa mort à une guerre des gangs. Peu de chances que les médias s'y intéressent beaucoup, à moins que ce ne soit un jour particulièrement pauvre en nouvelles. La police n'en fera pas tout un plat non plus. Mieux vaut ne pas effrayer les citoyens en parlant de tueries dans le monde de la pègre.

L'après-midi s'est écoulé. Franck prépare son dîner. Rien de trop lourd, et rien d'exotique. Il ne faut pas se laisser déstabiliser par ses tripes. Il y aura de la nervosité à l'heure H. Pas beaucoup, l'expérience s'en charge, mais il pourrait y avoir quelque chose. Les nerfs peuvent se tendre d'un coup. Si tout se passe bien, sans surprises, il ira bien. Quand tout se passe vite et exactement comme prévu il peut faire le boulot sans un battement de cils. C'est malsain, il le sait. Il faudrait un peu de nervosité à ce moment-là. Rester en alerte. Si une surprise se présente, les nerfs suivent. Ils peuvent arriver comme un raz-de-marée, vous rattraper et vous détruire. Le plus important est la façon de les gérer. L'expérience aide, mais elle n'est pas tout. On peut manquer d'expérience et avoir un esprit calme. On peut avoir une montagne d'expérience, comme Frank, et se laisser déstabiliser par le trac. C'est arrivé. Des types sont paralysés par quelque chose qui les surprend. Frank n'a jamais connu ça.

Il fait nuit dehors. Frank commence à se préparer. Vêtements sombres, banals. C'est un peu cliché de s'habiller en noir. La couleur n'a pas grande importance, mais quand on travaille de nuit, c'est raisonnable de porter une couleur sombre. Le facteur le plus important, c'est que les vêtements n'aient aucun signe distinctif. Ne rien porter qui puisse être décrit avec précision. S'assurer que la police n'en trouve pas de réplique à montrer au monde entier. Totalement ordinaires, portés une seule fois et détruits ensuite. Il se couvrira le visage. Il ne le fait pas à tous les coups. S'il n'y a ni témoins ni caméras à prévoir, à quoi bon ? Parfois vous devez être plus que prudent quand vous vous approchez de quelqu'un. Ça peut signifier que vous ne devez pas porter de cagoule parce que ça attire l'attention. De nos jours, c'est de plus en plus les cagoules. Autrefois c'était le bon temps, la vidéosurveillance n'existait pas. Il n'en aurait pas porté pour ce boulot.

Il sort de chez lui à vingt-deux heures dix. Il arrivera à l'appartement avant vingt-trois heures, mais il passera un moment à observer. Le plus longtemps possible. Pour s'assurer que tout le monde dort. Ça rend le boulot tellement plus facile. Ce soir il ne pleut pas, c'est déjà une bonne chose. Il s'est garé un peu plus loin du bâtiment qu'hier. Il sait à peu près quelles fenêtres surveiller maintenant.

Pas de lumière dans l'appartement dont il est sûr que c'est celui de Scott. Il y a deux lumières dans un autre, trois étages plus bas, mais elles ne l'inquiètent pas. S'il est aussi calme, c'est parce qu'un renseignement a été glissé par la fente du courrier l'après-midi. Il n'y a personne dans l'appartement d'en face. Personne non plus dans celui d'à côté. Le seul autre appartement occupé de tout l'étage est à l'extrémité opposée du couloir. L'appartement directement en dessous est occupé, et c'est le seul souci. L'homme qui y habite pourrait entendre le coup de feu. Il pourrait aussi dormir trop profondément pour l'entendre. Ou l'entendre sans comprendre de quoi il s'agit. À cette distance, ça ne serait pas grave. Frank sera parti avant que quelqu'un sorte de son lit après avoir entendu la détonation.

Il surveille la porte. Sa hanche commence à protester. Dans ces moments-là il aimerait fumer encore. Il le faisait. Il fumait un paquet et demi par jour. Jusqu'à ce que Peter Jamieson lui dise que le tabac grossier qu'il fumait puait. Aucune importance. Ensuite il lui a dit qu'il reconnaissait toujours l'odeur sur ses vêtements. Ça, c'était important. Un tueur ne peut pas avoir une odeur caractéristique. Pas plus qu'il ne peut avoir un physique, des manières ou une voix qui se remarquent. On voit maintenant dans le métier beaucoup de jeunes couverts de tatouages. Tous des crétins. C'est idiot de marquer son corps de signes évidents. Frank s'était donc inquiété de son odeur, surtout parce qu'il y avait moins de fumeurs que jamais. Autrefois, l'odeur se fondait dans la masse. Ça n'était plus vrai. Il a arrêté de fumer et s'est mis à mâcher un paquet de bonbons mous à la menthe forte. C'était peut-être un grand progrès pour ses poumons, mais pas pour son odeur. Le tueur à la menthe. Encore trop caractéristique. Il a abandonné les bonbons.

Rien, et encore rien. Les dernières lumières s'éteignent dans le bâtiment. Il est minuit vingt quand la porte s'ouvre et qu'une silhouette sort. Un jeune. Difficile à bien voir d'ici. À coup sûr trop petit pour que ce soit Scott. Mais ça pourrait bien être son copain. Le genre de petit empoté que Balourd est sans aucun doute. Il longe le bâtiment et tourne au coin. Il disparaît. Il rentre dormir chez lui. Frank sourit. Un souci de moins. Scott sera seul, et il peut s'en charger. Il est assez honnête pour admettre que ce boulot n'est pas très glorieux. Quand il était absent, Calum a exécuté impeccablement le contrat Winter. Puis il a résisté à l'attaque de Davidson. Glorieusement. Ils pensent peut-être qu'il exploite ses blessures aux mains, mais ils admirent son travail. Tous le trouvent courageux et intelligent. Il a tout le temps gardé la tête claire. Rien à voir avec le présent boulot. Il s'agit simplement d'envoyer un message. Pendant qu'il était hors circuit, Frank a souvent pensé: les gens vous oublient. Ils oublient que vous pouvez vous aussi faire du bon boulot. La coqueluche du moment retient toute l'attention. Il faut que tu fasses quelque chose pour reprendre la main. Y compris une chose simple, comme celle-ci.

Il a attendu une demi-heure de plus dans le noir. Attendu le moindre mouvement. La moindre lumière. Il est une heure. Assez d'attente. Il descend de voiture. Une petite caisse qu'il n'avait jamais conduite. Banale. Il retrouvera la sienne dès qu'il aura fini ici. Ce sera la seule fois où il se sera approché de celle-ci. Personne ne peut la relier à lui. Il enfile sa cagoule et traverse le parking. Personne en vue. Il fait froid mais sec. Il se dirige d'un bon pas vers la porte. En corrigeant le dernier signe de claudication. Qui est un détail reconnaissable. Il passe la porte, certain que la caméra ne marche pas. Il prend l'ascenseur. Un léger nœud au creux de l'estomac. Quelqu'un d'autre pourrait appeler l'ascenseur. Il aurait peut-être dû attendre une heure de plus. Trop tard maintenant. Détends-toi et concentre-toi. Tu as dépassé le point de non-retour.

L'ascenseur s'ouvre à l'étage de Scott. Frank en sort lentement en regardant à gauche et à droite. Le couloir est éclairé toute la nuit, mais il n'y a aucun signe de vie. Toutes les portes sont fermées. Silence total. Il va à gauche, sans bruit. Il tire son arme de la poche intérieure de son manteau. Une petite chose qu'il a prise chez son fournisseur. Il a trois fournisseurs par roulements, pour qu'aucun ne sache s'il travaille beaucoup ou non. Il fait appel à eux depuis longtemps. Il leur fait confiance maintenant. Mieux vaut quand même qu'aucun d'eux ne connaisse son emploi du temps. Il constate que ce n'est pas une arme puissante. Mais elle est suffisante pour tuer à faible distance. C'est tout ce qu'il lui demande. En arrivant à la porte il regarde autour de lui. Il frappe deux fois. Assez fort pour réveiller Scott, mais pas en tambourinant, il se méfierait. Frank se tient légèrement sur le côté pour ne pas faire face au judas. On n'ouvre pas la porte à un homme encagoulé portant une arme. Il attend. Prêt à frapper de nouveau. Quelque chose de bizarre. Comme un claquement lointain. Tout devient blanc. Il sent ses jambes se dérober. Sa hanche ? En tombant en avant contre la porte de Scott il comprend que c'est pire que ça.

7

Tout est flou. Cerné de noir, avec au milieu une lumière désagréable. Il referme les yeux, ça paraît mieux. Ça prend quelques secondes, un instant de vertige pénible, mais à présent il se rappelle où il est. Il garde quand même les yeux fermés. Plus vite il les rouvrira, plus vite il devra affronter la réalité. Mieux vaut se taire. Et écouter.

« Je crois qu'il a bougé, Tommy, je crois que je l'ai vu bouger. Sûr. »

Une sorte de hennissement. Ça montre l'utilité de rester immobile et d'écouter. Ne bouge pas. Tu n'es pas encore mort. Tu peux encore sauver la situation. Tant que tu respireras, elle pourra se retourner. Il les entend aller et venir dans le couloir. Ils ne font rien. Ils vont et viennent en essayant de trouver quoi faire de leur gros lot. Ils ont amené Frank MacLeod où ils voulaient. Seulement ils ne savent pas quoi en faire.

Il ouvre les yeux et les regarde. Il cherche le détail important. Tommy Scott tient l'arme. Bras ballant. Il a l'air malheureux. Comme s'il essayait de résoudre un problème. Il a l'expression d'un gamin dans le pétrin. Le couloir est peu éclairé. Par une ampoule nue, on dirait. Le jeune copain de Scott, Andy McClure le Balourd, est à côté de lui. Il a l'air excité, pris par l'exaltation du moment. L'adrénaline l'emporte sur l'intelligence. Non qu'il y en ait eu beaucoup au départ. Scott a toujours été le cerveau de cette petite opération. Mais Frank n'est pas en mesure de juger. Il est celui qui est étendu par terre juste devant la porte. À cet instant tout le monde est plus intelligent que lui. Le couloir minable où il est couché débouche sur la cuisine au fond. Il y a deux portes fermées à sa droite et une à sa gauche. La porte d'entrée est derrière lui. La seule issue.

Il ne se rappelle même pas que c'est arrivé. Il se rappelle avoir frappé à la porte. Juste après une heure du matin. En sentant le pistolet rassurant dans sa main droite, invisible par le judas. Prêt à entrer et à tirer. Vite fait, entrer et ressortir en laissant le corps. Tellement simple. Il se réveille à l'intérieur de l'appartement. Sans que la porte ait été ouverte, il est sûr de ça. Quelqu'un l'a surpris par-derrière. Ils ont dû venir de l'appartement d'en face, en deux pas. Ils l'ont assommé et traîné à l'intérieur. Il ne les avait pas entendus, il ne s'attendait pas à eux. Maintenant Tommy Scott arpente le couloir, l'arme de Frank à la main. Quel désastre ! Quelle humiliation ! Quarante-quatre ans dans le métier, depuis le jour ou John « Reader » Benson l'a payé des cacahuètes pour flanquer une correction à un bookmaker efflanqué. Il lui est arrivé depuis de se trouver dans des impasses. Jamais à ce point. Cette fois il est dans un trou.

Tommy vient de remarquer que Frank est réveillé. Il pourrait essayer de s'asseoir. Tommy va vers lui. Vingt-six ans, très maigre, cheveux noirs, l'air perpétuellement fatigué. Avant, c'était un petit dealer de rue. Il faisait le tour des cités à bicyclette et vendait la drogue dans un bout de papier plié. À bicyclette, pour l'amour du ciel ! Naturellement, personne ne le prenait au sérieux. Qu'est-ce que Shug Francis a pu lui trouver ? Mystère. C'était peut-être son dernier recours. N'importe qui faisait l'affaire s'il le voulait et en avait la possibilité, peu importait sa compétence. Jamieson avait piétiné tous les efforts précédents de Shug. Shug a engagé Tommy. Il lui a donné un gros stock. Scott l'a pris et a monté son propre petit réseau. Frank l'a sous-estimé. Il s'en rend compte maintenant. Il l'a jugé sur ses anciennes fonctions. Pas sur son activité actuelle. Il le voyait encore comme le gamin minable sur sa bécane. À présent Scott est debout au-dessus de Frank et c'est l'arme de Frank qu'il pointe sur lui.

« Tu vas la boucler, OK! Tu vas la boucler. » Il paraît nerveux. Il y a de quoi. Il s'éloigne et essaie de réfléchir. Il ne sait pas quoi faire de Frank. Frank sait que si ça dépendait de son abruti de copain il serait déjà mort. Scott est juste assez intelligent pour savoir que ça mérite davantage de réflexion. Il doit tirer le meilleur parti de la situation. Une chance lui est offerte. Celle d'impressionner Shug, de grimper d'un échelon. Saisis les occasions quand elles se présentent, petit, ça n'arrive pas souvent. Scott ne s'en rend peut-être pas compte encore, mais il pourrait ne plus jamais avoir pareille chance. Frank secoue la tête. Ne pense pas en professionnel, pense en victime. C'est ce que tu es en ce moment. Tu es devenu le genre d'homme que tu as toujours détruit. Comment t'en sortir? Il n'y a pas de réponse. Quarante-quatre ans dans le métier. Probablement le meilleur tueur à gages de la ville depuis trente ans. Et pourtant, pas de réponse.

Tommy n'a jamais été autant sous pression. Balourd l'observe, debout dans le couloir. S'il peut s'en empêcher il ne dira rien et ne fera rien. Il sait quel est son rôle. Monter la garde. Si le vieux se relève, le frapper. Si Tommy lui demande de faire quelque chose, il obéit. Il est à ce niveau-là. Ils sont copains depuis l'enfance. Tommy a toujours été le plus intelligent, la personnalité la plus forte. Il a toujours veillé sur Balourd, l'a toujours protégé. Lui a toujours fait partager ses succès. Maintenant Tommy le traîne vers les sommets et c'est marrant. C'est exaltant. Attendre le vieux. Garder la porte d'en face fermée mais pas verrouillée. L'ouvrir doucement quand le vieux croulant frappe à la porte de Tommy. Un grand pas et un gros coup à l'arrière de la tête. Avec un tuyau. C'est une des choses passionnantes de cette vie.

Il n'a pas fière allure le vieux Frank MacLeod. Petit, les cheveux presque complètement gris, des rides. Un vieillard en a après eux, se dit Tommy. L'homme de main de Peter Jamieson. Ç'aurait été cool d'avoir une arme. Mais Tommy a été malin. Il a compris exactement ce que le vieux ferait. Il a lu en lui comme dans un livre. L'appartement d'en face est vide depuis des mois. Ils s'en servent tout le temps. Personne n'y emménagera, il dégouline d'humidité, les murs sont noirs. Le vieux leur a facilité les choses. Balourd est sorti et s'est éloigné pour que Frank le voie partir. Puis il a fait le tour du bâtiment et il est revenu dans l'appartement inoccupé. Excitant, tout ça. Ils ont été plus malins qu'un tueur. Tommy ne sait quand même plus quoi faire. C'est inquiétant, mais Balourd a confiance en lui.

Tommy a pensé toute la journée à ce moment. C'est une belle occasion. Il regarde Frank de loin, le jeune surveille le vieux qui le surveille. Il tient l'arme de Frank. Ça paraît évident. Le tuer, se débarrasser du corps. Simple bon sens, certainement. Mais s'il y avait plus ? Et si le mieux était de faire savoir à Shug que Frank est ici ? Shug pourrait apprendre des choses, des choses importantes. Mais il pourrait vouloir que Tommy règle ça tout seul. Tu poses les questions, tu obtiens les informations. Sans que personne sache rien. Ensuite tu le tues. Puis tu donnes ces informations à Shug. Tu prends l'initiative. C'est ce qui leur plaît. Il sera impressionné. Et content d'être resté hors du coup jusqu'à ce que le danger soit passé.

Frank observe. Le gamin n'a aucune idée de ce qu'il doit faire. Ces deux-là l'ont bien eu, il le reconnaît. Seulement ils n'ont pas prévu si loin. Ne pas avoir de stratégie est inexcusable. Ça n'est pas professionnel. Le petit peut faire toute la gymnastique mentale qu'il voudra, Frank sait ce qui le tracasse. L'étape suivante c'est qu'ils doivent le tuer, et Tommy Scott n'a encore jamais tué un homme. Il y a loin du petit vendeur au tueur. Loin d'un coup de tuyau à une balle dans la tête. Ce sont les paliers les plus effrayants à franchir dans ce métier. Vous le faites une fois et des gens vous demandent de recommencer. Impossible de retourner en arrière. Scott sait qu'il doit y avoir un assassinat, mais il ne veut pas s'en charger. Il n'a pas assez de cran. Du moins, pas encore.

« Pourquoi tu ne te dépêches pas de le faire, petit ? » lui demande Frank. Il se surprend lui-même, il ne voulait pas le provoquer. « Tu te ridiculises. »

Scott se retourne et lui jette un regard furieux. Frank avait deux possibilités. Essayer d'être gentil dans l'espoir de rester vivant, mais ça paraît inutile. Ça pourrait lui faire gagner du temps, mais pas le sauver. Ou bien tenter de pousser le plus jeune à commettre une erreur. C'est ce qu'il est en train de faire.

« Il a raison, on devrait le flinguer, ce con », déclare soudain Balourd. Personne ne lui a demandé son avis.

« La ferme, rétorque Tommy. On fera ça quand je le dirai moi, pas lui. Tu fermes ta sale gueule, le vieux. Je te le répéterai pas. » Décide-toi. Tu dois te décider. Téléphone.

8

David « Fizzy » Waters dort dans son lit, comme devrait le faire toute personne civilisée à cette heure. Quelque chose se manifeste à la limite de sa conscience. Un bruit. Faible. Il ouvre les yeux, se redresse. Un portable, qui sonne dans le tiroir du bas de sa table de nuit. Il contient deux téléphones. Tous les deux prépayés et réservés aux contacts. Il ouvre le tiroir, sort le vieux téléphone à l'écran éclairé. Un numéro de portable qu'il ne reconnaît pas s'affiche. Ça n'est généralement pas bon signe. Il se lève et sort sans bruit de la chambre. Il ne veut pas réveiller sa petite amie s'il peut l'éviter. Dans le couloir, il répond. Ça pourrait être n'importe qui. On ne sait jamais, de nos jours. Depuis que Shug a décidé de se faire une place dans le trafic de drogue, il y a plus de personnages peu recommandables que jamais dans son entourage.

« Allô.

– Salut, Fizzy, M. Waters, c'est moi, Tommy Scott. »

Quand on parle de personnages peu recommandables… Un petit vendeur avec de grandes ambitions. Un des rares à avoir accepté d'essayer de monter un réseau pour Shug. La balle qu'a reçue Lewis Winter a effrayé la plupart. Pas Scott. Il était enthousiaste. L'ambition a vaincu la peur et le bon sens. Qu'elle en soit remerciée. Il s'est révélé efficace. C'était inattendu, mais il n'a pas fait le moindre faux pas. Pas encore. Il a monté un réseau de vendeurs, il s'active et il fait de l'argent. Il appelle à une heure dix du matin maintenant, ce qui laisse supposer qu'il vient peut-être de perdre pied.

«J'ai un problème, mais ça pourrait être un bon problème.» Scott paraît un peu essoufflé. On dirait qu'il essaie de baisser la voix. Fizzy ferme les yeux. Il n'a encore jamais entendu parler de bon problème.

Autrefois, c'étaient les voitures. Rien d'autre. Shug possède une chaîne de garages en ville, il dirige une affaire solide et légale. Il gagne assez d'argent pour être à l'aise. Apparemment, ça ne suffit plus de nos jours. Il a commencé en volant des voitures. À présent c'est un réseau, le seul important qui reste en ville. Peut-être le plus grand du pays. Les voitures sont mieux protégées. En tirer profit devient plus difficile. Quelqu'un vole la voiture, quelqu'un d'autre la repeint et change ses plaques, un troisième s'occupe de la localisation électronique, un quatrième crée un faux historique, un cinquième la déplace dans le Sud et un sixième la vend. Ça fait du monde à rémunérer. Un peu plus et il ne resterait rien à Shug. On ne peut pas traiter les voitures de luxe qui permettraient de plus gros profits. Trop voyant. On peut les vendre à l'étranger, mais c'est un marché très spécialisé que Shug n'a jamais pu tout à fait pénétrer. Alors faire circuler de la drogue l'a attiré. Il déplaçait déjà des véhicules, pourquoi ne pas mettre quelque chose dedans? Mais c'est difficile. Rien que se tailler une place, devenir crédible, c'est dangereux. Ça attire des types difficiles. Des types comme Tommy Scott.

«C'est quoi le problème, Tommy? chuchote Fizzy.

– Frank MacLeod. Vous connaissez Frank MacLeod? Eh bien il s'en est pris à moi, mais Balourd et moi on a pu le piéger! On le tient. Il est ici. Chez moi. Étendu dans le couloir.

– Il est mort?» Fizzy l'espère.

«Nan, il est vivant. On l'a assommé. Mais je me disais que vous ou Shug vous voudriez peut-être le voir. Lui parler. Ça pourrait être une bonne occasion d'obtenir des informations.»

Et c'est censé être un bon problème. Quel genre d'informations Frank MacLeod va leur donner, bon Dieu ? Comment pourraient-ils croire la moindre de ses paroles ? Toute information venant d'un vieux pro comme MacLeod est inutile. Un type comme ça est avant tout loyal. Fizzy est sur le point de répondre, mais il comprend soudain que Scott n'appelle pas parce qu'il pense qu'ils voudront parler à Frank. Il appelle parce qu'il veut que quelqu'un d'autre vienne tuer le vieil homme.

Il devrait être en colère, mais il ne l'est pas. Fizzy ne reproche pas au gamin de vouloir que quelqu'un d'autre fasse le boulot. Un sale travail pour des sales types. Il pense à Glen Davidson et à la nuit où il est parti tuer Calum MacLean. Fizzy l'a conduit là-bas, il l'a attendu dehors. Davidson n'est jamais ressorti. À sa place, un des cogneurs de Jamieson s'est pointé en fourgonnette. Lui et MacLean sont partis avec le corps de Davidson. D'un point de vue professionnel, Scott devrait se charger de Frank. Il devrait peut-être appuyer lui-même sur la détente, prouver qu'il en est capable. Il le tient, il le tue. Mais Fizzy ne le ferait pas, et il ne forcera personne à le faire.

« Écoute, petit, tu as bien fait de le piéger. Il est dans ton appartement ?

– Ouais.

– Bien. Je t'envoie quelqu'un. Ça ne sera ni moi ni Shug. Il s'occupera de lui. Il t'en débarrassera. Ne bouge pas. Fais-le tenir tranquille. »

Il se dit qu'il aurait dû se montrer plus enthousiaste avec le garçon. Trop tard, il a raccroché. Se débarrasser de Frank MacLeod, ça c'est un gros coup. L'homme de main de Jamieson. Un de ses plus proches alliés. Si Frank est allé les tuer et s'ils ont eu le dessus, ils ont réalisé un exploit que beaucoup d'autres ont tenté sans succès. Il faudra le leur dire. Les premiers à battre Frank MacLeod. Du moins à sa connaissance. Si quelqu'un d'autre l'avait fait, il serait déjà mort. C'est la nature de son travail. Ce serait mieux s'il y avait moyen de régler l'affaire sans appeler Shug. C'est pourquoi Fizzy devrait en savoir davantage sur l'organisation. En particulier sur les types qu'ils utilisent. Il sait que Shug a actuellement Shaun Hutton comme homme de main, même s'il n'a pas encore de boulot pour lui. Il aime bien Hutton, qui lui paraît un meilleur choix que n'était Davidson. Quelqu'un de plus agréable, en tout cas. Non que ce soit un critère pour juger une gâchette. N'empêche. Shug connaît le numéro de Hutton, pas Fizzy. Shug a beaucoup plus de secrets qu'avant.

Ça sonne. Shug va tarder à répondre. Sa femme se réveillera la première, puis elle réveillera Shug. Il pestera trente secondes. Ensuite il répondra. Ils sont trop vieux pour ça. C'est la première fois que Fizzy y pense. S'ils envisageaient de faire ça, ils auraient dû le faire il y a dix ans. Ils avaient une vingtaine d'années, moins de responsabilités, et le marché aurait été plus facile à pénétrer. Ils avaient l'énergie et les capacités pour prendre des risques. Commencer à la trentaine a plus d'inconvénients que d'avantages. Plus d'argent pour démarrer, mais moins de tout le reste.

« Fizzy, bon sang, tu as vu l'heure ? » Il est encore étourdi, pas heureux d'être réveillé. Shug n'est pas un type naturellement agressif ni rancunier, mais il peut être grincheux.

« Il se passe quelque chose.

– Quel genre ?

– Plus mauvais que bon. »

Fizzy a expliqué ce qui s'était passé. Il a raconté à Shug que Frank MacLeod est étendu par terre chez Tommy Scott en attendant une balle. Quelqu'un doit la tirer. Shug n'a encore presque rien dit.

« Et Scott ? Il a l'arme de MacLeod.

– Scott n'est pas un tueur », répond Fizzy qui tire ainsi le gamin d'affaire. « C'est une occasion unique de se débarrasser de MacLeod et d'affaiblir Jamieson. Nous liquidons un des meilleurs hommes de Jamieson ; pense à l'effet que ça fera. Si Scott et son abruti de copain font le boulot, Dieu sait ce qui pourrait cafouiller. Nous devons envoyer un pro. Quelqu'un qui peut aussi faire disparaître le corps proprement. Si nous faisons ça bien, nous éliminons le vieux sans que personne sache rien. »

Un silence à l'autre bout. Shug réfléchit. Fizzy l'entend se déplacer. Il doit être déjà hors de la chambre, dans sa tanière. Il ne veut pas qu'Elaine reste éveillée.

« OK. Tu as raison. Je donne un coup de fil. »

Shug a raccroché ; il va appeler Hutton. C'est tout simplement horrible. Assis dans son living le téléphone à la main, Fizzy ne sait pas quoi faire. Il n'y a rien qu'il puisse faire. Son rôle dans cette affaire est terminé. Un tout petit rôle. Hutton va aller là-bas faire le travail. Les communications téléphoniques vont cesser afin de ne pas relier les personnes à la scène davantage qu'elles ne le sont déjà. La décision appropriée et professionnelle est de ne rien faire. Autrefois ça n'était pas comme ça. Pas quand ils ont démarré. Deux copains avaient une petite affaire et tiraient un petit bénéfice supplémentaire avec des voitures volées. Parfois les propriétaires les prenaient sur le fait. Ils devaient se défendre. L'un d'eux avait été grièvement blessé. Désagréable. Toutefois personne n'était mort. Ils n'avaient jamais franchi cette limite. À présent elle est loin derrière eux.

9

Les sonneries de téléphone réveillent beaucoup de monde cette nuit. Shaun Hutton n'est pas le dernier. Comme beaucoup d'autres dans le métier il possède plusieurs portables. Il cherche en ce moment un de ses téléphones de travail. Il en a trois. Des modèles bon marché, prépayés. Rien de luxueux. Il n'y a pas beaucoup de personnes qui puissent l'appeler. Il a toujours réduit son emploi du temps au minimum. C'est une des raisons pour lesquelles il n'est pas très respecté dans la profession. Les gens pensent qu'il travaille quand ça lui chante. Ils ne le croient pas fiable parce qu'il n'est pas toujours disponible. Ils le considèrent comme n'étant qu'à moitié impliqué. C'est dangereux. Ils veulent un engagement total. Ça les rassure. Il travaille suffisamment pour payer ses factures. Ni plus ni moins. Il a une jolie petite maison, où il vit seul. Une jolie petite voiture. Une jolie petite version de tout ce dont il a envie. Ça restera comme ça. Il ne court pas après la richesse. Il trouve enfin le bon téléphone.

C'est Shug Francis. À cette heure de la nuit, c'est soit pour un avertissement soit pour une liquidation, ce qu'il espère. Un avertissement est en général un travail imprévisible et peu rentable.

« Shaun. J'écoute.

– Shaun, c'est Shug , comment ça va ? »

Il ne s'y fait toujours pas. Cette façon de demander à un type comment il va alors qu'il y a probablement une urgence à gérer. Trop poli. Trop civil, mais bon. « Je vais bien. Quelles nouvelles ?

– J'ai un boulot pour toi. Tout de suite. Tu connais Frank MacLeod ? »

Question idiote. « J'en ai entendu parler.

– Tu connais Tommy Scott ?

– Non, je devrais ? » répond Shaun, mais il sait qui c'est. Il gagne du temps pour réfléchir. Il sait que Scott est un dealer qui travaille pour Shug. Il a entendu dire que Scott est décidé à piétiner plusieurs plates-bandes. Des plates-bandes qu'il vaut mieux respecter.

Shug explique ce qui est arrivé. Hutton écoute, assimile tout, le retourne dans tous les sens et trouve comment l'analyser. Le vieux Frank MacLeod ! Il en a fallu du temps pour qu'il se fasse prendre. C'est un peu triste que ce soit par un petit prétentieux comme Scott, mais l'époque veut ça. Des gamins venus de gangs de rue deviennent des pros. Ils sont durs avant même de commencer. Frank l'a peut-être trop pris à la légère. Il devient peut-être simplement trop vieux. Pour jouer au jeune homme, et tout ça. Shug continue de bavasser. Il a indiqué une adresse, Hutton l'a mémorisée automatiquement. En haut d'une tour HLM – super génial. Pour évacuer un corps, on ne trouverait pas pire. Deux autres types là-bas, en plus. Deux étrangers sur lesquels il ne peut pas nécessairement compter. De mieux en mieux. Shug appelle un des deux Balourd, apparemment son surnom. Il va devoir se trouver une étiquette plus reluisante.

« Alors, demande Shug, qu'est-ce que tu en penses ? »

Il ne devrait pas poser la question. Il devrait ordonner. C'est le patron, l'homme de main obéit. Shug n'a pas encore tout à fait l'habitude du commandement.

« Je crois que le plus difficile sera l'évacuation. Ça pourrait être un cauchemar là-haut. Je crois aussi qu'il y aura des retombées. En majorité sur Tommy Scott.

– Il peut assurer.

– Je vois », répond Hutton sceptique. Scott va devoir apprendre à faire profil très bas après ça. Lui et son copain sont inexpérimentés. Il y a de fortes chances qu'un des deux fasse une erreur et doive la payer. « J'ai besoin d'une voiture ; je ne me sers pas de la mienne. S'ils ont l'arme de Frank, je peux l'utiliser sur place. Il me faut aussi du matériel, pour me débarrasser du corps. Ça va me prendre », il fait semblant de regarder sa montre, « pratiquement une heure. Il sera deux heures vingt. Votre homme peut le faire tenir tranquille en attendant ?

– Oui. Viens me voir demain, quand ce sera fait.

– Non. Il vaut mieux attendre plus longtemps. Vous n'aurez pas de nouvelles de moi pendant une semaine, sauf cas d'urgence. »

Il y a trois minutes qu'il a raccroché au nez de Shug et il n'a pas encore décidé ce qu'il allait faire. Dans ce métier, on choisit son camp. Aucune obligation d'aimer la politique, mais travailler pour une personne en irrite inévitablement une autre. On choisit ses missions selon qui on peut se permettre de fâcher et non selon celui pour qui on veut travailler. Quand on appartient à une organisation c'est tout simple, aucun choix à faire. Quand on est free-lance, il faut établir une stratégie prudente. Il pose le téléphone et va ouvrir le placard de sa chambre. Il y a là un autre portable. Il ne l'a pas allumé depuis deux mois. La batterie pourrait être à plat. L'écran s'éclaire – le témoin indique qu'il y a encore un peu de jus. Ça suffira. La conversation sera courte. Il compose un numéro qu'il a mémorisé il y a longtemps. Aucun sentiment de culpabilité. En affaires, on choisit son camp. Il faut bien gagner sa vie.

« Allô ? » La voix n'est pas endormie. Parce que John Young a toujours été un oiseau de nuit. Quand son téléphone a sonné il était encore debout.

« John, c'est Shaun Hutton.

– Shaun, quoi de neuf ? » Il y a déjà une note prudente dans sa voix. Young sait que Shaun ne téléphonerait que s'il y a une urgence. Il connaît Hutton depuis six ans. Il l'a utilisé pour quelques boulots à l'époque, rien de très important. Il lui a proposé quelques bricoles parce que c'était un contact utile à avoir. Et lui a aussi filé de l'argent, histoire d'acheter un peu de loyauté. Puis Shug s'est mis à le courtiser pour en faire son nouvel homme de main. Une aubaine pour Young. Cultiver un contact en secret pendant six ans se révélait finalement payant. Et maintenant cet appel de l'homme de main de Shug en pleine nuit. Hutton se demande si Young a déjà fait le rapport avec Frank. Il doit savoir que Frank est sur une élimination, contre Shug. Il sait sûrement à quoi s'attendre.

« Écoutez, John, vous avez un problème. Frank MacLeod est allé buter Tommy Scott, mais le petit lui est tombé dessus. J'ai appris que Frank est KO dans l'appartement de Scott. Ils veulent que j'aille l'achever et enlever le corps. Je leur ai dit qu'il me faudrait une heure pour trouver une voiture et le matériel dont j'ai besoin. Vous avez une heure pour envoyer quelqu'un récupérer Frank. S'il est encore là quand j'arrive, je devrai faire mon travail. Je ne peux pas me dédire. Vous avez une heure. »

Il éteint le téléphone et le remet dans le placard. Young a été bien avec lui, il ne l'a jamais mis sur le banc de touche. Un futur employeur souhaitable. Il lui doit de le prévenir, mais pas davantage. Ne pas exécuter le contrat serait mettre sa propre tête sur le billot. Il ne fera pas ça. La priorité est de rester en vie. Young s'est suffisamment bien comporté pour gagner une heure. Quand vous avez un travail à faire vous y allez. S'il se trouve que quelqu'un arrive avant vous, dommage.

10

Des tas de choses se bousculent dans la tête de Young. La première est toujours la réaction paranoïaque. C'est un coup monté ? Hutton essaie d'attirer un autre homme de Jamieson dans l'appartement pour pouvoir doubler son tarif? Ça tiendrait debout. Un tueur à gages ambitieux pourrait tenter sa chance. Shug pavoiserait doublement. Aucun moyen de savoir. Probablement pas un coup monté. La plupart sont plus prudents que ça. En tout cas la plupart des bons.

Il en veut à Frank maintenant. Comment peut-on se laisser avoir par une couille molle comme Tommy Scott ? Un homme du niveau de Frank. Son premier boulot depuis qu'il s'est fait remplacer la hanche. Il décline peut-être. Ou alors il a repris trop vite du service en assurant qu'il était prêt. Young est fâché, mais Peter Jamieson n'acceptera jamais de perdre Frank. Il l'a toujours considéré comme une sorte d'oncle bienveillant. Il s'est occupé de lui, l'a envoyé récupérer dans sa villa en Espagne après l'opération. Le vétéran héroïque avec plus de talent que quiconque, qui a aidé Peter à créer son organisation. Frank leur a apporté de la crédibilité alors que Jamieson n'était qu'un candidat parmi d'autres, et Young son bras droit qui n'avait pas encore fait ses preuves. Tout le monde sait que Peter et Frank sont proches. Ils ne peuvent pas perdre Frank. Ce serait horrible en termes d'image.

Appelle Jamieson. Tu as une heure. Si tu dois le faire, tu n'as pas une seconde à perdre. Une heure, c'est suffisant ? Pas en temps normal. Ce serait envoyer quelqu'un d'autre à l'échec. Gaspiller un deuxième tueur pour essayer de sauver un premier déjà condamné.

« Peter, tu es réveillé ? » Il appelle Jamieson sur son téléphone fixe tout en essayant de trouver ses foutues clés de voiture.

« Heu, oui. » Réponse incertaine.

« Écoute-moi, nous avons un problème. Tu m'écoutes ? C'est Frank. Ce petit con de Scott lui est tombé sur le râble avant qu'il fasse le travail. Ils tiennent Frank chez Scott. Ils ont appelé Shaun Hutton pour le liquider. Nous avons une heure avant que Shaun arrive là-bas. Qu'est-ce que tu veux faire ? »

On voit parfois un homme comme Jamieson perdre son temps avec les courses de chevaux et les marathons de billard et on doute de ses capacités. Il peut donner l'impression d'être trop relax, de ne pas prendre son travail au sérieux. De ne pas être un chef. Jusqu'à ce qu'arrive un moment comme celui-ci.

Jamieson répond sans réfléchir à deux fois. « J'appelle Calum MacLean. Tu vas au club avec une arme pour lui ; il n'en a jamais. J'appelle aussi Kenny. Il peut conduire Calum à l'appartement ; Calum et Frank pourront revenir dans la voiture de Frank. Je vais au club de mon côté. Je t'y retrouve. Il faut faire vite. »

Jamieson a raccroché. Pas une seconde d'indécision. D'une certaine manière ça n'a presque pas d'importance que sa décision soit bonne ou mauvaise ; en étant rapide il se donne une chance. Mais c'est terriblement risqué. Pour sauver Frank il expose Calum à un immense danger. Et les perd peut-être tous les deux. Calum est bon. Il sait mieux que personne gérer l'imprévisible – l'épisode Davidson l'a prouvé. Young ne doute pas de ses capacités, seulement du prix de son intervention. Tout ces risques pour protéger Frank, et pourquoi ? Dans quelle mesure peuvent-ils compter sur le vieil homme après un incident comme celui-ci ?

Il sort et monte dans sa voiture. Il fait froid à présent. Le pare-brise est givré. Il démarre avec le chauffage au maximum. Young doit aller vite, mais pas au point de se faire pincer par les radars de contrôle. Le seul fait de circuler à cette heure de la nuit le rend susceptible d'être remarqué. Tout va de travers dans cette affaire. Tout. Il jette un coup d'œil au tableau de bord : une heure vingt-huit. Il leur reste peut-être cinquante-cinq minutes pour arriver à l'appartement avant Hutton. À supposer que ça prenne une heure entière à Hutton, ce qui n'est pas garanti. Young n'a pas l'intention de se culpabiliser à cause de Hutton. S'il avait eu des relations plus étroites avec lui, lui avait donné plus de travail et d'argent, Hutton aurait peut-être été prêt à se défiler cette nuit. Ils pourraient alors gérer ça à leur façon. À leur rythme. Ça reste du domaine des peut-être. Un free-lance n'a pas envie de se faire la réputation de poignarder ses employeurs dans le dos. Là encore, Hutton ne veut peut-être pas rester free-lance. Il cherche peut-être à être employé par une organisation solide. Comme suppléant d'un tueur solide. Si Young le lui avait proposé tout à l'heure au téléphone… Non, n'y pense plus. Les « peut-être » empêchent d'avancer. Tu ne peux pas planifier une chose pareille. Tu ne peux pas garder tout le monde près de toi. Il n'y a pas la place. Si Shug avait engagé un autre tueur, ils n'auraient même pas droit à cette heure.

Il cherche une arme. Il y a quelques endroits où aller, quand on connaît les gens qu'il faut. Les tueurs à gages utilisent généralement des fournisseurs qu'ils connaissent et en qui ils ont confiance. Young n'a pas ces contacts-là. Il ne s'est jamais servi d'une arme de sa vie, mais il sait où il peut en trouver. Il le sait parce qu'il les a rassemblées lui-même. Il est le seul à le savoir. C'est la limite de sa prévoyance. Il roule vers un immeuble qui appartient à Jamieson depuis quelques années. Il y a maintenant une agence de voyages de troisième ordre au rez-de-chaussée, et deux appartements au-dessus. Ils l'ont mis en location, mais Young a toujours une clé. Il y a environ un an, Jamieson a chargé un de ses hommes de récupérer un sac de revolvers qui étaient sur le marché. Il y en avait quatre, apparemment propres. Young en a mis trois de côté, au cas où. Une nuit il en a caché un derrière un panneau de bois, dans un placard qui servait autrefois de réserve à charbon, au-dessous de l'agence.

C'est une partie du boulot qui lui fait horreur. Devoir se faufiler sans bruit. Il n'a aucun talent pour ça. Pour les cambrioleurs, c'est leur gagne-pain. Il reste très peu de pros de nos jours. La plupart sont des toxicos. Young a besoin d'entrer dans le bâtiment, il doit prendre l'arme et sortir sans faire de bruit. Il se dit qu'il a légalement le droit d'être là, mais quelqu'un dans les appartements pourrait l'entendre, paniquer et appeler les flics. Il faudrait alors expliquer ce qu'il faisait là en plein milieu de la nuit. Une conversation difficile quand on tient une arme. Il y a deux autres revolvers cachés dans de meilleurs endroits de la ville, mais celui-ci est le plus près, et le temps compte plus que la commodité.

Il compose le code de l'alarme à la porte de derrière. L'alarme ne marche probablement pas, de toute façon. Les deux qui gèrent l'agence de voyages sont des escrocs, mais bas de gamme. Ils n'ont pas envie de payer des frais d'entretien pour un système de sécurité. Le couloir, puis les marches de béton brut qui descendent au cagibi. Le noir total. Il entre à tâtons. Il a trouvé le panneau. Plus résistant que dans son souvenir. Il tire dessus ; le panneau racle la brique à côté. Du bruit. Un bruit terrible. Il tend la main. Un sac en plastique avec quelque chose de volumineux à l'intérieur. C'est pour lui que Young est là.

Plus vite à présent. Il tire doucement la porte pour la fermer, traverse la rue et monte dans sa voiture. Il ouvre le sac, déplie le chiffon, regarde l'arme et une petite boîte en carton pleine de munitions. Exactement telles qu'il les a laissées. Une sensation de froid au creux de l'estomac. Et si ça ne marche pas ? Et si l'arme que tu fournis ne marche pas et que Calum meurt ? Non, n'y pense pas. Apporte l'arme au club. Elle a l'air bonne. Tous les tueurs prennent un risque avec leur arme quand ils vont procéder à une liquidation. C'est un des risques du métier. Un risque qu'ils prennent. Ton erreur, leur punition. Il démarre, s'éloigne du bord du trottoir. Il jette un coup d'œil rapide derrière lui pour être sûr qu'aucune lumière ne s'est allumée dans les appartements au-dessus de l'agence de voyages. C'est le cas.

En se garant devant le club il regarde de nouveau l'heure. Une heure trente-quatre. Un quart du temps alloué est déjà écoulé. Et tout ça peut-être pour rien. Calum pourrait arriver trop tard pour sauver qui que ce soit. Ou se trouver face à face avec Hutton en arrivant. Ce serait encore pire. Mais Calum est malin, il ne se bagarre pas s'il n'y est pas obligé. Hutton non plus. Il sait y faire lui aussi. Young descend de voiture, marche rapidement dans une allée sur le côté du bâtiment en serrant le sac contre lui. Personne dans les alentours. Ils remplaceront l'enregistrement de la vidéosurveillance qui couvre le secteur par celui d'une autre nuit. Toutes les précautions seront prises.

Ni Jamieson ni Calum ne sont déjà là. Young ouvre la porte latérale et entre vivement. De nouveau le noir absolu. Se déplacer dans l'obscurité, c'est le genre de chose que les tueurs sont censés très bien faire. L'essentiel du travail de Young se passe à la lumière du jour. Il avance avec précaution dans ce qui devrait être un couloir vide, mais on ne sait jamais. L'équipe de nettoyage a dû partir il y a moins d'une heure. Le sol est humide et pue le détergent. Young est parvenu au pied de l'escalier et il monte rapidement. L'escalier est traitre, les marches sont toutes moins hautes que prévu. Beaucoup de gens tombent, mais lui connaît suffisamment bien les lieux. Il traverse la salle de billard, suit le couloir, entre dans le bureau de Jamieson. Il tire les rideaux opaques et allume la petite lampe sur le bureau. Elle éclaire peu, mais ça suffit. Il pose le sac sur la table et sort le chiffon. C'est une longue bande étroite et il ne va pas prendre de risque. Il la brûlera avec le sac en plastique. Il n'a pas touché l'arme et ne le fera pas. Étant donné ce à quoi elle pourrait bientôt servir, il n'a pas l'intention d'y laisser ses empreintes.

Il est maintenant assis sur le canapé à sa place habituelle. La pendule indique que deux minutes se sont écoulées depuis son arrivée. La situation paraît désespérée. Que fait Frank à cet instant même ? Il est peut-être déjà mort. S'il a tenté quoi que ce soit, s'il a essayé de s'échapper, ils l'auront abattu. Il n'est pas impossible qu'il trouve un moyen de s'en sortir sans aucune aide. Si Scott est armé mais qu'ils ont quand même besoin de Hutton pour faire le travail, c'est que Scott n'a manifestement pas assez de cran pour tirer. Ça laisse peut-être une chance à Frank. Pas grand-chose à quoi se raccrocher. Frank peut être encore en vie, mais pas pour très longtemps. Ils devraient le laisser mourir. C'est monstrueux, mais c'est vrai. Young a horreur d'être au club à cette heure. À cause du silence. Il se sent exposé. Derrière les gens, on peut se cacher. Derrière le bruit. Sa seule protection en ce moment est l'obscurité, et il y a de la lumière autour de lui. Une portière de voiture. Quelqu'un vient d'arriver dehors. D'ordinaire il ne l'entendrait pas. Il est trop exposé.

11

À la seconde où Young lui a appris qu'il y avait un problème, Jamieson était réveillé. Il sait que Young n'exagère pas. Une de ses grandes qualités. Il peut régler la plupart des difficultés sans même y mêler Jamieson. Le bras droit idéal à cet égard. Il ne devient empoisonnant que lorsque c'est grave. Et là, ça l'est vraiment. Frank. Un des rares qu'il peut respecter. Un des rares en qui il a réellement confiance. Quand Frank a dit qu'il était en état de retravailler ç'a été un grand soulagement. Jamieson a eu plaisir à lui confier un travail. À le retrouver. Il ne veut pas perdre Frank. On juge un homme à la manière dont il protège les siens. Ceux qui comptent pour lui. Pour Frank il est prêt à aller aussi loin qu'il le faut. Pas seulement pour impressionner les autres. Tu veux aussi t'impressionner toi-même. Pour te convaincre que tu as une organisation capable de sauver ce qui est à elle. Peu importent les difficultés, tu es assez fort pour réussir. Tu peux frapper un nouveau coup contre cette ordure de Shug Francis.

Les ennuis avec Shug n'ont que trop duré. On en parle. Il entend les rumeurs dont personne ne veut l'informer. On le croit faible. On pense que Shug pourrait gagner. Pas lui. Jamieson le sait, et Shug probablement aussi. Shug a eu les yeux plus gros que le ventre. Il arrive à s'accrocher péniblement. Il est une cible salement difficile. Un nuisible difficile à écraser précisément parce qu'il est petit. L'essentiel de ce qu'il gagne est légal. La plupart de ceux qui travaillent pour lui sont extérieurs au milieu. Les attaquer attirerait davantage l'attention de la police, il doit l'éviter. Il faut viser son activité criminelle. Il faut la voir pour la viser. Tommy Scott. Un visage connu. Faire un exemple. Ça pourrait encore arriver.

Jamieson fait les cent pas au rez-de-chaussée, son portable à la main. Sa femme s'est peut-être réveillée à côté de lui, mais elle ne l'a pas montré. Elle ne dit jamais un mot. Elle ne lui posera même pas de questions demain matin. Elle partage sa vie depuis assez longtemps pour comprendre la valeur du silence. Même loin des chambres des enfants. Ils ne comprennent pas la valeur du silence. Ils sont assez grands pour connaître la nature du travail de leur père, mais ils ne doivent pas entendre des choses qu'il ne faudrait pas. Qu'ils pourraient répéter. Paternité oblige. Il entre dans le living, ferme la porte et s'assoit sur le canapé. Le premier numéro qu'il trouve est celui de Kenny McBride. Kenny est son chauffeur depuis quelques années. Un brave garçon. Un peu nerveux avec les gens importants, un peu vantard avec les autres. Il a encore des leçons à apprendre. Mais il est fiable, c'est l'essentiel.

Il parle doucement: «Kenny, viens me chercher chez moi tout de suite.» Un bref silence pendant que Kenny étudie l'ordre reçu. Encore un qui se fait réveiller. Dans les meilleurs moments son esprit fonctionne à vitesse modérée. «Oui, j'arrive.»

C'est tout. Fin de la conversation. Jamieson donne un ordre et Kenny obéit sans poser de questions. Jamieson n'a jamais besoin de se justifier. Kenny, jamais besoin de détails. D'autres pourraient en demander davantage. Des hommes comme Frank et Calum. Parce que leur travail est important. Et qu'ils peuvent se permettre de questionner. Ils en ont acquis le droit. Mais des chauffeurs, on en trouve à la pelle. Kenny est remplaçable. Les bons chauffeurs sont moins nombreux, mais Kenny a rarement besoin d'être bon. Être chauffeur-livreur n'est pas compliqué. Cette nuit, Kenny pourrait bien devoir faire ses preuves. Raison de plus pour s'inquiéter.

Jamieson a conçu l'opération dès que Young lui a raconté ce qui s'était passé. Il a tout visualisé. La façon dont ils devaient s'y prendre. Ils fournissent une arme à Calum parce qu'il n'aura pas le temps d'aller en chercher une lui-même. Kenny le conduit à l'appartement. Il le laisse là. Calum est tout seul. Il arrive dans l'appartement et fait ce qu'il fait si bien, à Scott et à son minable pote. Il emmène Frank et ils s'en vont dans la voiture de Frank. Sans s'en rendre compte, Jamieson frappe le siège du canapé. C'est un foutu cauchemar. Il ferme les yeux en serrant les paupières. Justifie-toi. Vas-y. Trouve une excuse. N'importe quoi. Renverse les rôles. Enverrais-tu Frank sauver Calum ? Risquerais-tu la vie d'un ami pour sauver un employé ? Non, espèce de con hypocrite. Mais tu risques un employé pour un ami. Même si cet employé a davantage de valeur.

Il est maintenant debout dans le noir. Que se passerait-il si tu perdais Frank ? Non, ça n'est pas une justification suffisante pour risquer Calum. Frank n'est pas un jeune homme. La fin approche pour lui depuis longtemps. Il mérite de finir mieux que ça. Ça n'est pas une justification non plus. La plupart des gens méritent une fin meilleure que la leur. En particulier dans ce métier. Très peu peuvent choisir leur porte de sortie. Il pense à Frank étendu sur le sol d'un appartement merdique, avec ces ordures debout au-dessus de lui. Deux petits salauds qui se croient plus forts que lui. Il imagine Hutton en train de tirer sur lui. De le traîner hors du bâtiment et de balancer son corps quelque part. Si c'était Calum, Jamieson l'abandonnerait. C'est le risque à courir pour les tueurs à gages. Ils ne s'attendent pas à ce que quelqu'un vienne les sauver s'ils se plantent. Ils ne s'attendent pas à ce que d'autres risquent leur vie pour eux. Et ils ont certainement raison.

Il se rassoit. Encore une minute perdue. Pas trop tard pour reculer. Abandonner Frank à son destin. C'est le prix d'un travail saboté. Le même pour tous, pourquoi serait-il différent pour Frank ? Cette mission est sans espoir. Il faudrait que Calum entre dans le bâtiment et monte à l'appartement. Tout en haut. Scott vit à l'avant-dernier étage d'une HLM ; Jamieson s'en souvient. Entrer. Comment ? À Calum de voir. Entrer. Tuer deux hommes. Il faut que ce soient les deux. Un aura l'arme de Frank. D'abord lui. Ensuite l'autre. C'est un témoin. Un danger. Il devra mourir. Donc, double assassinat. C'est rare. La police s'y intéresse. Ils sont tout excités. Des ennuis en perspective. Ensuite Calum doit faire sortir Frank du bâtiment. Et s'il est blessé ? Si sa hanche a encore lâché ? Frank pourrait être un poids mort. Comment Calum peut-il l'évacuer sans risque et sans être vu ? Quelle mission merdique pour un de tes hommes.

Mais il enverra Calum. Jamieson le sait déjà. Il le sait depuis le début. Il s'est rassis sur le canapé et perd du temps. Il le sait aussi. Il sait qu'il rend le travail de Calum plus difficile en se rongeant les sangs inutilement. Il reste déjà trop peu de temps. Et il est en train d'en gaspiller une partie. Appelle Calum. Ne lui dis rien encore. Demande-lui d'aller au club. Quand il sera là pour prendre l'arme il sera trop tard pour qu'il puisse dire ou faire quoi que ce soit. C'est un pro. Il fera le boulot. Il est un des rares à pouvoir le faire bien. Jamieson secoue la tête. Calum essaiera de faire le boulot. De le faire bien. Encore un infirme. Frank avec sa hanche. Calum avec ses mains. Lacérées par Glen Davidson, qui ne peut plus parler. Calum a bien géré ça. Il n'a rien fait depuis, pendant des mois. Calum ne veut pas travailler pour une organisation, c'est évident depuis le début. Voilà des semaines que Jamieson soupçonne Calum de tirer au flanc. Il est temps que ça change.

12

Une seule sonnerie suffit à réveiller Calum. Le dernier à l'être dans cette nuit d'alerte. Il n'a jamais été un gros dormeur. Pas parce qu'il attend un appel – il n'a jamais travaillé assez souvent pour recevoir des appels réguliers. C'est simplement sa nature. Prudent, sans attaches, préférant vivre dans un petit monde contrôlable. Il dort plus mal que jamais en ce moment. Il attendait un appel comme celui-ci. Il le prévoyait. Le redoutait. Il est censé être un professionnel. S'imposer des règles. Faire des sacrifices. Or il a commis une faute professionnelle. Cette faute dort à côté de lui. Calum prend son portable sur la table de nuit. Il voit tout de suite que ce n'est pas le numéro de Young. Young appelle quand il y a un travail à faire. Ce numéro-là est un numéro local qu'il ne reconnaît pas. Ce peut être bon ou mauvais signe.

Il est déjà debout à la troisième sonnerie. Il décroche, mais il ne dit rien avant d'être sorti de la chambre.

« Allô. » Il essaie de ne pas chuchoter. Il ne devrait y avoir personne dans son appartement à qui il ait besoin de cacher cette conversation. Un bon homme de main doit être libre de répondre à tout moment. Calum est mal à l'aise, il essaie de dissimuler sa faute. Il passe dans le couloir et maintenant dans la cuisine.

« Calum, c'est Peter. J'ai besoin de toi au club, immédiatement. Immédiatement. »

Pas de réponse. Jamieson ne s'attend forcément pas à ce qu'il parle. Il te demande en termes clairs de venir. Peter Jamieson est le patron ; c'est son organisation. Tu fais ce qu'il te dit ou il y aura des conséquences. Il te demande de venir, tu y vas. Tu n'es pas libre de refuser.

« J'arrive.

– Bien. » Jamieson semble un peu déprimé quand il raccroche.

Calum devrait se soucier de ce travail. Rien d'autre ne devrait occuper son esprit en ce moment. Une urgence au milieu de la nuit. Il y pense à peine. Il n'a pas encore trouvé bizarre que Jamieson appelle. En temps normal, ce serait la première question qu'il se serait posée. Pourquoi Jamieson et pas Young ? C'est toujours Young. Ça fait partie de son travail. Il s'agit manifestement de quelque chose de grave. Si Calum réfléchissait clairement, il aurait pu croire que Young lui-même avait des ennuis. De toute façon il a horreur des interventions d'urgence. Elles se font dans la précipitation. Facile, et parfois inévitable de commettre des erreurs. Lui est un programmeur. Méticuleux et patient. Lent, diraient certains. Libre à eux. Sa qualité vient de sa patience. Mais il ne pense même pas à ça. Il pense à elle.

Elle s'appelle Emma. Emma Munro. Si elle est là, c'est après tout la faute à Jamieson. Elle s'est réveillée. Elle a allumé la lampe et elle est assise dans le lit. Il est à l'entrée de la chambre. Emma est plutôt petite, mais elle en tire le meilleur parti. Cheveux noirs coupés court, visage rond, un clou dans une narine, qu'il trouve mignon, et un tatouage au poignet qu'il déteste. Il ne lui a pas encore dit qu'il trouve les tatouages vulgaires. Ça ne paraissait jamais être le bon moment. Le bon moment pour se disputer. C'est inhabituel pour Calum. De même que tout le scénario. Emma est sa première véritable liaison depuis près de dix ans. Il a toujours gardé les femmes à distance. Elles ne se jettent pas souvent sur lui ; son attrait physique est tout au plus au-dessous de la moyenne. Chaque fois qu'elles ont menacé de trop s'approcher il a trouvé un moyen de les repousser. En leur disant par exemple que leur façon d'orner leur corps est vulgaire et rebutante. Il a déclenché une petite bagarre. Jusqu'à ce qu'il n'y ait plus rien à faire. Qu'elles s'en aillent parce qu'il dépasse les bornes. Mais il faut agir tôt dans une relation, avant qu'elles deviennent indulgentes. Il devrait le faire maintenant. Vas-y. Déclenche la bagarre.

Le petit appartement est douillet; elle a rejeté la couette. Elle porte un débardeur trop petit pour elle, et sa culotte. Elle bâille. C'est la deuxième fois cette semaine qu'elle passe la nuit ici. Il aime ça, ne prétendons pas le contraire. Il aime beaucoup. Il le ressent comme normal. Comme il suppose que sont ressenties toutes les relations normales. Il ne peut rien avoir de normal. Pas avec son métier. Lui-même n'est pas normal. Emma est un handicap. Il n'a aucun moyen de faire le travail sans qu'elle découvre la vérité. Ou du moins qu'elle comprenne qu'il est sur un coup. Il ne peut pas se le permettre. Aucun tueur ne prend un tel risque. C'est pourquoi les bons sont pour la plupart célibataires. Et pourquoi la plupart sont quasiment solitaires. Il a été idiot de la laisser s'approcher aussi près. C'est de la faiblesse de ne pas la rejeter. Il lui rendrait service. Elle ne devrait pas être mêlée à sa vie. Elle n'est ici qu'à cause de Jamieson. Enfin, un peu aussi à cause de George.

George Daly est un bon copain, un brave type. Mais pas du genre à surgir à l'improviste pour jouer aux grands potes. Calum s'est soigneusement créé une vie dans laquelle personne ne surgit à l'improviste. Un mode de vie fiable et solide. Et George fait son apparition. Calum venait de déménager de son chez-lui sûr dans un nouvel appartement. Jamieson a tiré quelques ficelles pour qu'il obtienne un gentil petit appartement dans un quartier convenable. Rien de trop chic, Calum ne voulait pas se faire remarquer. Jamieson faisait tout pour le séduire. Le numéro de la main de fer dans le gant de velours. Il l'entourait de toutes sortes d'attentions pour qu'il veuille travailler pour lui, non sans lui rappeler ici et là qu'il n'avait pas le choix. Pour que Calum comprenne qu'il fait désormais partie de l'organisation. Jamieson a de bons rapports avec Frank MacLeod, mais il sait que Frank ne durera pas éternellement. Il faudra le remplacer à long terme, il a besoin d'un intérimaire. C'est le rôle de Calum. Mais Jamieson a visiblement compris que Calum ne veut pas de ce rôle, d'où la tension. Il envoie George faire ami-ami avec lui pour qu'il se sente plus proche de l'organisation. George travaille pour Jamieson lui aussi, c'est son meilleur Monsieur Muscle. Il est chargé d'impliquer Calum dans l'organisation. De créer avec lui des liens affectifs.

Ils étaient déjà amis. Ils avaient travaillé ensemble. Lewis Winter et Glen Davidson. Deux fois dans un bref intervalle. Comme George est toujours de bonne compagnie, Calum a accepté d'aller en boîte avec lui. Il n'aime pas ça. Il ne danse pas. Des endroits moites et désagréables pleins de gens suants et désagréables. George était sur la piste où il attirait l'attention en se tortillant n'importe comment. Calum était resté au bar. Deux filles, jeunes, probablement des étudiantes. Une blonde à la beauté banale et une jolie petite brune piquante. Elles étaient à côté de lui, mais Calum ne disait rien. Il sirotait son jus d'orange. Jamais d'alcool. Pour rester maître de lui. Le nouvel appartement, faire partie d'une organisation, sa situation avait changé. Et lui avait donné envie de faire les choses un peu différemment, mais pas trop. Pas question de se soûler et de bavarder avec des femmes rencontrées dans des bars. Puis George est revenu.

« Ah, j'espère que Calum vous a tenu compagnie. » Avec un grand sourire il a tendu la main à la blonde. « Je m'appelle George. »

George n'avait pas imaginé une seconde que Calum ne leur aurait pas parlé, et personne ne l'a détrompé. Les quatre ne se sont pas quittés de la soirée. George et la blonde – Anna, ou Annie quelque chose – ont disparu ensemble à la fin. Calum n'a pas bronché. Il disait au revoir à Emma quand elle lui a donné son numéro de téléphone en lui demandant le sien.

Elle a dit avec un sourire moqueur: « Tu es vraiment le type du dur silencieux. » C'était mignon.

« Surtout silencieux », a-t-il répondu en haussant les épaules. Il lui a donné son numéro. Il trouvait grossier de ne pas le faire. Elle a appelé le lendemain. Il a décroché. Et ils en sont là. Comme un couple normal, trois semaines plus tard. C'est un simple plaisir. Agréable, innocent, dangereux. Innocent pour elle. Dangereux pour lui. Peut-être aussi pour elle si ça vient à certaines oreilles. Il savait qu'il allait devoir retravailler. Le boucher toxico diplômé en médecine qu'emploie Jamieson est passé le voir il y a quelques jours. Envoyé par Jamieson, naturellement. Il a dit que ses blessures aux mains et au bras droit avaient bien cicatrisé. La main gauche devra attendre encore un peu, mais dans l'ensemble tout va bien. La lame de Davidson ne doit pas avoir provoqué de lésion irréversible. Depuis, il y a eu cet appel.

Elle n'a que vingt et un ans. Neuf ans de moins que lui. Elle est encore étudiante. En sciences politiques à l'université de Strathclyde, en dernière année. Pour encore trois mois. Elle a dit qu'ensuite elle irait probablement à Edimbourg ou à Londres. Elle a l'air de penser qu'elle a une chance d'être recrutée par un centre de recherche. Peu probable qu'elle reste à Glasgow. Ça résoudrait tout. Une relation passagère, agréable tant qu'elle dure. Trois mois, c'est trop long pour cacher un tel secret. En supposant qu'elle ne soit pas déjà au courant. C'est une fille intelligente ; elle pourrait l'avoir déjà deviné. Elle n'est pas aussi sérieuse que Calum, mais tout aussi futée. Il a inventé une histoire pour expliquer ses blessures : qu'il travaillait dans une imprimerie et qu'une machine lui avait broyé les mains. Qu'il n'était pas sûr de retrouver son poste. Elle a écouté attentivement et n'en a pas parlé depuis.

Elle est adorable, assise sur le lit. Elle sait certainement quelque chose. Elle sait au moins qu'il lui a menti sur son travail dans une imprimerie. Son amie s'est bien amusée avec George cette nuit-là et ne l'a pas revu depuis. Qu'a-t-elle appris sur lui ? Il n'a pas pu être assez bête pour lui dire quoi que ce soit de compromettant, mais il pourrait avoir lâché quelque chose. Si elle sait et qu'elle ferme les yeux, c'est positif. Elle ne peut pas savoir qu'il est tueur à gages. Si elle est capable de supporter l'idée qu'il soit un délinquant, alors ça pourrait être simple. Mais ça ne l'est pas. Non qu'il craigne qu'elle le plaque si elle le devine. Son inquiétude est bien plus égoïste. Il redoute qu'elle découvre quelque chose qui le mette en danger. Qu'elle rende son travail plus difficile. Qu'elle soit précisément ce qui le fera trébucher.

C'est déjà assez dur de faire un boulot que tu n'as pas envie de faire sans l'avoir dans les pattes. Devoir penser à elle, tenir compte d'elle dans chaque décision. Trouver comment éviter qu'elle apprenne ce qu'elle ne devrait pas savoir. Dis-lui de partir. Que c'est terminé. Que ç'a été sympa mais que ça suffit comme ça. Il la regarde et se déteste. Trop faible pour lui parler. Il aime trop sa présence. Ça n'est pas professionnel. Difficile de l'admettre, mais il l'a voulu. Il la voulait. Pas elle particulièrement, mais une compagne. La solitude était en train de le rattraper. Voilà pourquoi il a laissé ça arriver. Elle n'est la faute ni de Jamieson ni de George. Elle est la sienne. Il a choisi de laisser se passer ce qu'il aurait dû interdire. Il y a un an il aurait tout stoppé. Il ne l'a pas chassée. Dur à accepter, mais il n'a pas été professionnel. Pour la première fois.

Elle le regarde avec un sourire étonné. « Alors, c'était qui ? »

Il est resté près de vingt secondes à la contempler. Son portable toujours à la main. « Oh, c'était William. » Son frère aîné. Il prépare ce mensonge depuis quelque temps. Depuis le moment où il a compris qu'il allait la laisser passer la nuit chez lui. Le mensonge est mince, mais assez vraisemblable. « Il est coincé quelque part sans voiture. Il a l'air éméché. Sans argent pour prendre un taxi. Je lui ai dit que j'allais le chercher. Il est toujours sympa avec moi. » Ne donne pas trop de détails, ça ne serait pas naturel. Ne lui dis que ce qu'elle a à savoir. Fais semblant d'être un peu fâché contre ton frère tout en l'excusant. Mais pas contrarié au point qu'elle cherche à l'interpréter.

« Je vois. J'espère que tu vas le punir pour t'avoir obligé à sortir à une heure pareille. »

Il sourit et acquiesce en enfilant un sweat à capuche. Quelqu'un va être puni.

Le sait-elle ? Il lui a semblé voir l'esquisse d'un sourire entendu quand elle a parlé de punir William. Il est dans la rue, monte dans sa voiture banale. Une voiture incapable d'attirer l'attention. Il sait ce qui va se passer. Il ira au club, il y aura une urgence et il devra aller faire un boulot. Elle doit savoir. Elle est trop intelligente pour ne pas avoir compris qu'il prépare quelque chose. Tant qu'elle le soupçonne seulement d'être un délinquant. Tant qu'elle ignore qu'il est tueur à gages. Si elle pense simplement que c'est un voyou, elle pourrait le prendre encore pour un être humain convenable. Il s'en va. Encore une petite gêne dans la main gauche quand il doit serrer quelque chose. Le volant, par exemple. Et naturellement, une arme, bien que la dernière fois qu'il en a manipulé une c'était quand il a tué Lewis Winter. Il y a trois mois. Ça paraît bien plus lointain.

13

La porte du bureau s'est ouverte violemment et Jamieson est entré. Kenny est resté en arrière dans la salle de billard ; il sait où est sa place. Le bureau est réservé aux personnages importants. Jamieson ne peut pas cacher sa déception en voyant que Calum n'est pas encore arrivé. Il est toujours tellement lent. C'est bien d'être prudent, mais être en retard, c'est irritant.

« Tu as une arme pour lui ?

– Tiroir d'en haut de ton bureau », répond Young. La présence de quelqu'un d'autre le soulage. Il se sent moins vulnérable. Le silence est brisé, le vide chassé. « Je n'y ai pas touché, évidemment. »

Jamieson acquiesce sans écouter. Debout derrière son bureau il ne montre aucune intention de s'asseoir. « Nom de Dieu ! » murmure-t-il à l'intention de personne en particulier. À présent il secoue la tête.

Deux minutes ont passé. Puis deux de plus. Jamieson est toujours debout, Young, assis sur le canapé. Il n'y a pas eu d'avertissement. Rien qu'un coup soudain à la porte.

« Entre », dit Jamieson à voix haute. La porte s'ouvre et Calum entre. Il la referme. Young se dit que c'est une de ses spécialités de pouvoir se glisser quelque part sans que personne l'entende. Probablement bon signe. Jamieson s'assoit enfin. Il est temps de prendre un air de professionnel même s'il n'a pas la sensation d'en être un. Calum ne sait pas ce qui l'attend. Il ne sera pas content de le découvrir. « Assieds-toi, dit Jamieson. Comment vont tes mains ?

– La droite va bien, répond Calum en s'asseyant face à Jamieson, la gauche est encore un peu raide quand je serre quelque chose. Mais comme je suis droitier… » Ça lui fait une drôle d'impression de se trouver dans le bureau à la lumière électrique. Comme s'ils étaient entrés en douce dans le propre bureau de Jamieson. Pour le reste, la routine. Jamieson face à lui, Young sur le côté, invisible.

Va droit au but et dis-lui. De toute façon il ne peut pas reculer ; tu l'as amené trop loin. « J'ai besoin que tu ailles faire un travail », dit Jamieson, et il regarde sa montre. Deux heures moins vingt. Ils sont en train de perdre du temps. « Frank est allé tuer Tommy Scott. Scott et un autre type l'ont attaqué. Ils attendent que… qu'un autre tueur vienne l'achever. Tu as à peu près une demi-heure pour arriver là-bas le premier et renverser la situation. »

Calum ne dit rien. Il écoute, assimile. Trouve ce que tout ça signifie réellement. Lis entre les lignes. Ils ont attaqué Frank. Ça n'aurait pas dû arriver. Quelqu'un a informé Jamieson. Bizarre. Ce doit être le tueur chargé d'achever Frank. Il leur a fait gagner du temps. Maintenant ils veulent que Calum aille sauver Frank. Il y a peu de choses pires qu'une opération de sauvetage.

Jamieson voit que la machine est en route. Donne-lui des détails et qu'il s'en aille. Ne lui dis que ce qu'il a besoin de savoir. « Kenny va te conduire. Il te laissera devant le bâtiment, il sait où c'est. Tu cherches l'appartement 34B. Avant-dernier étage d'une tour HLM. Treizième étage. Il ne devrait y avoir que deux types avec Frank. Débarrasse-toi d'eux. Toi et Frank vous pourrez partir dans la voiture de Frank. » Il ouvre le tiroir d'en haut de son bureau et en sort un sac. Calum a déjà deviné ce qu'il contient.

« Il me faut des gants et une cagoule », dit-il sans état d'âme.

Jamieson lance un coup d'œil à Young. Il avait pensé que Calum les aurait pris chez lui. Il aurait dû. Il l'aurait fait si Emma n'avait pas été là. Il n'a pas l'intention de leur donner d'explication ; eux aussi n'ont droit qu'aux détails dont ils ont besoin. Young se lève. Dans la réserve il y a deux cagoules. Dans une boîte marquée « Objets trouvés », au cas où un représentant de l'ordre trop curieux tomberait dessus. Ainsi que quelques boîtes de gants de chirurgie qu'utilise l'équipe d'entretien.

« Tu dois faire très vite, dit Jamieson tandis que Young se précipite à la réserve. Tu dois récupérer Frank. Scott et son copain, je les veux morts. Surtout Scott. Son copain est une tête de nœud, un parasite, mais si tu le laisses en vie ce sera un témoin. Scott nous a emmerdés. Débarrasse-toi de lui.

– Et l'autre tueur ? »

Silence bref. Hutton est le contact de Young. Ils devraient protéger leurs contacts utiles. Ceux-là sont assez difficiles à trouver. Dommage. Hutton savait dans quoi il se fourrait quand il les a prévenus. Il ne devrait pas attendre de faveurs en échange. « S'il se pointe et si tu dois t'en occuper, tu t'en occuperas. Espérons qu'il ne viendra pas. Improvise. Fais ce qu'il faut, rien de plus. » Recommandation superflue.

Young déboule dans la pièce. Il est un peu trop trapu pour être un coureur-né. Il dépose une cagoule noire et une boîte de gants sur le bureau.

Calum a fourré la cagoule dans sa poche et enfilé une paire de gants. « L'arme est propre ? demande-t-il en la déballant.

– Nous ne nous en sommes jamais servis, répond Young. Depuis que nous l'avons achetée elle est restée rangée. »

Calum acquiesce. Elle n'est peut-être pas tout à fait propre, mais suffisamment. Si la police la relie à d'autres utilisateurs, c'est leur problème. Du moment qu'on ne peut pas remonter jusqu'à Calum ou un de ses proches, ça lui est à peu près égal. Il vérifie le chargeur. Plein. Il met l'arme dans sa poche. Il indique la boîte de munitions. « Pas besoin de ça. » Il ne veut pas tirer plus de deux fois. À plus de quatre il est en zone sinistrée. Tout un chargeur et il est au milieu d'un putain de cauchemar. Des balles supplémentaires ne devraient pas être nécessaires. « Bien. J'y vais. »

Jamieson veut dire quelque chose. Encourager Calum. Il voudrait lui demander de ramener Frank au club, mais ça n'est pas professionnel. Rien de tout ça ne l'est, mais ce serait franchir une limite. « Calum », dit-il à l'instant où celui-ci referme la porte derrière lui. Calum se retourne vers Jamieson. « Envoie-moi un texto quand ce sera fait. Ça a marché ? *Oui* ou *Non.* »

Calum est dans le couloir. Normalement, Jamieson ne demanderait jamais un texto. Il ne devrait pas le faire maintenant. Calum n'est pas content, mais il n'a pas le choix. Le patron demande, tu obéis. Le patron prend des risques imbéciles parce que ce travail le concerne affectivement, tu en subis les conséquences. Bienvenue dans le monde du travail en organisation. Il passe par la salle de billard. En arrivant il avait fait un signe de tête à Kenny, assis sur une table. Il est toujours là dans l'obscurité.

« Tu sais où on va ? demande Calum.

– Oui. » Kenny se lève et se dirige rapidement vers la porte. C'est pour lui une occasion rare de briller. Un chauffeur n'a pas souvent de véritable responsabilité. Livre ci ou ça. Va chercher untel. Il faut bien connaître la ville ; savoir rouler sans attirer l'attention. Le trajet est court, mais Kenny est impatient.

14

Dans la voiture. Kenny ne sait pas quoi dire, ni s'il peut parler. Il est détendu, il aimerait bavarder, mais ce n'est pas lui qui compte. Quel que soit ce boulot, il est manifestement très important et urgent. Il pourrait ne jamais le savoir. Vous faites ce qu'on vous demande sans poser de questions. Vous espérez que les autres reconnaîtront que vous vous êtes montré discret. C'est pareil pour la plupart des gens dans le milieu. Si vous n'êtes pas très près du sommet, c'est difficile de recevoir des éloges. Si quelqu'un apprécie un jour votre travail, il y a peu de chances que vous l'appreniez. Ce serait bien d'avoir quelques félicitations de plus, un peu d'estime. Comme les tueurs à gages. Ou les trafiquants. Bref, les pointures. Il n'y en a pas beaucoup. Kenny continue de conduire en silence. Certains types n'aiment pas qu'on leur fasse la conversation, en particulier quand ils sont sur un coup. Calum a l'air du genre à ne pas accepter que quelqu'un d'autre brise le silence. Il se tait en toute occasion. Je ne suis en réalité qu'un vulgaire chauffeur de taxi, se dit Kenny. C'est ainsi qu'ils le voient tous.

« C'est un peu plus loin à droite, dit Kenny en approchant de la cité. À quelle distance vous voulez que je m'arrête ?

– Pas trop près. Je dois entrer sans qu'on me voie. » Idéalement, il aimerait entrer du côté opposé à celui de l'appartement de Scott, mais personne ne sait où il est. Manque de préparation. Calum devrait connaître ces choses-là avant une intervention. Ce sera difficile de se faufiler jusqu'en haut sans être vu, alors qu'il ne sait pas où il va. Il pourrait ne pas avoir besoin de se cacher. Si Scott ne sait pas qui il est, le risque est bien moindre. S'il ne sait pas non plus à quoi ressemble l'envoyé de Shug, il pourrait entrer dans l'appartement sans rencontrer de résistance. Mais il ne faut quand même pas rêver.

«Je vais passer devant le bâtiment pour que vous puissiez le voir. Voir quelles sont les lumières allumées.»

Aucune lumière visible à l'avant-dernier étage. En tout cas, pas du côté où ils se trouvent. Ce qui ne veut rien dire. Si Scott a un brin de jugeote, il y aura veillé. Kenny s'arrête au bord de la route, à égale distance de deux lampadaires. Saine précaution, mais inutile. La route est très éclairée; n'importe qui peut les voir. Maintenant, la question de la cagoule. L'enfiler dès qu'il descendra de voiture ou devant l'appartement? En théorie, il pourrait ne pas du tout en avoir besoin. S'il arrive à entrer dans le bâtiment sans rencontrer quiconque, à monter à l'appartement, tuer Scott et son complice et ressortir avec Frank, peut-être que personne ne le verra. Personne de vivant pour le raconter. C'est un énorme peut-être. Il pourrait y avoir des caméras de surveillance. C'est le genre d'endroit où la municipalité en installerait pour avoir l'air de combattre la criminalité. Mets ta cagoule tout de suite.

Il l'enfile. C'est toujours désagréable, ce n'est pas normal de se couvrir le visage. Il tâte l'arme dans sa poche et se tourne vers Kenny. « OK. » Il ne dit pas un mot de plus et descend de voiture. Dès qu'il a fermé la portière, Kenny démarre. Il aura d'autres tâches cette nuit. Conduire la voiture à un garage, en sécurité. De toute façon ils changeront sa couleur et ses plaques d'immatriculation. Calum doit leur faire confiance pour que personne ne remonte jusqu'à eux. Ils sont tous obligés de se faire mutuellement confiance pour réussir. Ils ne seraient pas arrivés aussi loin s'ils n'étaient pas fiables. D'autres au-dessus d'eux auraient repéré les incapables qui ne devaient leur succès qu'à la chance.

Il traverse la route et marche sur un talus couvert d'herbe. Il est glissant, l'herbe est humide et Calum doit faire attention. Ne tombe pas sur le cul, c'est embarrassant même quand on ne voit pas ton visage. Pas un chat aux alentours, des rues vides et brillamment éclairées. Il est maintenant tout près du bâtiment et se hâte vers la porte. Un coup d'œil à sa montre. Bientôt deux heures. Un autre tueur en chemin. Ça pourrait être une partie de plaisir. Scott et son copain, c'est déjà bien suffisant. Scott est manifestement plus dans la course qu'ils ne le pensaient et ils ont l'avantage d'être deux, quelle que soit la nullité de l'autre. Si tous les deux sont armés, ça dépasse le risque habituel. On accepte qu'un adversaire prenne le dessus. À deux contre un ça devient suicidaire. Si, en plus, l'homme de Shug se pointe, il faudra un miracle pour que Calum s'en sorte.

Une idée lui trotte dans la tête depuis quelques minutes. Elle est encore là quand il entre dans le bâtiment. Le hall est éclairé et il voit deux ascenseurs à sa gauche. Cette idée est que Frank est peut-être déjà mort. Il y a plus de cinquante pour cent de chances qu'il le soit. L'homme de Shug leur a fait gagner du temps, mais il ne leur a donné aucune garantie. Aucune garantie que Scott n'a pas déjà fait le boulot et que le tueur ne vient pas seulement pour emporter le corps. Calum sait comment ces choses-là se passent. La tension de l'attente. Quelqu'un gaffe. Avec un mot ou un geste idiot. Scott prend l'arme et y met fin trop tôt. Si Frank est mort, Calum monte et se trouve dans le pétrin. Il peut tuer Scott et son ami mais n'a ni le temps ni la possibilité de sortir le corps du bâtiment. Il l'abandonne. Quelle scène déroutante il laisse derrière lui. Trois corps. Deux jeunes qui sont à leur place dans l'appartement, un vieil homme qui ne l'est pas. Ajoutez l'homme de Shug, et la police a quatre corps sur les bras.

Les portes de l'ascenseur s'ouvrent. Calum jette un coup d'œil, inquiet. Personne. Grâce à Dieu. Il entre, regarde les boutons. Il y a quatorze étages. Il appuie sur le treize en espérant que l'indication de Jamieson est la bonne. S'il doit rechercher l'appartement 34B, il peut dire adieu au sauvetage de Frank. Les portes se referment, l'ascenseur s'ébranle. Il est lent; bruyant. De toute façon, la moitié des appartements sont peut-être vides, un bonus. Le conseil municipal fait démolir plusieurs de ces hideuses tours. Il n'arrive plus de nouveaux locataires. Un horrible endroit pour vivre. Encore pire pour un boulot.

Un signal et les portes s'ouvrent lentement. Le couloir en face de lui est brillamment éclairé, mais heureusement vide. Il sort de l'ascenseur, toujours personne. Il a trouvé son objectif. Une ombre a recouvert le reste du monde. Il n'existe plus que ce couloir, cet appartement, Scott, son copain et Frank. Plus d'Emma, plus de Jamieson ni d'autre centre d'intérêt au-delà de la mission immédiate. Le professionnalisme commande. Il avance dans le couloir, en regardant mais aussi en écoutant. En guettant une conversation, un grincement de porte, tout bruit insolite dans le couloir du treizième étage d'une cité HLM à deux heures du matin. Rien du tout. Il vérifie les numéros pour être sûr d'aller dans la bonne direction. Il y a un 33, mais pas de 33B. On saute directement au 34, puis c'est le 34B.

La porte B est à sa droite, A est juste en face à sa gauche. Bon endroit pour un guet-apens, c'est peut-être comme ça qu'ils s'y sont pris. S'ils sont encore là, encore vivants, ils attendent sûrement que quelqu'un frappe. Ils sont probablement nerveux, prêts à recevoir un choc. S'ils voient quelque chose qui ne leur plaît pas, ils auront une réaction violente et rapide. Tout dépend s'ils savent à qui ressemble le tueur de Shug ou non. Si non, Calum entre sans difficulté. Si oui, ça tourne vite au vinaigre. Il relève sa cagoule ; l'homme de Shug n'en porterait pas pour entrer. Elle est remontée sur sa tête, en bonnet inoffensif. Il frappe à la porte, deux coups légers. Pas de quoi réveiller les voisins. Pas encore. Assez forts pour être entendus par quelqu'un qui les guette. Il détourne la tête pour que son visage ne soit pas la première chose qu'ils voient. Il pourrait y gagner quelques secondes.

15

Ils sont tellement agités. Ils étaient déjà pénibles au début, mais à présent ils sont insupportables. Frank a envie de les provoquer, d'en finir. L'attente est le pire moment, embarrassant, en quelque sorte. Il s'est fait battre par des types qui ne savent même pas comment le tuer. Ils attendent qu'un tueur vienne faire ce qu'ils n'ont pas les couilles de faire. Penser à tous les pros qu'il a battus au cours des années, et ces deux-là qui causent sa perte. Pas embarrassant, humiliant. Le tueur viendra, fera son boulot proprement, et emportera son corps. Ils s'en sortiront. Il n'y a qu'un seul autre appartement occupé à cet étage et il se trouve à l'autre extrémité du couloir. Si le tueur se sert d'un couteau, personne ne l'entendra. Ils ne seront pas punis. S'il réussit à les amener à faire feu, ça pourrait être différent. Il meurt, d'accord, mais de toute façon il va mourir. Fais-leur commettre une erreur idiote. Du genre à les envoyer derrière les barreaux pour dix ou quinze ans. Pas besoin de beaucoup les pousser, dans l'état où ils sont.

Scott était assez détendu au début. Il a passé son coup de fil, il gardait son sang-froid. C'est l'autre. On l'appelle Balourd, facile de voir pourquoi. Il ne cesse d'irriter Scott depuis une demi-heure. Il provoque son ami et rend la situation encore plus difficile. Un vrai gosse.

« Ça devrait pas être aussi long », dit-il pour la énième fois. Franck est toujours assis à côté de la porte ; Scott tient toujours l'arme. Balourd est resté debout dans le couloir, à discourir inutilement. « Ils appellent le type, il vient et il règle ça. Ils perdent pas de temps. C'est des pros, ils traînent pas. Il ferait pas le con pendant qu'une super-cible attend ici. C'est beaucoup trop long. Quelque chose tourne pas rond. C'est moi qui te le dis. » Il parle comme s'il était l'expert ici.

Le véritable expert ici est assis sur son cul dans le couloir, il contemple le canon de son arme, il écoute et attend. Frank entend parler ces petits morveux et se demande comment il s'y est pris pour foirer. Le tueur sera là d'une minute à l'autre. Ils n'ont pas appelé Shug ; Scott n'est pas assez important pour avoir son numéro. Ils ont appelé un tiers, le tiers appelle Shug, qui appelle le tueur. Le tueur doit alors trouver une arme et une voiture. S'il n'habite pas dans le coin, il pourrait mettre jusqu'à une heure. Une demi-heure paraît plus vraisemblable. Il a l'impression que la demi-heure est passée. Il ne porte pas de montre, jamais pour travailler. Rien qui puisse l'identifier. Scott lance des regards noirs à son copain, mais Balourd ne s'en rend pas compte. Il est à bout de nerfs. Tout lui échappe.

« On va te flinguer, le vieux », dit Balourd en se penchant assez près pour qu'il sente son haleine. Frank se détourne, mais il ne répond pas. Ne leur fais pas plaisir. Le gamin veut provoquer une réaction, de préférence la peur. Frank ne leur donnera pas cette joie. « Tu en dis quoi, le vieux ? Tu te prenais pour un caïd, hein ? On croyait que tu avais descendu des tas de mecs. Tu as pas pu nous descendre, hein ?

– Arrête. » Scott parle doucement, pour essayer de calmer son ami. Se calmer aussi.

« Allons, mec, on tient ce salaud. On l'a eu. » Balourd supplie pour avoir l'occasion de s'amuser, d'agir comme il pense qu'un dur agirait. Il se trompe complètement ; les vrais durs n'agissent pas du tout comme ça. En se taisant, Scott leur ressemble davantage.

« Notre type va bientôt arriver. Il ne frappera pas fort, et il ne voudra pas frapper une deuxième fois. Ne faisons pas de bruit. »

Il réfléchit sainement malgré la tension. Il garde la tête froide tout en calmant son ami. Frank respecte ça. Après tout, ce garçon n'est peut-être pas un petit dealer nullard devenu incontrôlable. Dommage que Jamieson n'ait pas repéré son talent à temps. Non, pas Jamieson. Young. Dommage que Young n'ait pas repéré son talent, parce que c'est son job. Scott finira par laisser tomber son crétin de copain. Il s'apercevra que sa seule chance de progresser est d'abandonner Balourd et ses semblables. L'ambition brisera leurs liens d'amitié. On ne peut pas se laisser entraver par un poids mort. Beaucoup de meilleurs amis disparaissent du paysage. Balourd n'en est pas conscient et il ne comprendra probablement jamais. Ce sera sa punition. Il restera là où est sa place, tout en bas de l'échelle. Pour lui c'est l'apogée, pour Scott, seulement le commencement.

On frappe à la porte. Deux coups. Légers – rien qui puisse alerter les voisins. C'est le tueur. La fin. Frank s'étonne d'être aussi calme. Il ne croit pas mériter ça, mais c'est ainsi que beaucoup de tueurs à gages quittent le métier. Il se rappelle sa première mission et voudrait penser à mieux. Il était un petit dur. Benson était un gros salaud fuyant qui se gargarisait de mots creux. Mais il connaissait la musique. Il a envoyé Frank après un bookmaker qui gardait l'argent pour lui. Sa vie en dépendrait que Frank ne pourrait pas se rappeler son nom, mais on le connaissait bien dans le milieu. Il l'a rattrapé dans la rue, près de chez lui, l'a entraîné dans une ruelle et l'a mis KO. Frank n'était qu'un cogneur à l'époque. Il a une fin de cogneur. Il la mérite peut-être, en fin de compte.

Scott va vers la porte, l'arme à la main. Il paraît plus nerveux maintenant, il tient visiblement à faire bonne impression. Pour Shug, son homme est plus important que lui. Pour atteindre le sommet, Scott a besoin du respect de ceux qui comptent. Balourd le petit con est ravi, il regarde Frank à ses pieds avec un sourire moqueur. Scott enjambe le corps de Frank. Arrivé à la porte il jette un coup d'œil en arrière. Un autre, rapide, à travers le judas. Puis, de nouveau, un regard à Frank. Il est suffisamment intelligent pour savoir qu'il ne doit pas lui tourner le dos trop longtemps. Peu importe que le vieux soit par terre. Frank a la réputation d'être un homme dangereux qu'il faut respecter. Il ne cesse pas de l'être parce qu'il est assis sur le sol. Il ouvre la porte en essayant de voir à la fois Frank et le nouveau venu.

« Entrez, il est juste là. » On peut rarement choisir ses dernières paroles.

Une silhouette noire entre et ferme la porte. Frank remarque que l'homme porte déjà ses gants. Un pro, donc, qui ne fait rien à la dernière minute. Un regard vers son visage. Il le reconnaît. La sensation immédiate n'est pas de soulagement mais de trahison. Calum doit travailler pour Shug. Un classique, il ne faudrait jamais se fier à personne dans ce métier. Un garçon tellement silencieux. Qui parle peu parce qu'il ne veut rien lâcher. Ne jamais se fier à ceux-là. Frank éprouve aussi un sentiment d'échec personnel. C'est lui qui a recommandé Calum à Jamieson. Calum met la main dans sa poche. Scott et Balourd regardent toujours Frank – ils n'ont pas vu ce qui va se passer. Le soulagement envahit Frank. Il a compris. Frank regarde Balourd et sourit à son tour.

Calum est rapide. Dès qu'il a refermé la porte il prend l'arme dans sa poche. Il n'attend pas de la montrer. Il lutte contre la montre. L'homme de Shug ne doit pas être très loin. Scott se retourne, regarde Calum, mais il n'a pas le temps d'être surpris avant que Calum tire. Un bruit fracassant dans le couloir étriqué. Un coup de feu est toujours un choc ; même pour les habitués. Une explosion rouge jaillit de Scott, éclabousse les murs des deux côtés, nettement plus à gauche qu'à droite, elle éclabousse aussi Calum et Frank. Pas beaucoup, mais suffisamment pour qu'ils doivent détruire leurs vêtements. Scott s'affaisse en arrière ; Frank entend sa tête heurter le sol, un poids mort. L'arme est tombée à côté de lui.

Calum ne s'arrête pas. Pas le temps d'hésiter. Si on hésite, quelqu'un d'autre peut ne pas le faire. Et c'est la fin. Balourd a reculé vers la porte de la cuisine. Interloqué.

« Non, c'est lui, pas nous. » Il a une espèce de sourire surpris, comme si ce devait être évident pour le tueur. Il ne comprend pas ce qui lui arrive. Balourd jusqu'au bout. Calum s'avance vers lui – Balourd reste planté. Il laisse le tueur faire ce qu'il veut, parce que c'est tout ce qu'on peut faire avec un tueur. On dirait qu'il va pleurer. Calum appuie le canon contre la tête du gamin, avec un angle bizarre. Balourd serre les paupières au maximum. Il comprend enfin.

Frank se relève lentement. Un peu chancelant ; il est resté trop longtemps dans la même position. Il s'efforce de ne pas paraître faible. Non pas que ce soit important, Calum ne le regarde même pas ; il est encore absorbé par le travail à finir. C'est un vrai pro, ce Calum. Il retourne à Scott et ramasse l'arme. La serre dans la main gauche de Scott pour y laisser des empreintes. Puis dans la droite, en essayant que celle-ci la tienne dans une position naturelle. Il presse les doigts sur toute la surface pour donner l'impression qu'il l'a souvent manipulée. Au tour de Balourd maintenant. Calum prend son temps, il appuie de nouveau les doigts des deux mains sur l'arme. Mais en insistant moins. On pensera plus probablement que c'était l'arme de Scott plutôt que celle de son cinglé de copain. Les empreintes de Scott doivent être plus nombreuses. Il essaie maintenant d'avoir une empreinte partielle sur la détente. Il maintient l'arme dans la main droite de Balourd, en levant légèrement celle-ci. Puis il la laisse retomber. L'arme lui échappe et tombe, juste à côté de Balourd. D'une façon naturelle.

Calum regarde enfin Frank. Deux hommes et deux morts, dans un couloir étroit. Exiguïté désagréable et peu susceptible de s'améliorer. Chez beaucoup de personnes qui se font tirer dessus les sphincters se relâchent. La plupart des exécuteurs préfèrent ne pas s'attarder assez longtemps pour en sentir les effluves.

« Emportez votre arme, lui dit Calum très calme. Vous avez votre cagoule sur vous ?

– Oui. » Frank ramasse son revolver à côté de Scott et se redresse en soupirant. Il sort la cagoule de sa poche et regarde les deux corps. « Tu crois qu'ils se laisseront avoir ? » Il n'a jamais aimé les mises en scène sophistiquées ; les flics finissent souvent par les détecter. Faire croire à un meurtre suivi d'un suicide, c'est bien, mais est-ce que ça tiendra ?

Calum hausse les épaules. « Ça les ralentira un peu. Ça nous donnera du temps pour nous débarrasser de tout. Allons-y, l'homme de Shug sera là d'une minute à l'autre. »

C'est un sacré choc. Frank avait essayé de comprendre comment tout ça était arrivé. Il avait cru que Calum doublait Shug pour le compte de Jamieson. Or Shug a un autre homme et il est en chemin. Ce qui signifie que c'était une mission de sauvetage. Autre choc. Autant de risques pour le sauver ; il ne peut pas s'empêcher d'être embarrassé. Un énorme désastre reste possible. Quand ils sortent de l'appartement, tout en noir et encagoulés, Frank en veut à Calum. Pourquoi avoir perdu tout ce temps avec les empreintes ? C'est sa seule critique. Il est trop lent, il l'a toujours été. Quelqu'un dans l'immeuble a dû entendre les coups de feu. Deux coups distincts ; difficiles à confondre avec un bruit inconnu. Ils devraient déjà être dehors. Quelqu'un a sûrement appelé la police. Peut-être pas celui qui habite à l'autre extrémité du couloir, mais il y a trois appartements occupés à l'étage en dessous. Dont un juste au-dessous de celui de Scott.

Ils appellent l'ascenseur. Les portes s'ouvrent, personne à l'intérieur. Ils descendent au rez-de-chaussée, sans un mot. Les portes s'ouvrent sur le hall vide. Dehors, dans la nuit froide, ils marchent rapidement vers la voiture que Frank a empruntée pour la nuit. Le soulagement, encore une fois.

16

Frank conduit. Calum est assis sur le siège passager et regarde s'éloigner la barre d'immeubles derrière eux. Il n'y a pas plus de lumières allumées que lorsqu'il est arrivé. Un point positif. Pas de grande effervescence dans le bâtiment après les coups de feu. Un coup d'œil au tableau de bord : deux heures quatorze.

Ils restent tous les deux silencieux. Certains bavardent, d'autres ne disent rien. Ils entrent dans la catégorie du rien. Comme la plupart des professionnels. Le bavardage est un moyen de rassurer les amateurs angoissés. Frank et Calum n'ont pas grand-chose à dire. Ils vont avoir des conversations plus tard, ils le savent, mais pas ensemble. Pour le moment, un peu de silence est bienvenu. Frank n'a même pas dit où ils vont. Retrouver sa voiture normale, bien entendu, mais ça peut être n'importe où. Calum lui fait confiance.

Ils arrivent dans une zone industrielle. Il y a des véhicules tout autour d'eux – des entreprises en activité. Drôle d'endroit pour changer de voiture ; il doit y avoir des caméras de vidéosurveillance. Calum n'aurait pas choisi cet endroit.

Frank devine ce que pense Calum. « Jamieson possède deux ou trois de ces sites, dit-il, il assure la sécurité ici. C'est un endroit sûr. » Il ne se sent pas le besoin d'ajouter que c'est son premier travail depuis son retour. Un travail facile, toutes les précautions prises. Pour le remettre en selle en douceur. Toutes les précautions, tous les avantages, et pour finir comme ça. Il se gare à côté de sa banale Vauxhall Astra. Ils descendent de la voiture professionnelle et montent dans celle de Frank. Un instant où ils se sentent en sécurité, comme s'ils changeaient de peau.

« Et maintenant où ? demande Frank.

– Au club. Ma voiture est là-bas.

– Bien. » Frank n'en dit pas plus. On ne laisse pas sa voiture devant le lieu de travail de son employeur quand on part en mission. Ça fait désordre et amateur. Il dirait bien quelque chose, mais il sait pourquoi Calum a agi ainsi. Pour le sauver. Il se sent responsable de chaque erreur commise par un autre cette nuit. Ils lui ont tous servi de contrepoids, et ils vont en parler désormais. Certains loupés laissent une marque indélébile. Chez des bons. Des hommes talentueux. Une erreur et vous êtes sali à jamais. Tous les autres vous traitent différemment, parce que vous les avez forcés à commettre des erreurs eux aussi. Ils ne vous le pardonneront pas, quoi qu'ils en disent. Il conduit avec prudence, un instinct très sûr le guide. On ne le perd jamais.

Chez Calum, l'adrénaline se dissipe ; il commence à sentir sa main. Et les gants sont inconfortables. Frank les a enlevés et les a laissés dans la voiture. Calum garde les siens. Il ne se rappelle pas être déjà monté dans l'Astra de Frank ; il ne doit pas y laisser ses empreintes. Si on peut éviter d'en laisser dans la voiture d'un autre tueur à gages, on l'évite. Tout comme à proximité d'un crime ou d'un criminel. Le silence devient assourdissant. On dirait qu'ils ont des choses à se dire. Ils approchent du club ; il est un peu plus loin sur leur droite. Frank se gare à distance de l'entrée. Il sait qu'il est juste en dehors du champ des caméras de surveillance. L'instinct.

« Écoute, Calum. Tu as fait un boulot extraordinaire cette nuit, tu m'as rendu un sacré service. Je te revaudrai ça. Si jamais je peux te rendre la pareille, je le ferai. »

Calum sourit en essayant de cacher son embarras. La situation est gênante pour tous les deux. « J'espère que ça ne sera jamais nécessaire. »

Frank acquiesce. « Moi aussi. Mais dans ce métier, on ne sait jamais. Merci. »

Des mots difficiles à dire. Tellement difficiles qu'il semble presque qu'ils ne sont pas sincères.

« Laisse tomber. » Calum ouvre la portière pour descendre. Dès qu'il pose le pied sur le trottoir, après l'avoir refermée Frank démarre. Calum va à sa voiture, et il comprend que les choses ont changé. C'est horrible, très soudain, mais c'est la réalité. Cette nuit a tout changé pour de nombreuses personnes, y compris pour lui.

Il ne regardera plus jamais Frank de la même manière. Il a toujours été le vétéran héroïque, l'homme qui a tout vu et tout fait. Tout fait mieux que n'importe qui d'autre. L'homme de la ville qui a le plus tué et s'en est tiré. Un maître. Il est encore cet homme. À présent il est aussi celui qu'il a trouvé écroulé dans un couloir sous la surveillance de deux petits dealers minables. Ils avaient dit que Scott était à surveiller, un talent en rapide ascension, mais il a laissé entrer Calum sans même vérifier son identité. Il ne devait pas être aussi futé que ça. L'autre n'était qu'un idiot du village. Et pourtant ils ont vaincu Frank. Quand on a vu un type aussi bas, difficile de l'admirer de nouveau. Non que Calum et Frank aient jamais été particulièrement proches. Ils n'ont jamais été maître et apprenti. Quand même, Calum l'aimait et le respectait davantage que tout autre collègue qu'il ait rencontré. Il l'aime toujours beaucoup, mais une bonne part de son respect est restée dans le couloir de Tommy Scott.

Il se laisse tomber dans sa propre voiture et retire ses gants avec soulagement. Il essaie de serrer la main gauche, en sachant que la gêne passera. Combien de temps cette vie va-t-elle durer ? Il se regarde dans le rétroviseur pour voir s'il a du sang d'autres personnes sur le visage. Il n'en voit pas. Il met le contact. Il n'y a certainement personne au club. Jamieson et Young ont dû partir peu après Calum et Kenny. Ils ne seraient pas restés plus longtemps que nécessaire. Il démarre et rentre chez lui en pensant à ses vêtements. À Emma et à ses vêtements. Maintenant qu'il a fini son travail elle est de retour dans son univers. Il y a forcément des traces de sang sur ses affaires. Il va devoir se débarrasser de son manteau, de son pantalon et aussi de ses chaussures. Il le fera demain, quand elle sera en cours. En attendant il faut les traiter comme des vêtements ordinaires. Rompre avec ses habitudes, rien que pour garder Emma.

Il se gare à la place qui lui est devenue familière, à quelques mètres de sa porte. C'est agréable de se créer des habitudes dans un nouvel endroit. Il monte à son appartement. Pas encore tout à fait en sécurité. Une bande de flics pourraient l'attendre en haut de l'escalier. Ils pourraient même être dans l'appartement en train de parler à Emma. Il sort sa clé, qu'il avait laissée dans la voiture pendant son intervention, et la glisse dans la serrure. Il y a toujours un instant de nervosité au retour d'un travail. Qui pourrait être là ? Il y a pire que la police. Il y a ceux qui aiment se venger vite, contrairement aux idées reçues sur la température de service du plat. Et maintenant c'est pire. Parce qu'Emma, elle, sera forcément là, qui que soit l'autre. Il doit l'affronter. Rappelle-toi ton mensonge, fais en sorte qu'il soit convaincant, ne pousse pas le bouchon trop loin. La porte s'ouvre, l'appartement est dans l'obscurité. Il allume la lumière. Rien de menaçant. Léger soulagement.

Encore une chose à faire avant de se recoucher. Une autre entorse au bon sens. Jamieson le lui a demandé, donc il doit le faire. Si le patron ordonne, on obéit, même si c'est idiot. Avant de sortir il a laissé son portable sur la table de la cuisine. Pourvu qu'Emma ne se soit pas levée et ne l'ait pas vu. Peu probable, elle a le sommeil lourd. Il le prend et cherche le numéro de Jamieson. Il voulait qu'il réponde par oui ou non à la question : est-ce que Frank est sauvé ? Calum envoie *Oui* par texto. Rien d'autre. C'est une infraction stupide à la règle. Un flic pourrait trouver facilement qu'il a envoyé un texto à Peter Jamieson à trois heures moins vingt du matin. Comment l'expliquer ?

Trop d'entorses au protocole, du début à la fin. Trop de possibilités de tout rater. Difficile de croire que Jamieson l'aurait envoyé sauver qui que ce soit d'autre. Seul Frank, probablement, a acquis le droit d'être sauvé. Dieu sait qu'ils n'auraient pas envoyé Frank pour le sauver lui. Plus il y pense et plus il se dit qu'ils auraient dû abandonner Frank à son destin. Il a envoyé le texto. Il enlève son manteau et le suspend dans le couloir avec les autres, en faisant un peu déborder par-dessus celui qui est à côté. Pour la même raison, il pousse ses chaussures sous le radiateur. En temps normal, il se déshabillerait et mettrait tout dans un sac. Pas cette nuit. Pas avec Emma ici. Elle complique tout.

Il entre dans la chambre en chaussettes, sans bruit. Il a enlevé son pantalon et son pull et ôte maintenant ses chaussettes, assis au bord du lit.

« Comment va ton frère ? » demande une voix légèrement étouffée. Emma est tournée de l'autre côté, à moitié endormie.

« Ivre et très embêté. » Calum jette ses chaussettes sur une chaise et se glisse sous la couette. Dis-en le moins possible. Trop de détails paraîtraient moins convaincants, plus fabriqués.

« Il ne t'a pas causé de difficultés ?

– Des difficultés ? Non, bien sûr.

– Bien. » C'est tout. Assez pour lui montrer qu'elle sait qu'il n'est pas allé chercher son frère. Calum ne dormira pas cette nuit.

17

Shaun Hutton se gare devant la cité. Quel affreux bâtiment. Quel affreux quartier. Deux heures vingt à l'horloge de la voiture qu'il utilise. Presque exactement une heure depuis que Shug l'a appelé. Pas assez longtemps pour qu'il ne puisse pas justifier le temps qu'il a mis à arriver ; assez pour tenir sa promesse à John Young. Le timing est important pour tout tueur.

Aucune activité autour du bâtiment, c'est bon signe. Si Young a envoyé un homme il peut être là. S'il est déjà reparti, la police pourrait ne pas être très loin. Ne pas se faire prendre sur les lieux avec une arme. Quoi qu'il arrive d'autre, ne pas se faire prendre sur les lieux par la police. Il se hâte, entre dans l'immeuble et prend l'ascenseur. Si l'homme de Young n'est pas déjà là, il pourrait arriver bientôt. Une vilaine rencontre. Il faut faire vite. Aucun signe de vie. Il monte à l'appartement sans savoir ce qu'il va trouver. L'incertitude est toujours une ennemie. L'ascenseur s'ouvre et Shaun sort dans un couloir vide.

Aucun signe qu'il s'est passé quelque chose. Pas d'appartements ouverts, pas de voisins agglutinés autour d'une porte qui regardent bouche bée un corps ensanglanté. Il est devant la porte de l'appartement de Scott. Aucun bruit à l'intérieur. S'il pouvait y entendre l'homme de Jamieson, il le laisserait faire avec plaisir. Shug ne paie pas tout à fait assez pour qu'il fasse irruption et s'attaque à un autre tueur. Il frappe. Il attend ; pas de réponse. Il frappe de nouveau, plus fort cette fois. Ne pas réveiller les voisins. Il commence à s'impatienter. À s'apercevoir qu'il n'est probablement pas le premier homme armé, ni même le second, à venir cette nuit à l'appartement. Il porte ses gants depuis qu'il a pris la voiture, et n'hésite pas à toucher le clapet du courrier. Il le soulève et lorgne à l'intérieur.

L'homme de Jamieson a laissé la lumière sourde du couloir allumée quand il s'est enfui. Les deux corps sont bien visibles. Hutton ne sait pas à qui ils appartiennent – rien que deux jeunes hommes quelconques. L'un des deux se trouve près de la porte, affaissé sur le côté contre le mur. Du sang près de lui sur le mur, bien que Hutton ne puisse pas savoir jusqu'à quelle hauteur. Il sait qu'il pourrait y en avoir bien davantage si le garçon était debout quand on lui a tiré dessus. L'autre corps est plus loin, couché sur le dos près de la porte au bout du couloir. D'ici il ne peut pas voir sa blessure, mais il distingue une arme par terre près de sa main droite. Le tueur a laissé une arme. Intéressant. Il joue avec la police. Un jeu dangereux. Hutton ne sait pas quels sont ces corps, mais il sait qu'aucun n'est celui de Frank MacLeod. Ils sont bien trop jeunes.

Il retourne à l'ascenseur. Plus vite maintenant. Il y a eu au moins deux coups de feu, toutes les chances que la police soit tout près. Il ne peut pas retenir un sourire. Ils ont bel et bien envoyé quelqu'un sauver le vieux Frank. Ou bien Frank s'est débrouillé tout seul. Ce serait impressionnant, une preuve qu'il a encore le feu sacré. Dans un cas comme dans l'autre, Shug sera furieux et Hutton va devoir gérer ça comme il faut. Tout d'abord il faut qu'il s'éloigne de cet endroit. L'ascenseur descend. Il n'y a pour l'instant que le grondement de la vieille machinerie, puis le signal et les portes qui s'ouvrent. Dès qu'elles se sont refermées c'est le silence. Pas de sirènes, pas de véhicules qui s'arrêtent dehors. Il sort et se dirige vers la voiture. Pas le moindre mouvement autour de lui.

Hutton est déjà très loin de l'immeuble ; il roule depuis plus de dix minutes. Les flics ne l'intercepteront plus ; il peut se détendre. Il est temps de jouer un rôle. Il pense à Shug, à ce que va être sa réaction. Avec les patrons sans expérience on ne sait jamais. Ils cherchent souvent quelqu'un à rendre responsable. N'importe qui d'autre qu'eux-mêmes. Ils aiment montrer qu'ils sont violents et punissent ceux qui les ont lâchés. Il y a deux types morts dans un appartement sinistre et Hutton va s'assurer qu'ils prennent plus que leur part de responsabilité. Il rejoint sa propre voiture, monte dedans et rentre chez lui. Il faut que Shug pense qu'à cette heure le boulot a été fait. Un boulot tout simple. Tuer un vieil homme, pour affaiblir Peter Jamieson. Ce coup de téléphone ne va pas être celui auquel il s'attend.

« Salut, Shug, c'est moi. Je vous réveille ?

– Non, vas-y. » Il paraît déjà sur ses gardes. Son homme de main ne devrait pas l'appeler aussi tôt après une intervention. C'est Hutton lui-même qui le lui a dit.

« Écoutez, je ne sais pas ce qui se passe, mais vous avez deux hommes morts et pas de vieux. J'y suis allé ; pas de réponse quand j'ai frappé. J'ai regardé par la fente du courrier. Deux types morts dans le couloir. Des jeunes. Vos gars, je suppose. En tout cas ils ne sont pas Frank MacLeod. Il n'était pas là. Il a dû s'en aller. Vous avez un problème. »

Silence à l'autre bout. Shug est gentil et aimable, mais il peut être dur quand il veut. Autrement il ne serait pas là. « Alors ils sont morts tous les deux ?

– Ça y ressemble sacrément. »

Shug n'a pas dit grand-chose, il réfléchit. Hutton attend, il n'a pas l'intention de le bousculer.

« Qu'est-ce que tu en penses ? » Le ton de Shug est froid. Comme pour dire à Hutton qu'il n'est pas au-dessus de tout soupçon lui-même. Personne ne devrait. Très bien.

« Je ne sais pas, répond Hutton avec un soupir. Il y avait encore une arme là-bas. Frank a peut-être gagné. Improbable, mais pas impossible. Ça n'est pas comme si vos jeunes étaient les meilleurs dans le métier. Il a peut-être envoyé un message. Ou alors c'était dès le début un coup monté, mais j'en doute, trop de risques. Mon intuition ? Un de vos deux gars a téléphoné ici ou là pour se vanter de tenir le vieux. Ça s'est su. Peter Jamieson ou un de ses hommes l'a appris et a filé là-bas. Il était pressé et a abandonné son arme. Ça ne m'étonnerait pas que la police trouve quelque chose d'intéressant. Quand on travaille trop vite, on commet des erreurs. »

Nouveau silence. Hutton entend presque Shug réfléchir. « Ça paraît le plus probable », répond Shug.

C'est le moment de passer à l'offensive. « Écoutez moi, Shug. Vous devez trier vos collaborateurs. Je suis allé là-bas, je me suis fourré en plein milieu. J'ai manqué la tuerie de peu. De quelques minutes, bordel. J'arrive après et les flics auraient pu être là. J'ai eu du pot de ne pas me retrouver au milieu d'une douzaine d'agents. Réfléchissez. Je me pointe dans ce merdier avec une arme dans ma poche et j'en prends pour vingt ans minimum. Sérieusement, j'ai besoin de savoir que ceux qui travaillent pour vous sont fiables. Je dois pouvoir être sûr que quand je vais faire un boulot vous avez là-bas des types solides. Je ne connais pas ces gamins, mais ils ont foiré grave. Ils auraient pu me faire tuer aussi. À la fin, ç'aurait pu vous arriver à vous.

– Je comprends ça. » Il y a de la brusquerie dans cette voix. Shug paraît un peu amer, sur la défensive. « Tu as raison ; tu n'aurais pas dû être mis dans cette situation. Je te rappelle bientôt. »

Shug raccroche le premier. Hutton est debout dans l'obscurité de son living. Fini le travail pour cette nuit. Shug est un nouveau, mais un nouveau intelligent. Des types entrent dans le milieu tous les jours en croyant devenir vite riches. Des types comme Shug. Ils disposent de revenus légaux, ou sont liés d'une manière ou d'une autre au domaine dans lequel ils pensent avoir une chance. La plupart ne durent pas. Certains ne le font que parce qu'ils sont aux abois. Pour être vite riches et filer. Ça ne se passe pas comme ça. La plupart perdent plus qu'ils ne gagnent.

Shug est peut-être différent. Pour commencer, il n'est pas aux abois. Il a l'air de comprendre le milieu. Il s'en est pris à Peter Jamieson, et il n'a pas encore perdu. Ça le rend dangereux. Un homme doit être dangereux pour survivre aussi longtemps à une bataille contre Jamieson. Il ne gagnera peut-être pas au final, mais il peut nuire considérablement avant de se retirer. Nuire à ceux qu'il pense être contre lui. Hutton y réfléchit en se déshabillant pour se coucher.

18

« Je l'ai dit à l'autre type y'a pas une minute. Je les ai entendus la nuit dernière, ils chahutaient. C'est pas la première fois. Il est pas mauvais gars, mais des fois ils font du boucan, pour sûr. Ils m'ont réveillé la nuit dernière. Mais ça s'est arrêté, alors j'ai laissé tomber. Je suis monté ce matin pour lui parler. C'est pas le pire, ce gamin. On peut lui parler – pas comme à d'autres. De ceux qui vous traitent comme de la merde. Des vrais salauds. La faute aux parents. Ils les ont eus trop jeunes. Donc je monte. Je frappe à la porte. Rien. Je me dis ouh là, qu'est-ce qui se passe ici ? Alors j'ai regardé par la fente du courrier. Normalement je le ferais pas, vous savez. Je m'inquiétais. Et là je les ai vus. Ensuite j'ai appelé votre bande. »

Votre bande. Michael Fisher est flic depuis vingt-trois ans ; il déteste cette description méprisante de la police. Il ne s'y fera jamais. Trop de gens n'admettent pas que la police est de leur côté. Il y a longtemps qu'il a décidé de continuer à les aider, que ça leur plaise ou non.

Il a reçu l'appel il y a moins d'une demi-heure. Seul chez lui, en train de se préparer. Assassinat suivi de suicide, ou double assassinat. Deux jeunes, trouvés dans l'appartement de l'un d'eux. Il est là parce que l'un est peut-être lié au crime organisé. Thomas Scott s'est signalé une fois comme dealer, mais il n'a été accusé que de possession de drogue. Même cette charge n'a pas abouti ; il s'en est tiré avec quelques heures de travail d'intérêt général qu'il n'a probablement jamais effectuées. L'autre mort, Andrew McClure, ne semble pas avoir de casier. Il n'est connu que comme un des amis de Scott. S'ils étaient amis, McClure menait presque certainement la même vie que Scott.

Fisher est venu directement de chez lui. Il a trouvé quelques policiers déjà sur les lieux, des agents et deux inspecteurs. La scène n'était pas encore sécurisée – des voisins allaient et venaient dans le couloir et utilisaient les ascenseurs. Elle a changé du tout au tout deux minutes après son arrivée, il était en colère.

Après un coup d'œil aux corps, il est allé voir le voisin du dessous. Celui qui a signalé l'assassinat, et qui se rapproche le plus d'un témoin. Le seul qui semble avoir quelque chose à dire.

« Le bruit qu'ils faisaient, pouvez-vous le décrire ?

– Le décrire ? C'était du bruit. Des coups sourds. Ça pouvait être de la musique ou n'importe quoi, je sais pas – ces trucs qu'on dit que c'est de la musique. C'était du bruit, pour sûr. Je l'ai entendu, j'allais leur dire quelque chose, mais ça s'est arrêté. Je suis monté ce matin leur parler. C'est tout. »

Pour Fisher, ce qui s'est passé est clair. L'homme dans l'appartement en dessous a entendu les coups de feu. Il savait sûrement que c'étaient des coups de feu. Il a envisagé de faire quelque chose, mais n'a pas voulu être impliqué. En tout cas pas tout de suite. Il attend que le danger soit passé. Le lendemain matin il monte fouiner, voit les corps. Il appelle la police et jure n'avoir rien entendu de sinistre, rien que du bruit. Il essaie de rester en dehors.

Fisher lui lance un regard noir. Difficile de respecter quelqu'un qui bloque une enquête simplement parce que c'est inconfortable d'être témoin. Deux hommes sont morts.

« Alors, ce bruit. Il était assez fort pour que vous le remarquiez. Il a duré combien de temps ? »

L'homme souffle d'un air impuissant. Il s'est présenté comme étant Colin Thomson et a insisté sur l'absence de *p* dans son nom de famille. Il semble y tenir. Il a aimé être le centre de l'attention jusqu'à ce que les questions se durcissent.

« J'en sais rien. Peut-être un petit moment. Peut-être pas. Je l'ai remarqué une ou deux fois, c'est tout. Ça m'a réveillé, vous comprenez, alors ça durait peut-être depuis longtemps avant que ça me réveille, je sais pas. Ça m'a dérangé, c'est tout. C'est du manque d'éducation. Je suis monté ce matin pour lui dire. Je suis plus tout jeune, je suis pas en bonne santé, vous comprenez. » Il s'interrompt quelques secondes et attend un mot de commisération qui ne vient pas. « Il paraît que son copain l'a tué et s'est tué après. C'est vrai ? »

Fisher s'est arraché à cet interrogatoire inutile et il est remonté. Il se tient sur le seuil, regarde les deux corps, essaie de tout enregistrer. De comprendre les mouvements d'un tueur. Si c'était le gamin avec l'arme près de lui, comprendre ses mouvements. Les premiers agents arrivés sur les lieux ont conclu à un assassinat suivi d'un suicide. Apparemment, deux copains se sont disputés. Pour une stupidité. Il y a une arme dans l'appartement. McClure la prend, il menace Scott. Scott le provoque et McClure fait feu. Voyant qu'il a tué son ami et sachant qu'il n'est pas capable de s'en tirer, il retourne l'arme contre lui. Telle est l'histoire que la scène raconte. Qu'elle est censée raconter. Elle est peut-être vraie. Il va attendre les rapports toxicologiques pour voir si les jeunes étaient drogués. Si oui, il croira peut-être l'histoire. Sinon, il conservera un sain scepticisme. Quand quelqu'un meurt dans ce milieu, il y a toujours d'autres suspects qui méritent qu'on s'intéresse à eux.

Fisher voudrait entrer dans l'appartement, fouiller partout, mais la scientifique est en route. Qu'elle fasse son travail, ensuite il y aura accès. Il voit arriver dans le couloir un agent qu'il reconnaît. Higgins, un bon, jeune, beaucoup de potentiel. Dans les vingt-cinq ans, entré dans la police il y a quelques années. Fisher a décidé qu'il avait suffisamment de qualités pour progresser. Il pourrait faire en sorte qu'il ne soit bientôt plus en uniforme, qu'il soit mieux employé.

« Des nouvelles ? demande Fisher au plus jeune.

– Nous avons réveillé presque tout l'immeuble, tous ceux susceptibles d'avoir entendu ou vu quelque chose. Pas très nombreux. » Higgins hausse les épaules. « La plupart des appartements sont vides. Le type au bout du couloir dit qu'il n'a rien entendu. Pareil pour les autres, apparemment. Je n'y crois pas tout à fait ; je pense qu'ils veulent seulement éviter les embêtements. Il n'y a que le type du dessous pour admettre qu'il a entendu quelque chose. Vous lui avez parlé ?

– Oui. »

Tout le monde devient sourd. Au moins deux coups de feu. S'ils ont été tirés par l'arme tombée par terre, il s'agit d'un pistolet ordinaire, sans silencieux. Les murs de cette baraque imprégnée d'humidité ne sont pas terriblement épais. Les voisins ont dû entendre. Le salaud d'en bas savait exactement ce que c'était. D'autres prétendent n'avoir rien entendu du tout. Pas seulement parce qu'ils ont peur de témoigner contre un tueur. Ils craignent d'avoir affaire au crime organisé, d'être contraints au silence. Compréhensible. On connaît de nombreux cas où des criminels s'en sont pris aux témoins ; Fisher ne leur reproche pas leur peur. D'autres n'ont simplement pas envie d'être mêlés à un procès. Ils ne veulent pas être incommodés au nom de la justice.

« Je veux découvrir tout ce qui concerne ces deux-là, dit Fisher. Je veux savoir s'ils travaillaient avec quelqu'un, et si oui, avec qui. Nous savons que Scott dealait dans les rues. Il devait se fournir quelque part. Essayons de trouver s'il y avait un marionnettiste derrière ces imbéciles, qui d'autre faisait partie de leurs amis, s'il y a quelqu'un qui soit doté de plus d'une douzaine de cellules grises. Qui sont leurs familles, leurs relations intéressantes.

– Oui, monsieur », répond Higgins, et il s'éloigne. C'est un bon flic, mais il ne découvrira vraisemblablement pas grand-chose tout seul.

Où diable est passée la scientifique ? Fisher veut entrer et il ne peut pas passer devant le corps tant que le légiste n'aura pas fait son tour de magie. De toute façon, un petit appartement merdique dans une tour sinistre est un endroit horrible où faire son boulot.

19

Dans des circonstances normales, il ne contacterait pas son commanditaire avant plusieurs jours, voire des semaines. Garder ses distances est une question de bon sens. Les premiers jours sont ceux où la police risque le plus de surveiller employeur et employé. À l'évidence, les circonstances ne sont pas normales. John Young l'a appelé il y a environ vingt minutes en lui demandant de traverser la moitié de la ville pour le retrouver dans un café. Un endroit pas facile d'accès. Loin de qui pourrait s'intéresser à eux. Calum ne va pas souvent dans l'ouest de la ville, quelque peu au-dessus de ses moyens. Heureusement, Emma était déjà partie avant que Young téléphone. Il est en train d'emballer ses vêtements de la nuit dans un sac en plastique qu'il balancera en chemin dans une poubelle quelconque.

Il cherche une place où se garer plus ou moins près du café. Il a jeté le sac dans un gros bac vert qui attendait la benne à ordures sur un trottoir. Il pense maintenant à Young. Encore une entorse aux règles. Ils devraient garder leurs distances pendant au moins une semaine. Un double assassinat et il a envie de prendre un café. Il veut manifestement un rapport, mais il devrait se montrer plus patient. Plus prudent. Ça ne lui ressemble pas. Là, c'est la main de Jamieson qui tire les ficelles. Young attendrait, Calum en est certain. Il n'est pas émotif. Quelle que soit pour lui l'importance de Frank, il prendrait le temps de faire les choses convenablement.

Le café est à deux rues de la voiture. Calum va prendre un café avec un homme qu'il n'aime pas beaucoup. Il y a chez Peter Jamieson un quelque chose qui le rend presque sympathique. Son admirable optimisme, peut-être. Le je-m'en-foutisme qu'il affiche. Du bluff, essentiellement, mais ça le rend approchable. Pas Young. Young est un intrigant. Calum s'est posé quelque temps des questions à propos de la nuit où il a tué Glen Davidson. Que savait Young ? Calum avait dit à Frank que Davidson lui tournait autour. Il est sûr que Frank l'a signalé à Young. Il ne lui a rien demandé parce qu'on ne pose pas de questions, mais il en est sûr. Young savait que Shug s'apprêtait à éliminer Calum et il n'a rien fait. Il l'a laissé exposé alors qu'il pouvait le déplacer. Le petit magouilleur. En ouvrant la porte du café Calum l'aperçoit assis à une table dans un coin au fond. Young lui jette un coup d'œil et détourne le regard.

Ce petit café confortable plein de vraies boiseries et de journaux sérieux sent très bon. Beaucoup de clients portent des lunettes de luxe et sirotent un café plus cher que ce que Calum ne trouve admissible. Young lui fait signe de s'asseoir. Ils sont juste à bonne distance des tables voisines. La serveuse leur tourne autour. Calum commande quelque chose au nom imprononçable.

« J'aime bien venir ici, dit Young quand elle a disparu, aucune chance de tomber sur quelqu'un du milieu. » Il marque un temps. « Leurs petites poupées explosives viennent de temps en temps papillonner en pensant que ça leur donne de la classe. » Il a un sourire entendu, comme s'il savait que Calum a maintenant une petite amie. Il le sait certainement. Il sait qui elle est. Qu'elle n'est pas le parasite habituel. Calum se tait. Young est content de ce qu'il sait ; Calum ne va pas en rajouter.

La serveuse pose devant Calum une tasse d'une petite taille suspecte et va s'occuper d'une autre table. Il la regarde avec méfiance. Visiblement, il ne sort pas souvent. Il n'est pas de ceux que la compagnie des autres réconforte. Young sourit, mais il est là pour affaire et doit la régler rapidement.

« Tu as fait du sacré bon boulot la nuit dernière. » Il chuchote presque. « Dis-moi ce que j'ai besoin de savoir.

– Bof, je suis arrivé, j'ai frappé. Scott m'a ouvert. Il m'a laissé entrer. Il ne savait manifestement pas qui allait venir. J'ai fait vite. D'abord lui, ensuite son copain. Pour le copain j'ai tiré de côté, pour que ça ait l'air d'un suicide. J'ai laissé l'arme sur place. Nous sommes partis. C'est tout. »

Young ne réagit pas. Il faut des années d'entraînement pour apprendre à ne pas réagir. Young n'a jamais tué personne. Mieux vaut avoir des hommes comme Calum, froids et détachés, pour le faire à sa place. Ils ne semblent pas encombrés d'émotions ni de nervosité. Tant mieux pour eux.

« Et comment était Frank ? »

Calum hausse les épaules. « Il était par terre. Il ne pouvait pas grand-chose. Scott avait son arme.

– Il était calme ?

– Je dirais que oui. »

Calum a compris en quelques secondes l'importance de cette conversation. Ce n'est pas seulement un rappel des événements intéressants de la nuit. Ce sont Jamieson et Young qui tentent de décider s'ils peuvent confier un autre travail à Frank. Son avenir est en jeu. Ils veulent savoir si Frank s'est affolé. Savoir si sa santé a provoqué le cafouillage. Et Calum est sous pression. Ce qu'il dit aura un impact considérable. Sur l'avenir de Frank, naturellement, mais aussi sur le sien. Si Frank n'est plus là, ça signifie beaucoup plus de travail pour Calum. Il devient le seul tueur de Jamieson. Même si celui-ci engage quelqu'un d'autre, ce qu'il finira par faire, Calum deviendra son supérieur. Toujours le premier choisi. Il a donc intérêt à aider Frank, à essayer de le garder dans la course. Il ne veut pas de la part de travail de Frank. Il ne veut même pas de la sienne.

« Comment ça s'est passé ? demande Young. Je n'ai pas parlé à Frank. » Calum sait que sa version de l'histoire a la priorité. Elle n'a pas à concorder avec celle de Frank ; c'est celle de Frank qui devra concorder avec la sienne.

« Apparemment ils l'attendaient. Ils devaient savoir qu'il était après eux.

– Une fuite ? » Il y a une réelle inquiétude dans sa voix. Si ça se résumait à une fuite, Frank serait blanchi et la vie de quelqu'un d'autre ne tiendrait qu'à un fil. Celui dans l'organisation qui aurait divulgué une telle information serait un homme mort.

« Je ne sais pas. Combien de gens étaient au courant ? Il aurait pu y avoir une fuite, mais si vous avez été discrets, alors j'en doute. Quelqu'un aurait pu repérer Frank quand il se préparait ? »

Il fallait que ce soit dit. C'est la raison la plus vraisemblable. Mais alors, toute la pression revient sur Frank. À lui la responsabilité de pister une cible sans qu'elle le sache.

« Quand ils ont compris qu'il était après eux, il est tombé dans un piège. Je suppose que ce sont des choses qui arrivent. De toute façon, ce genre d'immeuble est un sale endroit pour y faire un boulot. J'en ai horreur. Ils l'ont mis KO, mais ils n'ont pas été capables de le tuer. Quand je suis arrivé, il était encore là où ils l'avaient traîné, juste derrière la porte. J'ai trouvé qu'il s'en tirait bien. Il était détendu. Il s'est tenu tranquille. Pour me laisser faire mon boulot. Nous avons pris tranquillement la voiture. Nous en avons changé pour la sienne et il m'a déposé au club. »

Young ne cesse d'acquiescer, mais il n'a aucune expression. Pas assez de signes sur son visage pour que Calum sache ce qu'il pense. C'est forcément délibéré, cette fois encore. Bon entraînement.

Ils se sont tus. Quand ils ne parlent pas boutique, ils ne se disent rien. Ils n'ont pas de véritable relation. Encore une chose qui changera si Frank n'est plus dans le circuit. Obligatoirement. Jamieson essaiera de se rapprocher de lui. Il y a beaucoup de raisons de dire du bien de Frank en ce moment. Et une bonne raison de s'abstenir. Frank a raté son coup. Il n'aurait pas dû leur laisser une chance de le repérer. S'il fait des erreurs grossières, il est dangereux pour lui-même et pour eux tous. Calum passera pour un menteur s'il vante les mérites de Frank.

« Tu penses que Frank a parlé ?

– De nous ? Nan. » Calum est sincèrement confiant. « Il ne braillait pas ni rien, il était calme. Il ne leur a certainement rien dit. Et même s'il l'a fait, ils ne pourront pas le répéter. Mais je suis sûr que non. »

Il a laissé Young au café, en train de commander une autre tasse. Calum est remonté dans sa voiture et rentre chez lui. Il n'aurait jamais dû sortir. Toujours garder profil bas après une opération. Ne rien changer à ses habitudes. Ne rien faire qui se remarque. Traverser la moitié de la ville pour prendre un café avec John Young pendant dix minutes se remarque. Si quelqu'un le surveille cette personne sait maintenant qu'il prépare quelque chose d'inhabituel. S'il était ambitieux, il aurait pu détruire Frank aujourd'hui. Mettre fin à sa carrière. S'il aimait moins Frank, il aurait pu au moins lui porter tort. Au lieu de quoi il essaie de soutenir quelqu'un qui a cafouillé. On dira ce qu'on voudra, impossible de confier un travail à Frank. Rien à faire.

Il se gare devant chez lui. Tout dépend désormais de Jamieson. Ça ne regarde plus Calum.

20

Young n'a pas bu son deuxième café. Il ne vient pas ici pour le café. Mais pour s'échapper. Il a attendu que Calum s'en aille pour en faire autant. Retourner au club. À Jamieson. Assis derrière son bureau, l'air malheureux. Il est resté là toute la matinée. Pas d'humeur à voir qui que ce soit. Pas d'humeur à parler. Il a attendu que Young revienne avec des nouvelles. C'est horrible d'être au sommet et de ne rien pouvoir faire de personnel précisément à cause de ça. Plus il réussit, plus il y a de danger que ce soit visible. Il jette un regard sombre à Young qui va s'asseoir à sa place habituelle, sur le canapé.

« Tu as parlé au petit ? » Le petit. Calum a vingt-neuf ans, presque trente. Ils sont tellement habitués à voir tous les tueurs comme des Frank. Des vétérans éprouvés par de nombreuses batailles

« Oui. »

Il a rapporté la conversation à Jamieson. Presque textuellement. Il aurait pu aussi bien l'enregistrer. Il n'y avait pas grand-chose à se rappeler. Jamieson a écouté attentivement, il n'a pas dit un mot. Pas fait le moindre signe d'approbation. Écouter, se faire une idée des événements. Essayer d'imaginer tout ce qui s'est passé la nuit dernière.

Quand Young a fini, Jamieson remarque : « Il est resté longtemps dans l'appartement avec les deux.

– Oui.

– Le garçon a bien réussi.

– Oui. »

Le ton de Jamieson est triste. Des doutes sur Frank. Des compliments sur Calum. Il a l'air de chercher à se persuader que Frank a fait son temps.

Jamieson a sorti une bouteille de whisky du placard derrière son bureau. Aujourd'hui il n'a pas allumé les deux télés posées dessus. C'est inhabituel pour lui, il a besoin de toute sa concentration. Il se verse un verre. Kenny peut le raccompagner chez lui. Il n'en offre pas à Young, qui ne l'accepterait d'ailleurs pas. Il n'est pas buveur. En tout cas pas pendant la journée.

« Je voudrais que nous sachions à coup sûr pourquoi ça a mal tourné, dit-il en se rasseyant. S'il y a eu une fuite...

– Hautement improbable. Toi, moi et Frank étions les seuls à savoir. Nous avons été discrets, personne n'aurait pu le deviner. Je ne l'ai dit à personne. Je présume que toi non plus. Frank est un pro, il n'aurait jamais soufflé un mot. Il s'est fait repérer.

– Je suppose que oui. » Un tueur à gages qui se fait repérer ne mérite pas ce nom. Entrer et sortir sans donner l'alarme est un moment essentiel du travail. L'exécution proprement dite est censée être la partie facile.

« Qu'est-ce que tu en penses ? Franchement, honnêtement ? » demande-t-il anxieux. Il devine où va mener cette conversation. Il veut entendre Young le dire.

« Je... » Young s'interrompt. Il cherche la meilleure façon de le dire. D'habitude il peut être aussi brutal qu'il en a envie avec Jamieson. Normalement ils parlent de personnes qui n'ont pas grande importance pour aucun des deux. Frank est différent. Frank a acquis le droit au respect. « Je pense que nous continuons peut-être de voir Frank tel qu'il était quand nous avons commencé à travailler avec lui. Il n'est plus cet homme-là. Il a été absent pendant des mois pour son opération de la hanche. Et maintenant, voilà ce qui se passe avec son premier boulot après son retour. Je fais confiance à Frank. Je lui confierais ma vie. Mais je ne suis plus si sûr que nous puissions compter sur lui pour un boulot. Je sais qu'il se donne à fond, mais ça ne suffit peut-être plus. Quoi que tu décides pour Frank, la nuit dernière a prouvé que Calum est notre meilleur homme.

– Nom de Dieu ! » murmure Jamieson, consterné de partager cet avis. Il y a trois mois encore Frank était le meilleur de la ville. Jamieson en était convaincu depuis le jour où il l'avait engagé. Et maintenant il ne peut pas se fier à lui pour un travail tout simple. C'est forcément dû à son opération de la hanche. Il est persuadé que c'est à cause de sa convalescence. Frank au repos, complètement hors circuit. Les jambes en l'air au lieu de traîner au club pour garder le contact. Puis il l'a envoyé deux semaines en vacances dans sa petite villa. Frank a décroché. Et n'arrive pas à s'y remettre. C'est tentant de lui confier un autre travail. De le remettre en selle. Ça pourrait lui donner une chance de se racheter, de redevenir le Frank MacLeod d'avant. Et aussi de se faire tuer. C'est un trop grand ami pour qu'il prenne un tel risque.

Jamieson tape sur la table du plat de la main. Sa décision est prise, il s'y tiendra, la vie continue. C'est ainsi qu'il travaille. Déterminé. Résolu. Confiant dans son jugement.

« Je vais devoir parler à Frank, dit-il. Peut-être attendre quelques jours. Je verrai s'il y a autre chose qu'il puisse faire. Je ne veux pas gaspiller tant d'expérience.

– Il ne voudra rien faire d'autre », répond Young. C'est un avertissement : proposer un rôle mineur à un homme tel que Frank ne peut que l'offenser. C'est un exécuteur. Rien d'autre. S'il accepte, ce ne sera que parce qu'il redoute à son tour d'offenser Jamieson.

« Je verrai ce qu'il dira. Toi, ouvre les oreilles. Le petit ne s'est pas encore complètement engagé avec nous. Il est bien, mais je n'ai pas encore confiance en lui. Je ne veux pas qu'il soit notre seul recours. Trouves-en un autre. Un bon. Fiable. De préférence jeune. Quelqu'un de l'intérieur serait l'idéal. »

Toujours pareil. Il fixe toujours à Young un objectif inaccessible et l'envoie à la chasse. S'ils avaient quelqu'un dans l'organisation qui réponde à ces critères, Young l'aurait déjà identifié. Il faut reconnaître que si Young échoue Jamieson ne rouspète pas. Il sait qu'il lui demande beaucoup, et en général il est satisfait des performances de Young. Les jeunes ambitieux ne manquent pas dans le milieu. Combien ont un talent à la mesure de cette ambition ? Une infime minorité. Il faut trouver l'homme qui a toutes les qualités. Il appartient parfois à quelqu'un d'autre. Il faut essayer de le convaincre de changer de camp. C'est faisable. Beaucoup sont tentés de travailler pour Jamieson. C'est une organisation bien gérée. Qui récompense le talent. Ils lui font davantage confiance qu'à une organisation familiale. Personne n'a envie de travailler pour une entreprise où il faut être un membre de la famille pour avoir une chance réelle de gravir les échelons.

Young fait la tournée des popotes. Il a toujours du monde à voir. Il doit s'assurer que les affaires roulent. Parler à des contacts, obtenir des informations. Ouvre les oreilles, c'est ce que lui a dit Jamieson. Mais il parlera à Frank dans la semaine. Ce qui signifie qu'ils vont dorénavant dépendre de Calum seul. Un type bien. Qui tient le coup sous la pression. Young n'a jamais travaillé avec quelqu'un qui ait buté deux ordures à la suite avec autant de maestria. Il a du talent. Mais Jamieson a raison. Il ne s'est pas encore engagé. Young a demandé à George de se rapprocher de lui. Il l'a fait. Il lui a demandé d'amener Calum à se ranger. Il l'a fait. Il lui a trouvé une copine, c'était aller trop loin. Il ne s'est pas encore rangé – pas comme ils voulaient. Calum a encore des réticences à faire partie de leur organisation. Il pourrait encore les lâcher et les laisser démunis.

Jamieson ne pense pas à Calum. Ni à Young. Il tapote sur son bureau. En se disant qu'il est idiot. Il a déjà dû laisser tomber des gens qu'il aimait bien. Ça arrive souvent dans le métier. On garde ceux dont on a besoin, pas ceux qu'on aime bien. Ce n'est pas comme si Frank était une figure paternelle. Il a une réaction excessive. Il devient sentimental. Ça n'est pas du tout professionnel. Vous n'êtes pas obligé d'aimer ceux qui travaillent pour vous. Vous avez besoin de pouvoir leur faire confiance. Un point c'est tout. La confiance, peut-être un peu de respect. Le reste vient en prime.

Il s'est habitué à avoir Frank dans les parages. Le sympathique Frank, fiable et totalement professionnel. Trop habitué. Jusqu'à l'insouciance. Tueur à gages. Un métier si important. Qui requiert tant de confiance. Quand on trouve quelqu'un de confiance, on s'y accroche. Il ne voulait même pas envisager de remplacer Frank. On peut remplacer un importateur de drogue ou un dealer, même un spécialiste des contrefaçons. Mais remplacer un tireur est difficile et dangereux. Il a besoin d'un pro. Le seul qu'il a rencontré et qui lui a plu était Frank.

21

Calum a sorti son ordinateur portable. Assis à la table de la cuisine, il navigue distraitement sur quelques sites avant d'aller sur celui qui l'intéresse vraiment. Celui de la presse locale. À la recherche d'une mention sur son intervention de la nuit. La nouvelle doit être déjà connue. Il visite tous les jours le site de l'*Evening Times*; qu'il figure dans l'historique n'aura rien de louche. C'est le troisième appel de la une. Rien qu'un titre avec une indication de page intérieure. Deux hommes trouvés morts dans un appartement, la police ne recherche personne d'autre. Il aimerait cliquer sur l'article, voir ce qu'il raconte. Mais il ne le fera pas. Il clique sur la page des sports à la place. Son historique n'apprendra rien à personne. Le titre en dit suffisamment. Que la police est informée et ne recherche personne. Donc ils y croient. On dirait que sa petite ruse a fonctionné. Mais il ne faut pas trop compter dessus. La police aussi a ses astuces.

Ils veulent qu'il soit confiant. Ils attendent impatiemment que ce titre lui fasse faire une bêtise. Non qu'ils sachent que c'est lui l'assassin Ils veulent que le coupable, quel qu'il soit, fasse une bêtise. Qu'il rompe avec ses habitudes. Qu'il se montre. Qu'il leur facilite la tâche. Ils veulent qu'il les aide à éviter une enquête longue et difficile. C'est une réaction paranoïaque. Inévitable. Il faut qu'il croie qu'ils sont tous après lui parce que c'est vrai. Être parano en toutes circonstances. Lire dans les journaux qu'on ne recherche personne et partir du principe que c'est un mensonge. Que l'histoire a été écrite à votre intention. Croire que vous êtes au cœur des préoccupations des autres demande un brin d'égocentrisme. Quel autre moyen de ne pas être repéré ? La paranoïa est efficace.

Un après-midi tranquille à traîner chez lui. Rien à faire, personne à qui parler. C'est confortable. La vie à laquelle il était habitué, celle qu'il s'était créée et que les récents changements ont balayée. Dix ans à se construire une vie dans l'isolement, et elle n'existe plus. Travailler à plein temps pour Jamieson. Davantage de travail qu'avant, lié à une seule organisation. C'est déjà un changement suffisant. Plus de liberté de mouvements. Ajoutons-y Emma, et une vie toute simple a été remplacée par plus de complications qu'aucun tueur à gages ne devrait en supporter. Pas seulement à cause de sa présence. Mais aussi parce qu'il doit imaginer pour elle tout un faux passé. L'histoire d'une vie qu'il n'a pas menée. Que répondre quand elle demande à rencontrer ses amis ? Il n'en a pas. Pendant dix ans il s'est caché de tous au nom de son métier. Dans ce métier on n'a pas de cercle d'amis, rien que quelques connaissances. Il n'a aucune intention de la leur présenter. C'est embarrassant, et difficile à expliquer. C'est aussi pour cette raison qu'il a commis une erreur et laissé Emma entrer dans sa vie. La solitude du tueur.

Vers une heure et demie on frappe à la porte. Calum est en train de lire un roman, *La Moisson rouge* de Dashiell Hammett, si ça vous intéresse. Il prend son marque-ligne – en cadeau avec un livre chez Waterstones il y a à peu près dix ans – et le fixe à la page. Calme et serein, mais intrigué. Un coup à la porte le lendemain d'une mission. Un coup inattendu. Il y a de quoi s'inquiéter. Quand vous vous fabriquez une vie sans personne, on ne frappe pas à votre porte à l'improviste. Il se lève pour aller regarder par le judas. Un visage reconnaissable. George Daly. Celui qui ressemble le plus à un ami pour lui. Ce qui ne veut pas dire qu'il lui fait confiance. George est un gentil garçon, mais ceux qui donnent envie de baisser la garde sont aussi ceux avec lesquels il faut être le plus prudent. Le lendemain d'un boulot George se pointe à sa porte. Bizarre.

Calum ouvre lentement pour bien regarder George. Pas d'armes visibles, mais c'est normal. George n'est pas un tueur. Il a passé des années à éviter cet aspect des affaires. Il serait probablement bon s'il acceptait, mais il ne veut pas. Il ne l'a jamais dit expressément, mais il n'est pas disposé à franchir la limite. Il tabasse, il intimide pour que les types paient leurs dettes à Jamieson, mais rien de plus. Il est le meilleur Monsieur Muscle de Jamieson, bien qu'il ne soit pas particulièrement baraqué. Il est plus petit que Calum, et guère plus épais. Là n'est pas la question. Un bon cogneur est quelqu'un qui sait se battre, doser la correction à administrer, traiter chaque cas individuellement. On ne se rue pas simplement sur quelqu'un. Chaque individu doit recevoir seulement ce qu'il mérite. Il doit savoir que ce sera pire s'il défie de nouveau Jamieson. Un bon cogneur est quelqu'un qui sait toujours où fixer la limite et ne pas être tenté d'aller au-delà.

« Salut, mec, quoi de neuf ? » George sourit, attendant d'être invité à entrer.

« Pas grand-chose. Et toi ?

– Que dalle. Je m'ennuyais à mourir. Je me suis dit qu'on pourrait allumer ta PS3, tuer quelques heures, et tu pourras me raconter l'horreur d'une relation sérieuse. »

Calum sourit malgré lui. Aucune relation sérieuse n'a jamais rattrapé George. Qui n'a peut-être pas eu une si mauvaise idée. Pourquoi un ami ne viendrait-il pas le voir ? Ça paraît tout à fait normal, ce qu'on recherche juste après un boulot. Un témoin n'y verrait que de l'ordinaire.

« Entre. » Il lui tient la porte.

George est assis sur le canapé et se bat avec une manette. Comme d'habitude, il s'est plaint qu'il n'y ait pas de bière, que Calum n'ait pas de *first-person shooter* pour sa PS3, et finalement s'est plaint de devoir encore se plaindre. Calum le regarde se balancer à gauche et à droite pour faire franchir des chicanes à une voiture. Il n'a pas l'air d'être venu lui transmettre un avertissement. Calum s'est trompé en soupçonnant Jamieson de lui avoir envoyé un visage ami pour lui apporter un message. George est là depuis trop longtemps. Il n'aurait pas traîné. Il n'a pas mentionné la nuit dernière. Il n'est peut-être vraiment pas au courant. Il est sans doute venu de lui-même, il serait resté chez lui s'il avait su. Soit Young l'a envoyé voir où en est Calum, soit il sera furieux qu'il soit venu. On dirait de plus en plus que la seconde hypothèse est la bonne.

George raconte des ragots du milieu. Pas le genre de choses qui intéressent Calum, mais c'est utile de savoir ce qui se passe. Un bon tueur écoute, et en apprend le plus possible sur de futures cibles potentielles. Apparemment Jamie Stamford doit aux frères Allen, qui sont en réalité cousins (pour votre information), quatre-vingt mille livres de dettes de jeu. Il refuse de payer parce qu'il pense qu'ils l'ont floué. Des conneries; il n'a tout bonnement pas le cash. La dette est suffisamment grosse pour provoquer des frictions entre les Allen et le patron de Stamford, Alex MacArthur. MacArthur est un caïd; les Allen ne sont pas quantité négligeable, il pourrait y avoir du grabuge. Apparemment, un fournisseur qui travaillait avec les deux côtés a déjà abandonné les Allen. Un grabuge profitable pour des hommes comme Jamieson.

Une autre histoire: un des meilleurs revendeurs de Shug Francis s'est fait tuer par son meilleur copain la nuit dernière, un coup de bol. Le copain s'est apparemment suicidé après, coup double. Tommy Scott, il s'appelait. George croit se rappeler l'avoir croisé une fois quand Scott travaillait pour quelqu'un d'autre, mais il n'en est pas sûr. Et des imbéciles ont dévasté l'imprimerie de Bobby

Peterson. Celui-ci accuse Marty Jones parce qu'ils se sont bagarrés à propos d'un deal quelconque, mais Marty nie. D'autant plus qu'il a découvert que Jamieson est associé dans l'affaire de Peterson.

Et ainsi de suite. Les mêmes situations – il suffit de changer les noms toutes les semaines environ. Les problèmes des autres, sauf pour Tommy Scott. George n'est visiblement pas au courant. Lui aussi croit que McClure a tué Scott. On dirait que cette petite histoire a du succès. Parfait. À ce stade, plus personne n'envisagera même de vérité différente.

« Des nouvelles de nos chers amis ? » demande George. Il sait que Glen Davidson a appelé Calum avant de l'agresser. La police a dû en trouver la trace dans les enregistrements du téléphone de Davidson, difficile de croire qu'ils n'aient même pas vérifié. Et pourtant il ne s'est rien passé.

« Je n'ai pas entendu parler d'eux, mais je dois être dans leur collimateur. » Une idée horrible. Des années passées à éviter de se faire remarquer. Une fois qu'ils vous on repéré, c'est fini. Ils pourraient être en train de le surveiller, d'attendre qu'il effectue un autre boulot. Comme celui de la nuit dernière.

Il est presque cinq heures et le téléphone de George sonne. Il regarde l'écran. « Merde, c'est Young. Une minute. » Il va dans la cuisine, presque hors de portée de voix. Calum perçoit des bribes de conversation. C'est Young qui parle le plus ; George ne semble qu'acquiescer deux ou trois fois sans enthousiasme. Ça ne prend pas plus de trente secondes. George revient en fourrant son portable dans sa poche. « Bon, on dirait que quelqu'un a finalement eu la bonne idée de planter un couteau dans Neil Fraser. Mais ç'a été un boulot de sagouin, il ne lui a pas fait beaucoup de mal. Il est à l'hôpital Western General et ne parle à personne. Il est tellement bête qu'il ne pourrait même pas inventer un mensonge. Je dois y aller pour savoir qui a fait ça. Young craint que ça soit un des types de Shug. »

Calum est dubitatif. « Tu crois ?

– Nan, pas leur style. Il y a de meilleures cibles que ce crétin. Il s'est probablement mis tout seul dans le pétrin. En tout cas je ferais mieux d'y aller. À plus tard. »

Fraser est un cogneur plus traditionnel qui travaille pour Jamieson. Pour commencer, il est réellement costaud. Intimidant à regarder, mais aussi brillant qu'un trou noir. On dirait que George va être un peu sous pression lui-même pour découvrir ce qui s'est passé. Ça n'intéresse pas Calum.

L'après-midi devient soir. George est parti réparer les dégâts d'un autre. Combien de fois doit-il le faire ? Toutes les semaines, apparemment. Pour un tueur, ça n'arrive qu'une fois dans la vie. Calum n'aura probablement jamais à le refaire. Dieu merci. Ça n'a rien d'agréable. On ne peut que réagir face à ce que d'autres ont fait. Difficile de faire un travail propre. On se fait fatalement prendre. Calum a du mal à ne pas s'inquiéter pour George. Il est intelligent, mais ça ne suffit peut-être pas. S'ils continuent de le mettre dans des situations difficiles, aucune dose d'intelligence ne le sauvera. Mais comme il est leur meilleur, ils continueront forcément. Tout à coup Calum sourit. Les temps changent : il s'inquiète pour un ami.

22

Deux jours depuis que c'est arrivé. Rien. Pas un mot. D'habitude il penserait que c'est bon signe. On ne reprend contact que si quelque chose est allé de travers après. Quelque chose est allé vraiment de travers durant l'intervention. Il s'attendait à un appel de Young. Une conversation amicale pour l'inviter à passer au club. Young prendrait un ton détendu, sans gravité. C'est son style. Frank irait bavarder avec Jamieson de ce qui s'est passé. Ils parleraient de l'avenir. Quel avenir ? Ils auraient déjà dû appeler. Simple politesse. D'accord, ça n'est pas professionnel, mais ils doivent savoir qu'il attend. Après cette nuit, Peter doit savoir que Frank attend chez lui que le téléphone sonne.

Il n'est pas naïf. Il est dans la course depuis trop longtemps pour ça. Il a vu trop de types bien être largués pour penser que ça ne pourrait pas lui arriver. Ils ont dû parler de lui. Il a dû être leur sujet de conversation toute la journée d'hier. Comment faire ? Comment analyser un ratage ? Il faut tout comprendre en détail avant de parler à l'homme au centre de la machine. C'est la façon intelligente. Peter Jamieson est entre autres un homme intelligent. Donc ils ont dû parler à Calum. Un garçon difficile à anticiper. Encore un malin. Il ne veut pas travailler pour Jamieson. Ça joue en faveur de Frank. Calum n'a pas envie d'être le seul tueur dans l'organisation. Frank se dit qu'il aurait dû faire davantage d'efforts pour être ami avec lui. Il a été le premier à deviner son potentiel. C'est lui qui l'a recommandé à Jamieson. Il lui a dit qu'il était le meilleur jeune de la ville. Le meilleur free-lance aussi, toutes générations confondues. Frank aime bien Calum, il le respecte suffisamment pour lui laisser de l'espace. Le garçon voulait qu'on lui fiche la paix, il lui a fichu la paix. À présent il ne se sent pas capable de lui téléphoner.

L'après-midi est bien avancé. Toujours pas d'appel. Il pleut, mais Frank s'ennuie et il doit se comporter comme d'habitude. Aller boire une pinte au pub et passer à l'épicerie du coin en revenant. Une façon de tuer une heure ou deux. Les jours sont longs et ennuyeux quand rien ne se passe. Si on n'aime pas la télé pendant la journée, ce qui est recommandé, alors l'ennui commence à peser. Ça paraît plus facile pour les enfants. Ils ont leurs ordinateurs et tout ce qui s'ensuit. Plus difficile si on a grandi dans une autre ère. Plus difficile de rester professionnel. Frank a grandi à une époque où on allait au pub. C'est ce qu'on faisait. Si on voulait se fondre dans la masse, passer pour un type ordinaire parmi d'autres, on allait au pub.

Il a mis sa veste. L'autre jour il a presque été tenté d'acheter une casquette, mais il y a des limites. Il n'a jamais senti son âge. Il s'est toujours senti comme s'il avait trente ou quarante ans. Son mode de vie n'a pas beaucoup changé au cours des vingt dernières années. Il a eu à peine l'impression de vieillir. Une illusion à laquelle il était facile de croire. C'est bien plus difficile aujourd'hui. En quarante-huit heures, vingt ans ont passé comme un éclair. Il est un vieil homme avec une hanche en plastique et un avenir limité. Il le sent. Un dernier coup d'œil au téléphone. Non. Ils n'appelleront pas cet après-midi. Dehors sous la pluie. Fais travailler ta hanche. Évite de t'ankyloser ; ne laisse pas tes muscles devenir paresseux. Le genre de recommandations auxquelles seul un vieil homme a besoin de penser.

Sur le chemin du pub il passe devant trois jeunes. Il ne les regarde pas, ne croise pas leur regard. Trois gamins en survêtement qui n'ont jamais couru dans un stade de leur vie. L'un d'eux tient un chien en laisse. Pas l'animal menaçant que les gamins ont de nos jours, mais un collie mouillé à l'air triste. Frank sait quand même qui ils sont. Des gamins qui se prennent pour des durs. En voyant un vieux comme lui ils se disent que c'est une cible facile. Un mollasson. Il ne leur viendrait jamais à l'idée qu'il a tué tant de gens. Ils n'imagineraient jamais à quel point il peut être dangereux. Il ne leur en veut pas. Il était comme eux à une époque. Il a commencé en tant que cogneur. Il se voyait comme un dur. On commence à y croire soi-même. On croit que les petits vieux qu'on voit dans la rue sont faibles et qu'on est fort. Puis il a connu Dennis Dunbar.

Un petit maigrelet dans les cinquante ans. Chauve sur le sommet du crâne, petite moustache fine. Il avait l'air ridicule. Il portait toujours des manteaux trop grands pour lui. Frank l'avait croisé une ou deux fois, il n'avait aucune opinion sur lui. Il savait qu'il appartenait au milieu. Il pensait qu'il était probablement bookmaker, ou faussaire, ou un truc du genre. Un jour quelqu'un lui a dit que Dunbar voulait le rencontrer. Il est allé chez lui, un joli quartier bourgeois à l'époque où il y en avait très peu. Le petit bonhomme l'a reçu. Lui a dit qu'il avait du travail pour lui. Il voulait qu'il tue un homme. Mais qu'il ne s'inquiète pas, il irait avec lui. Dunbar lui a appris beaucoup de choses utiles. Les petites ficelles. Comment disparaître. Comment se débarrasser d'une arme. Plus il en apprenait sur Dunbar, plus il le trouvait remarquable. Dunbar avait tué deux ou trois douzaines de gens, ce qui semblait incroyable. Frank en a tué davantage dans les quarante ans qui ont suivi.

Il a dépassé les gamins. Ils ne l'ont pas remarqué. Apprends à passer inaperçu. Ne boite pas comme un vieux en leur montrant que tu es faible. Ne te redresse pas non plus d'un air de défi. Le juste milieu. Au pub il demande une pinte. Il ne la boit pas au comptoir, le barman pourrait vouloir lui parler et Frank n'a pas envie de faire la conversation. C'est un endroit miteux fréquenté par des miteux. De ceux qui ont toujours besoin de se justifier. Il emporte sa pinte à une petite table dans le coin, dos aux autres clients. Il est le petit vieux pathétique qui vient prendre une pinte et ne dit rien. Si le barman connaît son nom, c'est par ouï-dire. Frank est à sa table et tourne le dos aux quelques clients qui sont là à cette heure. Il y en a toujours quelques-uns, qui devraient être ailleurs. Ils penseront que c'est un vieil homme qui boit sa pension de retraite. Il n'avait jamais imaginé paraître son âge. Il croyait que les autres le voyaient comme il se voyait lui-même. Là aussi il y a du changement. Depuis un bout de temps. Et c'est une bonne chose, Dunbar le lui a appris : laisse les gens te voir comme ils veulent, ne leur impose pas l'image que tu te fais de toi. Laisse-les te voir avec leurs propres yeux, pas les tiens.

Derrière lui les gens vont et viennent ; il ne se retourne pas pour regarder. Il pourrait être chez lui avec une bouteille ou une cannette de bière et boire en privé. Dans sa situation actuelle, il préférerait. Mais ce n'est pas ce qu'on attend d'un homme de sa génération. Son métier le force à faire ce qu'on attend de lui. Pour tuer le temps. Assez de temps mort pour aujourd'hui. Il n'a plus envie de s'embêter avec ces considérations. Plus envie de discipline. Mauvais signe. Il se lève et sort du pub sans croiser un regard. Il y a toujours cette tentation de se retourner pour leur dire qui il est réellement. C'est peut-être mieux pour son travail, mais que les autres le trouvent pitoyable l'exaspère. Un vieil homme qui vit seul. Jamais marié. Pas d'enfants. Peu d'amis dignes de ce nom. Les autres ont peut-être raison.

Il entre dans l'épicerie. Rien que quelques bricoles à acheter. Les courses pour une seule personne. Pas besoin de panier. Il a toujours vécu simplement. Une des difficultés que tout le monde rencontre dans le milieu est de justifier ses revenus. Les imbéciles jettent les billets par les fenêtres en croyant que personne n'y fera attention. Ils pensent qu'on ne se posera pas de questions, qu'on ne fouillera pas. Si vous ne pouvez pas expliquer d'où sort l'argent que vous dépensez, vous ne pouvez pas dépenser. Il vous faut alors un emploi fictif. Frank y a toujours eu droit de la part de ses employeurs, un des avantages de travailler pour une grosse organisation. Jamieson l'a engagé comme consultant sécurité pour son club et deux ou trois des pubs qu'il possède. Consultant sécurité ça ne veut rien dire. Personne ne peut prouver qu'il n'a donné aucun conseil. Ni que son conseil ne valait pas ses trente-quatre mille livres annuelles de salaire figurant dans les livres de comptes de Jamieson. Jusqu'à vingt ou trente mille livres de plus lui sont payées comme primes, selon la quantité de travail effectué dans l'année. Justifiées également dans les divers comptes de Jamieson. Les gens peuvent poser des questions, ils ne trouveront rien d'intéressant.

Il paie ses achats. Pas grand-chose. Il vit frugalement. Depuis toujours. Même avec sa couverture, il reste inquiet. L'argent est un piège. Celui qui risque de faire trébucher les gens du milieu. Les femmes et la vanité sont dangereuses, mais elles ne sont pas universelles. L'argent, si. Certains courent après toutes les jolies filles et se mettent dans le pétrin. D'autres sont tellement imbus d'eux-mêmes qu'ils se laissent déborder par leur ego. Mais tous ont besoin d'argent. Pour survivre. Ils essaient de le dissimuler, mais ils ont besoin de le dépenser. Quelqu'un le découvre. L'argent est le meilleur ami de la police. Ça a toujours tracassé Frank. Il a vu trop de types compétents tomber pour des piles de billets. Les flics n'avaient pas pu les épingler faute de preuves suffisantes, mais les criminels ne pouvaient pas expliquer d'où venait leur argent.

Frank a donc toujours vécu au-dessous de ses moyens. Il a maintenant beaucoup d'argent à la banque, et rien à quoi le dépenser.

De retour chez lui il range le peu qu'il a acheté. Il a vérifié le téléphone, personne n'a appelé pendant son absence. S'ils le cherchaient ils auraient appelé son portable après son fixe. Il n'aurait pas répondu au pub, mais il serait rentré directement. Ils ne le cherchent pas. Il est assis dans le living. La télé est éteinte, mais il regarde quand même l'écran. En se demandant s'il devrait l'allumer. À quoi ça servirait. Il l'allume. Parcourt les chaînes. L'éteint. Encore dix minutes de sa vie perdues. Chaque minute est gaspillée. Il doit accepter ce qu'il sait déjà. Qu'ils vont le mettre à la retraite. Ils ne peuvent plus le garder après ça. Peut-être, peut-être seulement, Peter Jamieson fera-t-il preuve de compassion ; en lui laissant une dernière chance. Nan, pas de deuxième chance. Pour personne. Jamieson serait idiot de lui en laisser une. Nous n'avons tous qu'une seule chance. Celle de Frank a duré sacrément plus longtemps que pour la majorité des hommes.

La plupart des tueurs tirent leur révérence dans un coup de feu. Frank est toujours là. Il a duré plus longtemps qu'il n'aurait dû. Les hommes qui exercent ce métier n'ont généralement pas à gérer leur retraite et leur vieillesse. C'est bon pour ceux comme Young et Jamieson, ils s'attendent à vivre jusqu'à un âge avancé. Beaucoup d'hommes au sommet de l'échelle se sont éteints après soixante-dix ou quatre-vingts ans. Pas beaucoup de tueurs. La plupart connaissent leur zénith dans la trentaine ou la quarantaine. Et n'atteignent pas les soixante ans. Il y a si peu de pros. Parfois une poignée, parfois une douzaine. Il arrive que survienne un pic et que la ville en compte davantage que d'habitude. Ça arrive en période troublée. Parfois de l'intérieur, et quelqu'un doit laisser sa place. En ce moment il y a peut-être une douzaine de pros qui travaillent pour sept ou huit organisations. Et sans doute sept ou huit free-lances qui préfèrent travailler plus rarement mais qui ont le niveau professionnel. Quelques mois plus tôt Frank se croyait meilleur que tous les autres. À présent il se sent vaincu.

23

Peter Jamieson, Shug Francis, John Young, Glen Davidson, Calum MacLean. Bon, mettons de côté les trois premiers, Ils sont évidents. Restent les deux derniers. Le dernier en particulier. Fisher y réfléchit depuis très longtemps. En essayant de faire démarrer une enquête sérieuse. De trouver un soutien, du personnel pour l'aider. Rien. Tout ce qu'il a est un vague lien avec la mort de Lewis Winter. Une mort à laquelle tout le monde ou presque a cessé de s'intéresser aussitôt après. Il essaie de réunir les éléments. D'obtenir des informations qui dissiperont le brouillard. Personne ne parle.

Quelques données prennent un sens maintenant. Des données qu'il ne connaissait pas avant. Shug a décidé de se lancer dans le trafic de drogue, c'est une certitude. Ça éclaire un peu le reste. Initiative stupide. Il tente de s'introduire en s'emparant du terrain de Peter Jamieson. Un jeu dangereux. Quant à la suite, Fisher en sait peu.

Lewis Winter pouvait travailler pour Peter Jamieson ou pour Shug Francis. Fisher, assis à son bureau trois mois après la mort de Lewis Winter, penche plutôt pour Shug. Il n'a rien de solide pour le prouver. C'est une intuition. Jamieson n'aurait pas eu besoin d'un type comme Winter. Le plus vraisemblable est que Jamieson ait fait tuer Winter. Le candidat probable aurait été Glen Davidson, mais les enregistrements téléphoniques ont changé la donne. Cette ordure de Greig vient lui annoncer que Davidson a disparu. Il laisse entendre que Davidson a peut-être exécuté Winter et pris la fuite. Fisher n'a pas beaucoup vu l'agent Paul Greig ces derniers temps. Il fait profil bas. Sage décision. Fisher attend avec impatience le moment où Greig va se rétamer.

Penser à un ripou tel que Greig le met en colère et lui fait perdre le fil de ses réflexions. Davidson. Les enregistrements téléphoniques. Ils ont indiqué que Davidson a appelé Calum MacLean la veille du jour où Greig a annoncé la disparition de Davidson. MacLean, un drôle de cas. Un homme de près de trente ans qui semble n'avoir jamais travaillé de sa vie. Il vit apparemment aux frais de l'assurance maladie. Il se pointe pour un examen médical annuel, raconte des bobards et ça marche. Il y a des gens très forts pour ça. Ils prétendent être atteints d'une maladie mentale. Ou avoir le dos en compote. Un problème musculaire dont aucun médecin ne peut venir à bout. Les plus intelligents envoient quelqu'un d'autres subir l'examen. Les médecins n'ont pas de photo. Du moment que la personne a le même âge, la maladie en question et que c'est toujours la même qui se présente depuis le début, c'est faisable. De véritables malades gagnent ainsi pas mal d'argent. En aidant des criminels à se cacher parmi les inaptes à l'emploi.

MacLean appartient certainement à la pègre, bien qu'aucun des contacts de Fisher ne semble le connaître. Questionner ses proches ne ferait qu'avertir MacLean qu'il est dans le collimateur de la police. Il y a davantage de chances qu'il commette un impair s'il se croit inconnu. Pour l'instant il est seulement dans le collimateur. Fisher n'a pratiquement rien contre lui. En outre, il a des préoccupations plus urgentes.

Les rapports toxicologiques concernant Scott et McClure ont été quelque peu surprenants. Des traces de drogue chez McClure, mais vieilles de plusieurs jours. De l'alcool chez les deux, mais là encore, alcool consommé au moins seize heures avant leur décès. Aucun n'avait bu ni ne s'était drogué la veille. Ce qui suggérerait que McClure a tué son meilleur ami, et s'est ensuite suicidé, en toute lucidité. Fisher n'en est pas sûr. Il n'est pas sûr que McClure l'aurait fait sous l'effet de l'alcool, et encore moins sans. Ça ne lui apporte pas de preuve. Rien qu'il puisse véritablement utiliser, mais ça lui donne une vue d'ensemble. Ces deux-là n'étaient ni drogués ni ivres. Des amis de toujours sont devenus des ennemis mortels en quelques heures. Nan, il n'y croit pas une seconde.

Journée merdique. Rideaux de pluie, ciel plombé. Encore une enquête qui ne va nulle part. Il y en a eu trop dernièrement. Un flic peut acquérir la réputation de ne pas savoir boucler une affaire. Même un bon flic. La malchance n'y est pas étrangère. Vous devez vous taper une succession d'affaires que personne ne peut résoudre, et c'est vous qu'on accable. Beaucoup de mauvais flics ont réussi à se bâtir tant bien que mal la réputation de boucleurs. De types qui savent y faire. Il n'y a rien que les supérieurs n'aiment davantage. Des flics qui ne méritent pas leur bonne réputation. Fisher secoue la tête. S'il ne tenait qu'à lui, beaucoup de types ici ne seraient même pas flics. Il s'y prendrait autrement. Trop d'entre eux ne cherchent qu'à grimper les échelons. C'est alors qu'il retombe dans le cliché du flic grincheux très exigeant et honnête. C'est décourageant.

Ils ont passé leur journée à courir après des contacts, à chercher des informations. Bon Dieu, même l'inspecteur Davies s'est arrangé pour paraître occupé. Toujours rien. Améliore la vision globale. Une chose devient vite évidente. Scott a connu une ascension fulgurante, suivie d'une fin rapide. Il travaillait pour Shug, mais pas depuis longtemps. Un mois, peut-être moins. Scott travaillait dur et vite. Il a rapidement monté un petit réseau, utilisé tous ses contacts, bousculé certains. Parti de rien, en quelques semaines il a fait pression sur des hommes de

Jamieson bien établis. C'était manifestement le territoire qu'il visait. Se débarrasser de ceux qui travaillaient pour Peter Jamieson. Correction : qui travaillaient *probablement* pour Peter Jamieson. Difficile à prouver. C'est ce qu'ont dit ses contacts, et Fisher le croit. Le problème, c'est la preuve. Aucun de ces petits revendeurs n'a jamais vu Jamieson ; nombre d'entre eux ne savent peut-être pas qu'ils travaillent pour lui. Il est trop fort pour ça. Mais c'est intéressant. Lewis Winter tente de défier Jamieson et bientôt il est retrouvé mort. Même parcours pour Scott. Une vision globale.

Tout faire dans la précipitation. Le secret du succès de Scott. Personne ne savait comment arrêter un phénomène aussi rapide. Très probablement aussi la raison de son échec. La précipitation. Des erreurs. Y compris avec l'arme. Fisher en est convaincu. Scott n'aurait pas possédé d'arme quand il revendait dans les cités ou était membre d'un gang. Il aurait eu des couteaux, naturellement, mais probablement pas de pistolet. Ce pistolet propre apparaît tout à coup près du corps de McClure. Peut-être, peut-être seulement, s'en est-il procuré un quand il a commencé à travailler pour Shug. Scott devait être intelligent. Assez pour comprendre qu'il était en train de réussir. Il semble tout de même que l'arme n'était en sa possession que depuis quelques semaines tout au plus. Plus vraisemblablement quelques jours.

Il met son blouson, sort, monte dans sa voiture. Il a questionné presque tous ses contacts utiles, sans résultat. Idem pour ses collègues. La plupart de leurs contacts pensaient encore que Scott travaillait en solo. La plupart l'appelaient le voyou à la bécane. Mais ils savaient qui il était, ce qui montre qu'il avait plus de talent que les autres.

Il retrouve un autre informateur. Celui-ci est très spécial. Certains, on s'en fait des informateurs parce qu'ils ne valent pas la peine qu'on les arrête. Le genre de délinquant que son patron peut remplacer dans l'heure si on le retire de la rue. Mieux vaut les garder comme contacts sur le terrain que devoir recommencer à en chercher. Et puis on tombe un jour sur un Mark Garvey. Fisher ne l'avait approché que pour pouvoir l'arrêter. Un trafiquant d'armes. Achat, vente, fourniture à des tueurs. Un trafiquant intelligent. Fisher l'avait approché, mais Garvey savait pourquoi. Très fort pour brouiller les pistes, excellent manipulateur. Toujours heureux de donner les informations voulues. De surveiller les affaires de quelqu'un pour vous.

Organiser le rendez-vous a pris une bonne partie de la journée. Aller chercher Garvey, parler en conduisant, le déposer. Plus ils sont importants et plus ils prennent de précautions. Garvey est assez important. Fisher aurait dû déjà l'arrêter. Il n'en a pas eu l'occasion. Et pour être honnête, il ne l'a pas cherchée. Un trop bon informateur. Tu ne devrais pas te contenter de l'avoir comme informateur alors que tu devrais le faire boucler.

Il entre sur le parking et se gare à côté des grosses poubelles destinées au recyclage, comme convenu. Assis dans sa voiture avec la radio allumée pendant cinq minutes, puis la portière côté passager s'ouvre, une silhouette entre et s'assoit. La petite cinquantaine juvénile. Il se teint probablement les cheveux, l'imbécile. À son âge il devrait savoir que ça ne marche pas. Apparemment, sa femme a dans les trente ans. Il sait y faire et aime le son de sa propre voix. Mais il est intelligent ; il parle abondamment pour ne rien dire d'important. Une technique utile.

Quand ils quittent le parking ils n'ont encore pas dit un mot. Ils ne font pas semblant d'être amis. Certains essaient, les informateurs les moins futés. Ils s'imaginent sans doute pouvoir créer une amitié qui les protégera d'une façon ou d'une autre. Garvey est plus intelligent que ça.

« Tu as sûrement appris la nouvelle à propos de Tommy Scott », lui dit Fisher sans quitter la route des yeux. C'est une affirmation, pas une question. Si Garvey ne sait rien, il devrait.

« Oui. Lui et son copain, c'est bien malheureux. Mais ça arrive. Vous le savez mieux que moi. Quel est le pourcentage de morts causées par des personnes qu'on connaît ? »

Une question à la con. « Je veux retracer le parcours de l'arme qui a servi. Je veux savoir quand ils l'ont eue.

– Je ne peux certainement rien savoir sur l'achat et la vente d'armes prohibées, inspecteur. » Continue de nier. N'admets rien en privé que tu pourrais devoir nier plus tard en public.

Fisher n'a pas la patience de jouer à ces jeux-là. C'est peut-être pour ça qu'il n'a pas autant de bons informateurs qu'il croit le devoir. La plupart sont effrayés par un flic agressif.

« Mais si vous voulez je peux vous parler d'une petite rumeur à leur sujet. Je ne sais pas jusqu'à quel point on peut s'y fier.

– Vas-y.

– Il paraîtrait que le jour avant de caner ils étaient à la recherche d'un flingue. Ils ont tapé à plus d'une porte et n'ont trouvé personne pour les aider. C'est ce que j'ai entendu dire. Vous comprenez, des gamins comme ça n'ont aucune réputation. Les gens ne tiennent pas à prendre le risque de les fournir. On dirait qu'ils sont revenus les mains vides. Je suppose que les événements ont montré que ça n'était pas tout à fait vrai. »

Fisher ne réagit pas. Ils ont cherché une arme et n'en ont pas trouvé. Pas impossible. Le plus vraisemblable est que l'arme leur appartenait, néanmoins il se peut que quelqu'un d'autre l'ait apportée à l'appartement cette nuit-là. Quelqu'un entre, les tue et monte la mise en scène meurtre plus suicide. Personne n'a déplacé les corps. La disposition des taches de sang montre qu'ils sont morts là où le voisin les a trouvés. Peut-être pas tués par leur propre arme, après tout. Encore aucune preuve utilisable, mais une vision globale se dessine.

« Autre chose à partager avec moi ? » demande Fisher. Sous-entendu, partage tout de suite, parce que si je découvre que tu m'as dissimulé quelque chose, tu auras des ennuis.

« C'est tout ce que je sais sur Scott et son copain. Scott était le cerveau, au cas où vous ne l'auriez pas compris. Je suppose que vous avez découvert que le type appelé Balourd n'était pas le cerveau. Ce n'était qu'un parasite. J'ai été surpris que Scott ait un cerveau. Je suppose qu'il n'en a plus. » Garvey a un petit rire.

Il le dépose au supermarché. Un petit bonhomme déplaisant. Un jour Fisher va devoir s'occuper de lui. Il y a de pires trafiquants dans cette ville, mais là n'est pas la question. Il retourne au commissariat. Il lui faut une cible. Puisqu'il n'a pas de piste à suivre, il doit se trouver un objectif. Jamieson ferait l'affaire. Le gros calibre. En tout cas plus gros que Shug Francis. Jamieson ne va pas tarder à attaquer un des trois grands requins des eaux locales. Les trois organisations dominantes. Jamieson a le talent pour en détruire une et devenir lui-même une force dominante. Mais il n'y a pas assez de preuves pour que Fisher le poursuive. Lewis Winter et maintenant Tommy Scott. Leur mort profite à Jamieson. Généralement un bon indice. Mais peut-être à Shug. Il est la meilleure option grâce à ce coup de téléphone. Ses employés le flouent parce qu'il est nouveau ; il contre-attaque. Le lien avec Davidson pourrait expliquer ça. Savoir qui est MacLean serait plus utile. Merde ! Fisher recommence à tourner en rond. Ça arrive trop souvent. Reste encore un contact possible.

24

Un des avantages du métier de chauffeur est que l'on n'a pas un emploi du temps chargé. Kenny travaille peut-être quatre jours par semaine. Les heures sont parfois longues, mais ce sont des heures où il ne fait rien. Le plus souvent il attend la personne à transporter. C'est assommant, il faut beaucoup de patience. Il s'est vite aperçu que le plus important était de ne jamais se plaindre. La plupart des gens pensent que c'est une chance d'être chauffeur. Vous êtes bien payé pour faire quelque chose dont n'importe qui serait capable. Vous prenez moins de risques que ceux qui vous entourent. Si vous vous plaignez, ils pensent que vous êtes un imbécile. Contente-toi de faire ton travail, et rappelle-toi que la plupart des autres personnes se plaignent inutilement. C'est la seule raison pour laquelle il conduit Jamieson en ce moment.

Il n'est pas mauvais dans ce qu'il fait. Il connaît la ville, il sait où il va. Il vérifie régulièrement ses trajets, pour le plaisir de conduire. On ne peut pas être chauffeur si on se perd. Mais même ça, c'est ennuyeux. Les gens ne comprennent pas. Il est payé vingt-deux mille livres par an à s'ennuyer en aidant des criminels. C'est ce dernier aspect qui le tracasse. Le salaire est bon, supérieur à ce qu'il gagnerait ailleurs. Il sait qu'il n'est pas assez intelligent pour devenir riche. Il a maintenant trente-sept ans ; il n'a jamais vraiment eu d'autre emploi dans sa vie. Il a une compagne stable, mais pas d'enfants. Il ne lui est pas entièrement fidèle, elle non plus. Ils le savent tous les deux et s'en accommodent. C'est une bonne association que ni l'un ni l'autre n'a envie d'abandonner. Elle lui a suggéré plusieurs fois de trouver un autre travail. Elle craint qu'il finisse au tribunal. Et probablement plus encore d'y finir avec lui. Quand quelqu'un vous tanne suffisamment vous commencez à vous inquiéter.

Il y pense depuis un certain temps. Plus d'un an, à vrai dire. Un jour il l'a presque fait, et il a reculé à la dernière minute. Trop risqué. Les conséquences seraient trop lourdes. Elles le sont toujours autant, il est simplement plus inquiet. Sous l'effet de certaines considérations. Ç'aurait été bien d'être davantage apprécié. Que ses mérites soient un peu reconnus. Il n'est pas malheureux ; il a seulement l'impression que tous les autres font partie d'une équipe et qu'il est leur seul spectateur. Et puis il y a l'affaire Shug. Elle traîne. Les gens parlent. Il doute le plus souvent de ce qu'il entend, mais il y a du vrai dans ce qu'on dit. Peter Jamieson ne devrait pas tarder aussi longtemps à régler le sort d'un type comme Shug. Il aurait dû en finir il y a des semaines, et pourtant l'affrontement continue. Jamieson doit intervenir davantage pour avoir le dessus. Et plus il intervient, plus il risque d'échouer. Chacun dans l'organisation de Jamieson a le droit d'être préoccupé.

Kenny en a perdu le sommeil. D'où l'envie d'essayer de nouveau une dernière fois. Il a téléphoné, fixé le rendez-vous. Il doit maintenant décider d'y aller ou non. La dernière fois il a reculé, mais ça, c'était la dernière fois. Jamieson paraissait solide à l'époque. Il passait pour celui qui allait avoir la mainmise sur la ville. Il paraît plus faible à présent. Il a un peu perdu de son prestige. Cette fois Kenny ne croit pas avoir des réactions exagérées, ni être une mauviette. Cette fois il sent qu'il doit le faire. Pourquoi ne devrait-il pas se protéger s'il le peut ? Il y a des chances que beaucoup d'autres le fassent. Des tas de types dans le milieu. Jamais ils ne l'admettraient, mais ils prennent des précautions. Il ne peut pas être le seul.

Ça ne rend pas la chose plus facile. Ça ne diminue pas la nervosité.

Il est assis dans la voiture devant la maison où ils sont censés se rencontrer. Il pourrait s'en aller. Si quelqu'un le voyait – mon Dieu, surtout ne pas y penser ! La maison lui paraît ordinaire. Une rue aux maisons toutes pareilles, assez démodées. La porte sera ouverte, entrez. Trois pas et il sera à l'intérieur. Personne alentour, en tout cas pas dans la rue. Quelqu'un épie peut-être derrière les rideaux. Combien de fois il a entendu des gens se plaindre de leurs voisins indiscrets ? Cette seule petite démarche lui tord les boyaux. Comment font-ils ? Comment les types assurent-ils régulièrement des contrats dangereux ? Ils ont quelque chose en eux qu'il n'a pas. À moins que ce ne soit l'inverse. Il ouvre la portière et descend. Il la referme et appuie sur le porte-clés pour la verrouiller. Trois grands pas et il est à la porte, il la pousse.

C'est sombre à l'intérieur, normal. Il se trouve dans un couloir étroit. Va jusqu'à la cuisine, il doit attendre là. Quand ils se sont parlé, aucune allusion à la première tentative avortée. Rien qui puisse compromettre l'accord. Ils veulent tous deux que ça marche. Si possible. C'est ce que pense Kenny en se dirigeant vers la porte de la cuisine. Trop tard pour reculer de toute façon. Tu es dedans. Et si ça ne marche pas ? Ils ne peuvent pas vouloir exactement la même chose. Il pousse la porte. L'homme est assis à la table une tasse à la main. Du thé ou du café. Kenny le reconnaît tout juste. C'est bien le type, et il est seul. Un bon début. Il lui fait un signe de tête. On dit toujours qu'il faut éviter les hommes comme lui. Ne pas s'imaginer pouvoir les manipuler, parce qu'ils travaillent toujours contre vous. Qu'ils ne vous font jamais de cadeaux. Impossible quand même de vaincre la peur. La peur de se faire prendre. Alors autant essayer d'avoir son mot à dire. Et aller voir un policier.

Fisher regarde le chauffeur en attendant qu'il s'asseye. Il a eu une longue journée d'entretiens avec des ordures. Celui-là n'est pas si mauvais. Avoir un homme tel que Kenny McBride comme contact pose moins de problèmes moraux. Il n'est que chauffeur. Assez proche pour entendre des choses importantes, facilement remplaçable. Que tu l'arrêtes ne changera rien pour un homme comme Jamieson, alors tu le laisses à sa place et tu l'utilises. Ça met le contact en danger, mais ça, Kenny le sait déjà. Il doit savoir que Peter Jamieson le tuerait s'il apprenait qu'il parle à la police. Or, il est venu pour une bonne raison. La même qu'il y a un an, mais à présent c'est plus urgent. À traiter avec précaution, prudemment. Certains contacts sont instables, il n'ont rien de valeur à proposer et pensent pouvoir se cacher derrière vous. Ils peuvent se montrer difficiles, mais il y en a de pires. Certains sont mandatés. Envoyés par leur employeur pour fournir de fausses informations. Ceux-là peuvent vous coûter votre carrière.

Kenny s'assoit face à lui à la table de la cuisine. Une petite pièce sinistre mais sûre. Fisher ne compte pas lui proposer du thé ; il n'a pas envie que ça dure longtemps. Un bref entretien. Une introduction. Pour que le chauffeur sache qu'il n'en a pas encore fait assez pour obtenir quelque faveur que ce soit.

« Comprenez-vous comment ça va fonctionner, Kenny ?

– J'imagine. Je vous fournis des informations, je vous aide.

– Et qu'attendez-vous en échange ? » Cette question les désarçonne toujours. Ils ne sont jamais prêts à dire qu'ils attendent de vous que vous leur évitiez la prison. Ils ne peuvent pas prétendre agir par respect de la loi. La plupart ne répondent pas. Ils craignent qu'une mauvaise réponse puisse compromettre leur chance d'être protégés. Ce n'est pas le cas.

« Je sais que ce que je fais est illégal, mais je ne fais que conduire. Je pense que je ne suis pas important. Ça serait dur pour vous de prouver que j'ai fait beaucoup de choses illégales, sauf garder les informations pour moi. Quand même, si je me retrouvais au tribunal, ce serait grave ; je veux que ça soit clair. Je veux que ça joue en ma faveur. Que quelque chose joue en ma faveur. »

Pas trop bête pour un chauffeur. Il connaît les limites de ce qu'il peut attendre. C'est bien. Peut-être trop bien. Envoyé par un employeur pour dire au flic ce qu'il a envie d'entendre. S'il n'y avait pas eu ce coup de téléphone il y a un an, Fisher serait bien plus sceptique.

« Ça paraît raisonnable », répond-il. Assis face à lui, Kenny s'efforce d'avoir l'air calme. Il voudrait paraître distant, mais ses yeux trahissent sa nervosité. Il regarde trop ailleurs, il cligne des paupières plus souvent qu'un homme avec une vision normale. Il attend que Fisher mène la conversation. « Je me rends compte que vous prenez un risque, mais ça ne change rien au fait que j'ai besoin que vous me donniez quelque chose. Je dois savoir que vous êtes sérieux. »

Ses yeux clignent encore davantage. « Je le suis. Mais je ne sais pas exactement ce que vous voulez. »

C'est le moment d'y aller en douceur. Ne pas l'effrayer. En en demandant trop au premier entretien tu risques de ne pas en avoir d'autre. Et puis tu auras toujours celui-ci contre lui. Tu dois demander quelque chose d'utile. Reste dans le présent. Ne fouille pas dans de grandes affaires passées, ça peut venir plus tard. Essaie d'obtenir une information immédiatement utile.

« Je sais que Peter Jamieson est en conflit avec Shug Francis, dit Fisher. Vous pouvez le confirmer ? » Un test élémentaire d'honnêteté pour commencer.

« Depuis quelques mois maintenant », confirme Kenny. Question facile. « Shug essaie de monter un réseau, d'occuper le territoire de Jamieson. Honnêtement, il s'y prend comme un manche. Mais il est quand même gênant. Beaucoup de monde s'étonne que Jamieson ne l'ait pas encore stoppé. »

Ah, nous y voilà. Beaucoup de monde s'étonne. Certains sont assez inquiets. Ils pensent que Peter Jamieson est peut-être en train de perdre son doigté magique et ils ont couru aux abris.

Avançons un peu. « Vous avez entendu parler de Tommy Scott ? »

Une pause. Des mouvements d'yeux trop rapides pour être interprétés. « Je sais qu'il a été tué par son copain. Il travaillait pour Shug, j'en suis à peu près sûr. »

Il parle plus vite à présent. Son lourd accent de Glasgow devient un peu plus difficile à comprendre. Nerveux, mais pourquoi ? « Vous avez déjà vu Scott ?

– Nan, jamais. » Un peu trop vite cette fois. « J'en ai entendu parler. Des types se plaignaient que Scott leur prenait des clients. À ce que je sais, il gênait. Mais à ma connaissance il n'était pas très important. » Kenny est venu préparé à parler de n'importe quelle opération dans laquelle il n'a joué aucun rôle. Il a emmené Calum tuer Scott. Il ne le savait pas sur le moment, mais maintenant oui.

Fisher écoute attentivement. Kenny dit peut-être la vérité ; ce n'est peut-être que de la nervosité. Difficile de décider. Change de tactique, un dernier coup de dés. Mieux vaut ne pas trop lui en dire tout de suite. Garde le reste pour plus tard.

« Connaissez-vous un certain Calum MacLean ? » Ça peut rater comme ça peut ouvrir des portes.

Kenny secoue lentement la tête. « Je ne pense pas. » Il l'a conduit à l'appartement de Scott. La police recherche Calum. Complicité d'assassinat. Sacrément plus grave que d'être chauffeur. « Le nom ne me dit rien. Il devrait ? »

Fisher hausse les épaules. «Je ne sais pas. Je me disais qu'il pouvait avoir fait un boulot pour Jamieson.

– Je vais être honnête avec vous ; je ne connais pas tous ceux qui bossent pour Jamieson. » Il devient plus confiant. «Je ne vois que ceux qu'il me laisse voir parce que ça ne le dérange pas.

– D'accord. »

Il le laisse partir. Inutile de retenir un chauffeur nerveux qui n'a pas grand-chose à dire. Ça paraît clair. Kenny recherche un peu de protection et il est prêt à donner des informations pour l'obtenir. La question est : sera-t-il vraiment utile ? Fisher lui-même n'en est pas sûr. Kenny pourrait se révéler un diamant, apporter quelque chose d'extraordinaire. Ou un chauffeur à qui on ne dit jamais rien d'utile. Auquel cas il ne sert à rien. Et donc n'obtient aucune protection.

Fisher lui laisse une longueur d'avance avant de sortir lui-même. Il lave la tasse dans l'évier – pas d'eau chaude. Kenny a tardé à démarrer. Fisher guettait le bruit du moteur. Il téléphonait peut-être à Jamieson pour lui annoncer que le flic avait mordu à l'hameçon. Plus vraisemblablement il vérifiait que personne ne le suivait. Il a raison d'être parano. Les risques sont pour lui, les récompenses principalement pour Fisher. Il n'est peut-être qu'un chauffeur, mais c'est sa vie qu'il joue en ce moment.

25

Le téléphone sonne. Finalement. Trois jours qu'il l'attend. Plus longtemps lui semble-t-il. Personne d'autre ne l'a appelé dans l'intervalle. Personne n'est venu le voir. Sa vie sans travail est vide, et Frank commence à se tracasser. S'ils le fichent dehors, ce sera tous les jours comme ça, jusqu'à la fin. On voit des personnes de son âge lâcher prise. Elles cessent de travailler, d'avoir une vie sociale, et leur santé se dégrade. Il y réfléchit depuis des heures. Que sera sa vie sans son travail ? Vide, pour commencer. Ensuite, dangereuse. Il regarde l'écran du téléphone avant de décrocher. Le numéro du club. C'est forcément Young qui lui demande de passer. Il est leur consultant à la sécurité, donc, pour un observateur extérieur, rien de suspect dans cet appel. Il répond, inquiet. Il s'en veut à mort de se laisser impressionner par un coup de téléphone.

« Salut, Frank. C'est John, du club. Comment tu vas ? » Question banale qui ne demande pas de réponse.

« Ça va. Et chez vous ? » Tout aussi banal. Des formalités à l'intention de quelqu'un qui n'écoute probablement pas. Il faut toujours nourrir sa vieille amie la paranoïa.

« Tout le monde va bien. Écoute, il y a une ou deux choses dont nous voulions te parler, des détails techniques. Passe donc au club cet après-midi, on bavardera. Ça nous fera plaisir de te voir. » Il essaie d'être amical. On ne sait jamais avec Young. Ce serait plus facile si c'était Jamieson. Il pourrait deviner s'il est déprimé ou non, mais Young est différent. Toujours froid ; il ne montre jamais beaucoup d'émotion.

« Bien sûr, je peux passer. Vers deux heures ?
– Super, à tout à l'heure, Frank. »

Young ne paraissait pas fâché, mais de toute façon il ne le serait plus au bout de trois jours. Ils ont eu suffisamment de temps pour apprendre tout ce qu'ils avaient à apprendre. Ils ont entendu ce que Calum avait à dire. Ils connaissent les commentaires de la police sur l'affaire. Ils savent, mais ils pourraient ne pas le lui dire. Qu'il se mette à leur place. C'est ce qu'il fait depuis trois jours. S'il était Peter Jamieson, il lâcherait quelqu'un comme lui. Dès qu'on perd confiance dans un tueur à gages on s'en débarrasse. C'est obligatoire. Jamieson doit le faire. Frank espère un sursis qu'il n'envisagerait jamais de s'accorder lui-même s'il était l'homme au pouvoir. En réalité il aurait moins de considération pour Jamieson s'il se montrait assez faible pour fermer les yeux. Ils doivent se débarrasser de lui, et c'est là que le gros problème commence.

Il devient l'homme de l'extérieur. Il sait ce qui est caché dans les placards, au propre comme au figuré. Il devient un danger pour la sécurité de ceux qu'il aidait. Si la vérité était connue un jour, il serait dans le même pétrin qu'eux. Ça devrait les rassurer, mais non. Il sait comment ça marche, comment fonctionnent ces hommes. Ils vous mettent dehors. Ils veulent se débarrasser de vous pour se sentir plus en sécurité. Dès que vous êtes dehors, ils trouvent une autre raison d'avoir peur de vous. Ils se persuadent que votre incompétence était un danger, et ils se débarrassent de vous. Ensuite ils se persuadent que votre ancienne compétence était tout aussi problématique. Vous avez travaillé pour eux. Vous savez des choses que personne d'autre ne sait en dehors de l'organisation. D'une façon ou d'une autre, le fait que vous soyez hors de l'organisation compte davantage que toutes les démonstrations passées de votre loyauté mises ensemble.

Depuis une heure Frank pense à un homme qui s'appelait Bernie quelque chose. Bernie faisait partie du milieu à sa façon plus ou moins détournée. Il avait une petite entreprise de camionnage et transportait beaucoup de produits de contrefaçon. Il ne se mêlait pas de drogue, ce qui semblait justifier le reste. Il a fini par devenir bavard, les autres ont compris ce qu'il fricotait. C'était avant que Frank ne travaille pour Jamieson. À la fin des années quatre-vingt, bien qu'il ne puisse pas préciser la date. Il travaillait pour Barney McGovern en ce temps-là. Barney n'était pas un grand caïd, mais on pouvait compter sur lui. Il a eu une crise cardiaque au début des années quatre-vingt-dix ; personne n'a été surpris, vu la taille du bonhomme. Il est mort et tout son réseau s'est effondré. Bref, Barney a cessé de travailler avec Bernie, mais ça ne suffisait pas. Barney s'est persuadé que Bernie en savait beaucoup trop. Un type aussi bien informé à l'extérieur était trop dangereux à son goût. Il a appelé Frank.

Bernie est allé pêcher dans les Highlands en solitaire. Frank l'a suivi. Il l'a tué près d'un loch tranquille. Beau, paisible, tiède aussi. C'est ce qui arrive à ceux qui sont dangereux, parce qu'ils savent. Où le suivront-ils s'ils doivent le tuer ? Nulle part où aller. Il ne va sûrement pas se mettre à la pêche. Il faudra envoyer quelqu'un chez lui. Ils l'expédieront peut-être dans un endroit sûr. Ça serait plus logique. Et ils feront ça là-bas. En utilisant Calum. Il n'y a personne d'autre. À moins que ? Il est resté trois mois hors circuit. Les choses changent vite. Il n'était pas là pour entendre les allusions et les rumeurs. Non, ce serait Calum. On se sert du meilleur, et c'est forcément Calum.

Il empoigne ses clés de voiture. Marre d'envisager le pire et de monter les scénarios éventuels de ta mort. C'est idiot ; ça pourrait se passer autrement. Va là-bas leur parler. Si tu arrives avec ces idées en tête, tu peux être sûr de dire ce qu'il ne faudrait pas. Tu dois jouer serré. Parler à un homme prêt à te limoger est une affaire délicate. Frank devra choisir chaque mot avec soin. Ne rien dire qui puisse donner à Jamieson une raison de ne pas lui faire confiance. Essayer d'apparaître calme et confiant. Légèrement confus pour ce qui est arrivé, sans présenter d'excuses, ni vivre dans le passé. Prêt à passer au prochain boulot, la même erreur ne se reproduira pas. Écoute chaque mot, et le ton de sa voix. Même s'il te provoque, arrange-toi pour qu'à la fin de la conversation il croie qu'il peut toujours se fier à toi. Rien n'est plus important.

C'est agréable de conduire de nouveau. Une des choses qui lui ont manqué le plus durant sa convalescence. La liberté d'aller où il veut, il n'existe rien de mieux. Il roule vers le club. Il y sera dans vingt minutes, plus tôt que convenu. Rien de mal à arriver en avance. L'idée lui vient, alors qu'il est déjà trop tard, qu'il pourrait aller droit dans un piège. Il se gare un peu plus loin que le club. C'est tellement peu vraisemblable qu'il ne devrait pas y faire attention, mais c'est quand même naturel de s'inquiéter. Ils ne le tueraient jamais au club. Ils ne se serviraient jamais de cet endroit pour une exécution. Ce serait prendre un risque impardonnable qui mettrait tout leur entourage en danger. Non, n'y pense même pas. Entre.

Par la porte d'entrée. Techniquement c'est un employé, un salarié, aucune raison d'entrer en catimini. L'endroit est silencieux. Personne dans la boîte d'en bas ; c'est toujours un peu déconcertant. On s'attend à voir du personnel du bar et des employés à l'entretien. Personne. Rien qu'un très grand silence. À l'étage il y aura les buveurs habituels de l'après-midi. Les inaptes au travail pour la plupart. Ce n'est pas le genre de bar où les retraités préfèrent boire. Pas avec une boîte en bas.

Il monte l'escalier. La seule petite difficulté qui reste après son opération de la hanche. Une simple raideur. Il bute contre une marche. Merde ! Cet escalier est un piège mortel. Jamieson parle de le réparer depuis qu'il a acheté le club, mais ça ne s'est jamais fait. Trop de perturbations. En outre, c'est devenu une institution de se moquer de ceux qui tombent. Ne leur en donne pas l'occasion. Le ridicule est pire que la pitié.

En haut des marches, porte à deux battants à droite. Il entend du bruit de l'autre côté. Quelqu'un parle fort, un ivrogne au bar qui a une opinion dont il est fier. Toutes les tables de billard devant lui. Deux occupées par des joueurs qu'il ne reconnaît pas. Qui jouent seuls, ce qui paraît sans intérêt. Il cherche un visage familier. Kenny, le chauffeur, est là. Frank n'a jamais été proche de Kenny. Il lui paraît toujours un peu anxieux.

« Bonjour, Kenneth, lui dit Frank en souriant. Comment tu vas ?

– Moi ? » Plus anxieux que d'habitude. À l'idée de parler au type qui a raté un coup. Compréhensible. Personne n'a envie d'être vu comme celui qui soutient le type en qui les autres n'ont pas confiance pour faire correctement un boulot. Surtout quand on est soi-même remplaçable. « Ça va, dit Kenny. Vous voulez que j'aille dire à Peter que vous êtes là ?

– Ouais, vas-y. » Une excuse pour s'éloigner.

26

Il n'a encore jamais préparé une entrevue. Jamais répété dans sa tête ce qu'il allait dire à quelqu'un. Il n'a jamais eu l'occasion de penser que c'était une bonne idée. La plupart des conversations doivent être spontanées pour qu'on en tire le meilleur. Y compris les conversations d'affaires. Bien entendu, Jamieson a eu des entretiens où il savait ce qu'il allait dire. Ceux où il y avait peu à dire. Cette fois c'est différent. C'est important pour lui. Davantage que l'argent. Non que licencier Frank lui fasse peur. Il redoute davantage de perdre son amitié. Seuls Frank et John Young comptent autant pour lui. Eux seuls mériteraient qu'il prépare ses mots. Il n'avait jamais pensé qu'un jour viendrait où il devrait avoir cette conversation avec l'un ou l'autre. Frank lui a rendu si facile la partie la plus difficile des affaires, et pendant si longtemps. Qui peut remplacer ça ?

Un coup à la porte.

« Entrez. »

Kenny ouvre en saluant Young et Jamieson d'un signe. « J'ai pensé que vous voudriez peut-être savoir que Frank est là. »

Jamieson regarde sa montre. Frank est en avance. Premier signe que ça ne va pas être facile. Il le ressent presque comme une annonce de conflit. « D'accord, dis-lui de venir. »

Ne diffère pas. Traite-le avec douceur. Quoi qu'il se passe, assure-toi que vous vous quitterez en bons termes. Tu risques bien davantage que de perdre un ami cher.

Frank pourrait aller offrir ses services ailleurs en emportant avec lui tout ce qu'il sait de dangereux. Un des grands chefs de la ville serait heureux de l'avoir. Pas pour l'employer comme tueur à gages, mais pour bénéficier de ce qu'il sait et de sa réputation.

Nouveau coup à la porte, qui s'ouvre sans attendre de réponse. Frank entre, souriant et détendu. Il n'a rien de changé. Élégant, comme toujours, il s'avance vers le bureau sans l'ombre d'une claudication. Il donne l'image de la santé, ce qui est probablement son intention. Jamieson ne le remarque pas, trop absorbé par ses pensées, mais Young note que son aisance est artificielle. En cherchant à se montrer au mieux de sa forme Frank en fait trop. Young sait que ces grandes enjambées ne sont pas habituelles. Assis à l'écart sur le canapé il observe et se tait. Il sera l'observateur impartial. Plus que jamais, c'est le rôle qu'il doit jouer. Jamieson ne va pas être capable de juger le ton de Frank, ses réactions. Ses sentiments pour Frank sont trop forts pour lui permettre de repérer un détail qui devrait les inquiéter. Malgré son respect pour Frank, Young ne doit pas permettre que l'aveuglement de l'amitié intervienne.

Jamieson tend la main à Frank qui la serre. Échange de sourires, comme si la conversation n'allait pas être délicate. Ils essaient de se convaincre qu'il s'agit d'une entrevue professionnelle comme une autre, Young s'en rend compte. Ces deux hommes luttent contre leurs émotions.

« Comment ça va, Frank ? demande Jamieson avec dans la voix son entrain habituel.

– Mieux que depuis des années. » Mais son ton le dément. Jamieson lui a posé la même question il y a presque une semaine ; Frank avait eu la même réponse, mais avec davantage l'assurance de dire la vérité. Frank n'ajoute rien ; à Jamieson d'aborder l'épisode Scott. Pour l'instant, Jamieson se tait et tapote la table avec l'index. Il cherche comment en parler d'une façon amicale. Il n'y a pas de façon sympa de dire à quelqu'un qu'il s'est planté.

« Nous savons tous les deux de quoi nous devons parler », dit Jamieson en ignorant le fait qu'il y a un troisième homme dans la pièce. C'est ce qu'ils font toujours. Young est assis sur le côté et reste silencieux, il observe. Encourager l'invité à oublier sa présence et voir s'il lâche quelque chose. Une stratégie valable, même avec un ami.

« En effet », répond Frank.

Jamieson tapote de nouveau son bureau. « Raconte-moi ce qui s'est passé. » Une manière d'entamer la conversation qui n'a rien d'une accusation.

Frank sait qu'il doit commencer par le commencement. Jamieson va vouloir des détails. « Après que tu m'as confié le travail j'ai pisté le garçon. J'ai repéré son appartement, observé les mouvements de Scott et trouvé qui pouvait être avec lui. Je savais que son copain serait probablement là. Des frères siamois, ces deux-là. J'ai appris qui d'autre il y avait dans le bâtiment, quels autres appartements étaient occupés. J'ai été aussi prudent que je l'ai toujours été. Ç'a dû être un coup du hasard. Soit quelqu'un m'a vu, soit quelqu'un les a informés. »

Il laisse cette éventualité en suspens pendant un moment de silence. Pour donner à Jamieson la chance d'écarter toute idée de fuite. Une fuite attirerait toutes les foudres sur une autre cible ; Frank aurait davantage de chances d'échapper à ses échecs. Frank espère que c'est ce qui s'est passé, mais il n'y croit pas vraiment. Plus vraisemblablement, quelqu'un l'a vu.

« Nous ne pensons pas qu'il y ait eu de fuite, dit calmement Jamieson.

– Alors quelqu'un a dû me repérer. J'ai pris toutes les précautions, comme toujours. Un salaud a eu la veine de me voir et en a parlé à Scott. En tout cas, quand je suis entré dans l'immeuble cette nuit-là j'étais sûr de ne pas avoir été repéré. J'ai attendu longtemps. J'ai vu son copain McClure sortir vers onze heures, ce qui aurait dû m'alerter. Il dormait souvent chez Scott. Il l'avait encore fait la nuit précédente. Mais il habite chez ses parents, alors le voir s'en aller ne m'a pas particulièrement frappé. Il a dû sortir par-devant et rentrer par-derrière. Je sais que j'ai l'air d'un imbécile maintenant, mais je ne pouvais pas surveiller le devant et l'arrière en même temps. Si je l'avais vu revenir, j'aurais compris. J'aurais tout annulé. Je suis entré dans le bâtiment en pensant que Scott était seul. »

Il est entré sur une idée fausse. Personne ne le dira – on ne met pas un homme comme Frank dans l'embarras – mais les trois hommes dans la pièce le pensent. Frank a été négligent. Il a vu sortir McClure et n'a pas pris la peine de le suivre pour voir où il allait. Il n'avait pas besoin de le suivre jusque chez lui, mais rien que pendant deux ou trois minutes pour être sûr qu'il était parti pour de bon. Une des aptitudes nécessaires dans le métier, savoir qui filer et à quel moment.

« Je suis monté, j'ai trouvé l'appartement. Personne nulle part. Un immeuble tranquille, beaucoup d'appartements vides. J'étais devant la porte, je m'assurais d'avoir mon arme bien en main. J'ai frappé un coup. Deux coups. Pas trop doucement, pour montrer que je n'avais rien à cacher. J'attendais qu'il réponde. Je ne voulais pas lui laisser vingt secondes et ensuite défoncer la porte. Je voulais qu'il ouvre, que ce soit moins théâtral. J'imagine que lui ou son copain était dans l'appartement d'en face. Je ne sais pas, mais ce doit être comme ça qu'ils s'y sont pris. »

Et Frank n'a rien entendu. Il n'a pas entendu la porte s'ouvrir derrière lui, ni McClure arriver sur lui. Il n'imaginait même pas que ce soit possible. Un mauvais point supplémentaire. Ils commencent à s'accumuler. Jamieson sait ce que c'est que d'être dans une situation angoissante. On n'entend parfois que le battement de son propre sang.

Les hommes comme Frank doivent être au-dessus de ça. Ils doivent tout entendre et tout voir. Aucune excuse. Il n'est encore venu à l'idée d'aucun des trois que Scott et McClure ont très bien géré la situation jusque-là. Ils ne sont pas réunis pour parler des succès des autres, mais des ratés de Frank.

« J'ai reçu un coup derrière la tête, dit Frank avec un sourire malheureux. Quand j'ai repris mes esprits j'étais par terre dans l'appartement de Scott. Ils ne savaient pas quoi faire de moi. Pas la moindre idée. Ils voulaient que je sois mort, c'était visible, mais Scott cherchait des prétextes pour ne pas avoir à me tuer lui-même. Alors il a appelé quelqu'un. »

Pose la prochaine question avec soin. Que ce soit une interrogation amicale, pas une accusation. « Ils ont dit quelque chose pendant que tu étais là-bas ? Quelque chose d'intéressant ? Ils t'ont posé des questions ? »

Ils y viennent. Jamieson ne veut pas savoir s'ils ont posé des questions à Frank ; il veut savoir si Frank leur a dit des choses intéressantes. « C'était deux gamins, répond Frank avec un geste d'indifférence. Ils étaient affolés et ils déraillaient. Ils disaient des conneries. C'est surtout McClure qui parlait. Il se moquait de moi, il essayait de me provoquer. Pour se faire mousser. Il était surexcité, mais Scott se contrôlait. Il demandait à l'autre de la fermer. Je pense qu'il avait ça dans le sang, sérieusement. Il aurait pu être très utile le petit Scott. Dommage qu'il n'ait pas travaillé pour nous. » Le ton n'est pas dur, mais les mots sont sévères. Scott aurait pu travailler pour eux ; Young n'a pas su repérer son talent. Une pique bien envoyée.

« Ils n'ont rien dit qui puisse servir, poursuit Frank. Quand Scott a téléphoné il est allé dans l'autre pièce. Il a parlé à voix basse. Ils auraient dû me tuer eux-mêmes. » Frank hoche la tête. Leur erreur a été de ne pas le tuer immédiatement. « Ils n'ont pas eu le cran. Ils ont appelé leur contact avec Shug pour demander qu'il leur envoie un tueur. » Frank aperçoit une légère réaction chez Jamieson. Il s'interrompt et le regarde.

« Je réfléchis, dit Jamieson. Ils ont appelé quelqu'un qui a un lien avec Shug. Intéressant, c'est tout. Ils ne tirent aucune leçon de rien. Continue.

– Je suis resté assis là disons une demi-heure ou trois quarts d'heure. Ils ne me permettaient pas de bouger, alors je n'ai rien dit. Ç'aurait été du suicide d'essayer de reprendre mon arme. À deux contre un. L'autre, McClure, il grimpait presque aux rideaux quand on a frappé à la porte. Scott était nerveux mais il se contrôlait. En disant à l'autre de se calmer. Un coup léger à la porte, comme si leur tueur arrivait pour faire son boulot. Scott ouvre la porte, le laisse entrer. J'ai tout de suite vu que c'était Calum. Bon Dieu, quel choc ! »

Frank et Jamieson sourient. Ils rient. Dans ce genre de métier il faut être blindé. On fait des choses que la logique ne peut pas expliquer. À l'âge de Frank et après la carrière qu'il a eue il ne devrait plus être choqué. Ils sourient tous les deux à l'idée que Calum a réussi à le choquer.

« Je vais être franc : quand je l'ai vu, j'ai pensé qu'il était là pour le compte de Shug. J'ai cru qu'il était venu faire le boulot. Heureusement que je n'ai rien dit, que je ne l'ai pas traité de vendu. Dès que la porte s'est refermée il a sorti son arme et il a tiré une balle dans la tête de Scott. Même alors je croyais qu'il doublait Shug. Qu'il était triplement traître. Il s'est débarrassé de l'autre gamin tout de suite après, sans traîner. Il n'a commencé à perdre du temps qu'après leur mort.

– Perdre du temps ?

– Oui, à tout arranger pour que ça ait l'air d'un meurtre suivi de suicide. Inutile, à mon avis. » Frank attend de Jamieson une approbation qui ne viendra pas.

C'est peut-être une question de génération. Soudain Jamieson a malgré lui l'impression de parler à un vieil homme qui se plaint de la jeunesse. Oui, Calum est resté un peu plus longtemps que nécessaire, mais ça valait la peine. De nos jours il faut saisir toutes les chances qui se présentent. Autrefois, c'est vrai, on pouvait tirer et filer. Plus maintenant. Dans un monde de police scientifique, d'ADN et de vidéosurveillance il faut profiter du moindre avantage. Dieu sait s'ils sont rares. C'est de plus en plus difficile de se débarrasser proprement de quelqu'un, Frank devrait le savoir. Il devrait savoir que tout ce qui détourne l'attention de la police est bon à prendre. Même si ce n'est que pour peu de temps. Un délai permet qu'une autre affaire survienne et retienne toute l'attention. La première affaire perd des enquêteurs avant qu'ils ne se mettent à travailler sur ce qui est important. Ça laisse une chance. Autrefois on n'en avait pas besoin. Mais les temps ont changé.

« Il a tiré sur le petit McClure dans la tempe pour faire croire à un suicide, alors je suppose qu'il a dû continuer dans ce sens. » Frank fait une concession, à contrecœur. « Il a imprimé leurs empreintes sur l'arme, davantage celles de Scott que de McClure. Il l'a mise dans la main de McClure, puis l'a laissé tomber par terre. Puis il m'annonce que Shug a envoyé un type me tuer. La nouvelle ne m'a pas enchanté. Je ne m'attendais pas à ce que quelqu'un d'autre arrive. Nous sommes descendus sans être vus, nous avons pris la voiture. J'ai conduit Calum à la mienne, ensuite au club. Je suis rentré chez moi ; j'ai été discret, et je me suis comporté normalement. Comme d'habitude. »

Jamieson a écouté, il a bien enregistré. Frank dans l'appartement, impatient de partir, qui veut que Calum se presse. Calum faisant un travail selon les règles dans des circonstances cauchemardesques, encore une fois. Avant d'envoyer Calum, Jamieson savait qu'il n'aurait pas envoyé Frank le sauver. À présent il pense que Frank n'en aurait pas été capable, même s'il avait essayé. C'est accablant.

27

Il ne sait pas que Jamieson pense à lui ; et Frank aussi. Calum a d'autres soucis. Emma est chez lui. Elle habite avec deux autres étudiantes, et maintenant elle les fuit. Elles font du tapage quand elle essaie de travailler. Elle est venue pour être tranquille. Il lui a préparé une tasse de thé et l'a laissée seule dans la cuisine. Ce devrait être agréable. Calum et sa petite amie qui passent un moment paisible ensemble. Comme les couples normaux. Au lieu de quoi il est dans le living et s'inquiète.

Il ne s'est encore jamais inquiété. Il n'a encore jamais rien eu à perdre. Il y a eu des époques où il se tracassait pour son frère et sa mère. Surtout pour son frère, parce qu'il s'est servi de lui dans son travail. Pour peu de chose, en empruntant des voitures dans le garage où William travaille, mais quand même, de quoi se tracasser. Certains pourraient y trouver un prétexte pour s'attaquer à William. Viser sa famille pour le faire souffrir. Mais William n'aurait jamais cessé d'être son frère.

Emma doit s'ennuyer, il l'entend aller et venir. Elle cherche probablement à se distraire. De la porte de la cuisine il la regarde laver sa tasse dans l'évier. Elle s'est retournée et lui sourit. Pas un sourire amoureux, plutôt compréhensif.

« Assieds-toi pour que nous bavardions », dit-elle. Elle peut se montrer un peu autoritaire, il s'en rend compte, mais c'est un défaut qu'elle assume avec charme. Ça n'est pas à la portée de tout le monde.

Il s'assoit en face d'elle à la table de la cuisine. Une petite cuisine, un peu encombrée. Il n'a sans doute pas beaucoup d'expérience des relations amoureuses, mais il sait que ça ne présage rien de bon. Cette conversation va concerner leur relation. La plupart des individus redoutent le style « Où est-ce que ça nous mène ? ». Lui craint le « Qu'est-ce que tu as fait ? »

« Qu'est-ce qui se passe ? » demande-t-il. Souriant : se montrer à l'aise, comme s'il n'était pas inquiet. Elle est trop intelligente pour y croire. Il se donne beaucoup de mal pour se persuader qu'il n'est pas inquiet. Il n'arrive même pas à s'en convaincre. Calum devrait entamer cette conversation. Il devrait pousser Emma vers la sortie, pour leur bien à tous les deux. Il ne parvient pas à s'y résoudre. C'est une faiblesse impardonnable.

« Je voudrais que nous parlions de nous. » Exactement ce qu'il prévoyait. « Rassure-toi, ça n'est pas une conversation de ce genre », dit-elle avec son sourire. Ils savent tous les deux qu'elle n'est pas totalement honnête. C'est toujours « une conversation de ce genre ». « Je veux seulement parler de travail. »

Et voilà. Le mot qui l'effraie. Elle doit voir sa réaction ; elle doit voir qu'elle l'a troublé. S'il y a une chose qui va faire capoter leur relation, c'est parler de travail. C'est peut-être une bonne chose ; il sera sûrement obligé de la repousser.

Et pourtant, combien d'autres dans le milieu doivent avoir ces conversations à un moment donné. Il y a beaucoup d'hommes mariés, ou installés dans une liaison durable. Une minorité de tueurs à gages, à dire vrai. Néanmoins, certains d'entre eux arrivent à avoir des relations qui tiennent, et cette idée même le terrifie. Ce métier ne s'accorde pas avec une liaison. Ce doit être l'un ou l'autre.

« Je pense seulement que tes blessures paraissent guéries, suffisamment pour que tu travailles, en tout cas. » Elle le regarde avec curiosité. C'est une tentative pour l'amener par la douceur à dire la vérité. Ça ne marchera pas. On ne passe pas plus de dix ans à protéger un tel secret pour le déballer rien que parce que quelqu'un le demande gentiment. Même si ce quelqu'un est une fille charmante avec qui on couche.

« J'imagine qu'elles le sont. Tu m'accuses de me défiler ? » C'est demandé avec un sourire, dans l'espoir de détourner la conversation.

« Non, je me demande seulement si tu as un travail à retrouver, c'est tout. »

Ou à quel genre de travail je dois retourner, se dit Calum. « Je ne sais pas. Peut-être que oui, peut-être que non. » Il ne s'était pas préparé à ça. Leur relation n'était pas censée durer aussi longtemps. Emma ne devrait pas être là.

« Tu ne penses pas que tu devrais te renseigner ? » Sa voix est un peu insistante.

« D'accord, je le ferai. » Elle est visiblement agacée par sa désinvolture. « J'ai assez d'argent, aucune urgence.

– Je ne parle pas de ça. Tu ne veux pas travailler ? »

Bigre, ça fait une question et demie. Si Emma avait la moindre idée de ce que cette question signifie pour lui, elle lui aurait laissé plus de temps pour répondre. Mais non, il reste tout embarrassé tandis qu'elle reprend le fil de la conversation. Il l'observe et voit qu'elle commence à être exaspérée. C'est peut-être une issue. Lui laisser croire qu'il est paresseux et lamentable, qu'il n'a aucune envie de travailler. Ça pourrait la faire partir.

Elle lui fait un discours sur la responsabilité de son employeur, attendu qu'il s'agit d'un accident du travail. « C'était un accident du travail, non ? »

Et elle commence à fouiller, à chercher les détails qu'il ne peut pas fournir. Elle essaie de le piéger. De le faire avouer. Il lui en veut. C'est toujours difficile de pardonner à quelqu'un qui essaie de vous avoir. Si elle a vaguement compris ce qu'il fait, elle doit comprendre aussi qu'elle s'y prend mal. Elle doit poser la question sans tourner autour du pot. Il est rare que les gens y aillent franco. On ne joue pas, vas-y, dis ce que tu as à dire.

« Ouais, c'était un accident du travail.

– Dans une imprimerie.

– Oui. Tu veux savoir autre chose ? » Le ton est suffisamment blessant. Emma baisse les yeux. Elle se demande si elle veut répondre ou pas. Il regrette d'avoir posé la question.

Elle pousse d'abord un soupir. Elle se prépare avant de dire quelque chose d'embarrassant. Elle lui fait comprendre qu'il va se passer quelque chose de désagréable pour tous les deux. « J'ai bavardé avec Anna. Tu te souviens d'elle, elle était là le soir où nous nous sommes rencontrés. Je crois qu'elle a fini la nuit avec ton ami George, le bavard. Elle me parlait justement de lui. Il ne l'a jamais rappelée, d'ailleurs, et ça ne lui fait pas plus d'effet que ça. Elle voulait qu'il l'appelle pour qu'elle puisse l'envoyer promener. Elle me disait qu'elle est sûre que ton ami George est mêlé à des activités illégales. Elle ne sait pas exactement quoi, mais elle est convaincue que c'est louche. Qu'il est une sorte de truand. D'abord j'ai ri, mais elle ne plaisantait pas. Elle pense aussi que tu es impliqué dans les mêmes affaires. »

Il attend et réfléchit. Elle ne sait rien, elle ne fait que supposer. Elle tire dans le noir. Une chose qu'il connaît bien. « Elle imagine que je suis impliqué dans quel genre d'activités ?

– Je ne sais pas exactement, mais rien de bon. Elle a envisagé à quelque chose comme la drogue. Elle s'est dit que George était le genre de type qui pouvait être mêlé à n'importe quoi. Je ne te vois pas comme ça. Je me trompe ? »

Jusqu'où peut-on accepter la vérité ? Calum sait qu'il doit lui donner quelque chose. Un petit geste d'honnêteté, parce que le mensonge pur et simple n'est plus possible. Sauf s'il voulait réellement se débarrasser d'elle. Il se dit qu'il le veut, mais quand la situation se corse il ne peut rien faire.

«Je n'ai rien à voir avec la drogue.» C'est à moitié vrai. Il n'en a jamais vendu. Ni consommé. Mais il a tué des hommes impliqués dans le trafic de drogue. Ce qui, raisonnablement, constitue une implication. «Mais je ne peux pas garantir que les personnes que je connais n'y sont pas mêlées d'une façon ou d'une autre. Je connais des gens que je ne devrais probablement pas connaître. J'ai fait des choses que tu désapprouverais, je pense. Je ne vois pas ce que ça change.

– Moi non plus.»

C'est Emma qui ne souhaite plus en parler. Elle semble penser qu'ils doivent prendre le temps de réfléchir à ce qu'ils se sont dit. Elle met des livres dans son sac. Elle se lève et embrasse Calum.

D'accord, le baiser a été rapide et elle est partie sans rien ajouter, mais elle l'a quand même embrassé. Ça doit vouloir dire quelque chose. Calum ne voulait pas que la conversation s'interrompe, mais il ne peut pas la poursuivre tout seul. Il veut régler cette question – on ne doit jamais rien laisser en suspens. Ça lui vient de son métier. Quand il y a un problème à régler, le faire immédiatement; faute de quoi il causera des ennuis plus tard. Les problèmes en suspens ont tendance à s'emberlificoter avec d'autres choses. Il est assis à la table de la cuisine. Dans le silence. Il a l'impression que c'était une conversation très importante, et pourtant il n'a aucune idée de son résultat. On ne sait jamais vraiment quelles sont les conversations vitales. On ne participe pas toujours à celles qui sont les plus importantes pour soi.

28

Frank lui a dit tout ce qu'il pouvait. Sans détours. Assis devant le bureau, il attend une réaction. Il attend que Jamieson prononce le jugement qui déterminera le reste de son existence. L'index de Jamieson tapote le bureau; comme toujours quand il réfléchit. Et sans doute aussi quand il est nerveux, bien qu'en général il se fasse une règle de garder son sang-froid. Il lance un regard de côté à Young.

« John, tu pourrais nous laisser seuls quelques minutes ? »

Young ne répond pas, mais Frank voit du coin de l'œil qu'il est déjà debout. Young s'y attendait certainement. Jamieson ne veut pas qu'il y ait quelqu'un d'autre dans la pièce lorsqu'il aura la tâche difficile de dire combien ils ont apprécié tout ce que Frank a fait pour eux. Combien sa présence leur manquera. Que s'ils peuvent faire quoi que ce soit pour lui il suffira qu'il le leur demande. La merde habituelle qui va avec le moment où on vous vire.

La porte se referme doucement sur Young. Jamieson se cale dans son fauteuil et soupire bruyamment.

« Quelle sale situation, dit-il avec un sourire las.

– De celles dont on pense que ça n'arrive qu'aux autres.

– On dirait qu'il m'en arrive pas mal ces derniers temps. » Il regarde Frank. Il n'y a aucune issue. Il savait dès le début que ça devait arriver. Il va tout faire pour que ce soit le moins pénible possible, mais ça va rester très dur pour Frank. « Je crois que nous savons tous les deux ce qui va se passer maintenant. » Jamieson attend une réaction de Frank. S'il te plaît, facilite-moi les choses.

Ce qui se passe, c'est que tu me fous dehors, pense Frank. Il ne le dira pas, mais il ne va pas non plus se rouler par terre. Il n'a pas travaillé aussi longtemps et fait ce qu'il a fait rien que pour s'en aller en geignant. Il mérite mieux, et il sait qu'il est capable de mieux. Peu importe ce que peuvent penser les autres.

«Je crois deviner où ça va nous mener.» Frank ne s'en rend pas compte, mais Jamieson voit son regard dur. Celui d'un homme prêt à se battre. «Je sais que je peux encore faire ce métier. Je peux encore le faire mieux que quatre-vingt-dix-neuf pour cent des autres types. Il y a quelques années, je pouvais sans doute le faire mieux que cent pour cent des autres. Ça ne me rend pas inutile. Ça ne fait pas de moi un vieil infirme qui a besoin de repos. Je peux encore faire ce métier, et je veux que ni toi ni personne n'en doutiez. J'ai commis une erreur. Je n'ai pas la bêtise de croire que j'ai acquis le droit à l'erreur. Personne n'a ce droit, nous le savons tous les deux. Les erreurs marquent d'habitude la fin des hommes comme moi. Mais j'ai acquis le droit de prouver que ça n'est arrivé qu'une fois. Voilà ce que je pense.»

Jamieson a acquiescé poliment. J'ai déjà entendu ça, mon vieux. Cette salve interminable qui ressemble si peu à Frank et paraît improvisée est trop familière. Tu l'entends chaque fois que quelqu'un te déçoit. L'occasion de prouver que c'était exceptionnel. En ignorant le fait qu'une fois est une fois de trop.

Tu peux mettre toutes les formes que tu voudras dans une conversation comme celle-là, un homme tel que Frank verra quand même la vérité. Jamieson comprend ça.

«Je ne vais pas te mettre à la retraite, dit-il en sachant que c'est exactement ce qu'il s'apprête à faire. Mais je pense que nous devons tout prendre en considération. Ce qui s'est passé avec Scott ne peut pas se reproduire. Calum t'a sauvé une fois, mais je ne le lui demanderai pas une seconde fois. Ce ne serait pas bien.»

Frank acquiesce, il comprend. Jamieson est en train d'admettre qu'il n'aurait pas dû le lui envoyer la première fois. Qu'il aurait dû le laisser mourir.

« Nous devons être sûrs que tu ne te retrouves plus dans cette situation. » Jamieson parle lentement, et il s'en rend compte. Il choisit chaque mot, contrairement à son habitude. « Je ne dis pas que je ne te chargerai pas d'une autre intervention, mais nous devons peut-être envisager pour toi des activités différentes. Pour le moment. »

Frank ne réagit pas. Ne dit rien, n'acquiesce pas. Frank pense : il me jette, mais il m'attache pour que je ne dérive pas loin. Ni dedans ni dehors. Dans un no-man's land. Dangereux mais inutile. Ils ne veulent pas qu'il erre dans une obscurité où ils ne puissent pas garder un œil sur lui, mais ils ne veulent plus qu'il fasse des boulots qu'il risque de saboter.

« Tu pensais à quelles autres choses ? » demande-t-il après une pause de dix secondes qui a paru plus longue.

Jamieson a un léger haussement d'épaules. « Un homme avec ton talent et ton expérience doit pouvoir nous apporter beaucoup. Des conseils, par exemple. Pour nous aider à organiser le travail. Il ne manque pas. Si je te retire du service armé, il ne me reste que Calum. Je ne sais pas encore jusqu'à quel point il est engagé avec nous. Tu pourrais m'aider là-dessus. Je vais aussi avoir besoin d'engager quelqu'un d'autre comme seconde gâchette. Quelqu'un qui vaille la peine. Et pour ça ton aide est indispensable. »

Frank ne réagit toujours pas. Toutes ces propositions sont au-dessous de lui, et tous les deux le savent. Il n'a aucune envie de faire le genre de travail que suggère Jamieson. Et que d'autres peuvent faire. Autant lui demander de servir le thé et de laver sa bagnole.

« Écoute, Frank. » Jamieson se penche vers lui. Il prend un ton suppliant. « Je sais que pour toi des corvées comme le recrutement, c'est de la connerie. John peut s'en charger. Mais j'aurai besoin de t'avoir avec nous. Je dois écrabouiller Shug Francis ; il nous emmerde depuis trop longtemps. J'aurais dû le liquider en un mois, or ça dure depuis quatre mois et ça continue. Les gens parlent. Je l'élimine, et je passe au niveau supérieur. Je dois montrer que je reste fort. J'ai besoin de renforcer l'organisation. Il va me falloir pour ça des types de valeur. C'est un gros boulot. J'aurai besoin d'hommes d'expérience. Dans les rôles clés, sans déconner. »

Il en a dit plus qu'il ne voulait. Il n'était pas censé parler à Frank de ses projets d'avenir, mais c'est sorti. Frank doit donc montrer une quelconque réaction. Jamieson a dit tout ce qu'il pouvait. C'est maintenant au tour de Frank, sinon ce sera le silence.

« Excellente initiative, répond Frank. Le bon moment pour passer au niveau supérieur, t'attaquer à une plus grosse organisation. Il faut choisir la bonne. Mais je suis sûr que tu as déjà tout prévu. » Il approuve Jamieson, mais ne s'engage pas à l'aider. Son ton n'était pas seulement circonspect, il était presque dédaigneux. Un ton qui laisse entendre que Frank ne veut pas s'en mêler. Frank n'a pas remarqué qu'il en livrait autant, mais Jamieson, lui, oui.

« Alors qu'est-ce que tu en penses ? demande quand même Jamieson. Tu crois que tu pourrais avoir un grand rôle à jouer là-dedans ? »

Frank le regarde dans les yeux pour la première fois sans doute depuis le début de la conversation. « Je suppose que je pourrais. Le meilleur travail que je pourrais exécuter serait celui que j'ai toujours fait. Si le poste n'est pas libre, alors je ferai de mon mieux. »

Encore quelques minutes de bavardage – rien dont aucun des deux hommes puisse se souvenir. Frank quitte la pièce. Jamieson regarde la porte se refermer derrière lui, en sachant que John Young l'ouvrira dans la minute suivante. Il voudra savoir où ils en sont. Jamieson n'est pas d'humeur. Young sera froid et analytique. Il voudra des détails, des précisions. Jamieson a envie d'un whisky. Il ouvre son tiroir, en sort une bouteille et un verre. Young entre sans frapper et va s'asseoir sur son canapé, il voit la bouteille et le verre. En remarquant que le verre se remplit jusqu'aux trois quarts.

Après une pause respectueuse pour permettre à Jamieson de boire, il dit : « Ça s'est si mal passé que ça.

– Oui.

– Et maintenant ? »

Il veut les détails qu'il aime tant. Jamieson tapote sur son bureau. Il n'a pas de détails, il a une sensation. L'horrible sensation que les choses vont changer et qu'il ne va pas aimer ça.

29

On dirait que c'est une période de grande activité. Pourtant il n'y a pas beaucoup de travail. Young sait tout ce qu'il y a à faire, et il tient tout en main. D'autres s'agitent pour exécuter les ordres qu'il leur donne. Lui attend de connaître les résultats. Toujours à l'abri. Jamais impliqué directement. Il y a tant d'intermédiaires entre Young et celui qui exécute l'ordre. Ils n'ont d'habitude aucune idée de pour qui ils travaillent. Young est le dernier d'une longue série de gardiens qui filtrent l'accès à Jamieson. Il ne s'est jamais autant ennuyé dans ce rôle.

Dans le temps, c'était différent. Dans le temps. Allons donc ! Young n'a que quarante-trois ans, Jamieson deux de plus. Ils sont néanmoins là-dedans depuis près de vingt-cinq ans. Ils ont toujours été bons. Le sens stratégique de Young, le cran et la personnalité de Jamieson. Au début, Young croyait que son intelligence était leur meilleur atout. Il a vite changé d'avis. Jamieson était le plus important. Les gens voulaient travailler pour lui. Participer à ce qu'il faisait. Ça n'a pas changé. Aucune jalousie toutefois. Rien que la légère déception de ne pas jouer un rôle plus passionnant en ce moment.

C'est une période bizarre. Cette histoire avec Shug est un poids. Une contrariété. Ils doivent la régler, bien entendu, mais ça n'a rien d'exaltant. C'est une bagarre de rue disproportionnée. La question n'est pas s'ils écraseront Shug mais quand. S'il n'y avait pas eu l'incident Frank, ce serait déjà fait. Jamieson sait comment s'y prendre, mais il a besoin d'un second tueur fiable. Calum plus un autre. Et là il passe au niveau supérieur. C'est ce que Young attend avec impatience. Ce pour quoi il vit depuis toujours. Le grand bond en avant. L'organisation ne grandit plus depuis quelque temps. Ils la dirigent depuis le club parce que c'est encore leur plus grosse affaire. Leur plus grosse affaire légale en tout cas. Ça changera quand ils feront le prochain saut qualitatif. Ils se trouveront un ennemi et partiront en guerre. Ils le vaincront. Ce sera une lutte permanente. Jour après jour. Il se passera toujours quelque chose. Il y aura toujours quelque chose à faire. Des nouvelles auxquelles réagir. Il se réveillera tous les matins en sachant qu'il va y avoir un imprévu. Une décision à prendre instantanément. Young ne peut pas attendre. Reste à résoudre la question irritante de Frank, et ensuite écraser Shug.

Il a besoin de deux tueurs. Il y a deux hommes que Young aimerait avoir. Problématiques tous les deux. Le meilleur candidat serait George Daly. Il est intelligent et solide, certainement pas un délicat. Il leur est loyal depuis des années. Il a commencé adolescent en faisant les boulots les plus merdiques. Sans jamais regimber. C'était il y a neuf ans. Il est maintenant leur meilleur cogneur. Le meilleur de très loin, faut-il dire. Un brin play-boy parfois, mais il sait ne pas aller trop loin. Si on ajoute qu'il est sûrement le seul ami de Calum, il est parfait. Sauf qu'il ne le fera pas. Il ne veut pas de cette responsabilité. Il n'est pas prêt à accepter les sacrifices. Un remarquable candidat qui ne veut pas du poste. Il y aurait bien quelqu'un d'autre. Une bonne gâchette. Mais c'est délicat. Et pas le bon moment. Ce sera pour un autre jour.

Il a un autre sujet de préoccupation : Jamieson et ses réactions instinctives. Il refuse d'admettre qu'ils peuvent se fier à Calum. Il est persuadé que Calum va prendre la fuite ou leur tourner le dos. Young lui a demandé cent fois d'être patient. Établir la confiance dans une entreprise comme la leur prend du temps. Jamieson ne connaît pas Calum depuis longtemps. Le gamin n'a pas l'air heureux. Et alors ? Ce pauvre petit ne l'a jamais été. Même pas quand il était free-lance. Il y a là un problème d'engagement, c'est vrai, mais Young peut travailler dessus. En réalité, ce n'est qu'un petit passe-temps jusqu'à ce que quelque chose de mieux se présente. Il doit mettre un peu de pression sur Calum. Pas trop. La carotte et le bâton. Ils ont embarqué Calum dans la galère Davidson. Enfin, Young l'a envoyé. Mais ils ont nettoyé après. Ils ont pris soin de lui, et bien. Ils lui ont trouvé un nouvel appartement. Ils ont tout fait pour lui procurer le bien-être. Lui ont accordé tout le temps qu'il lui fallait. À son premier boulot après son retour, il prouve quel bon investissement il est. Aussi Young va-t-il s'assurer qu'il n'y a rien d'autre qu'ils puissent faire pour lui.

Il téléphone chez lui. Pourquoi pas ? Ce sont des connaissances, en quelque sorte. Une seule inquiétude, que la police surveille les appels du club. Ce qui pourrait la conduire à Calum. Elle finira par le trouver. Si ce n'est déjà fait. La question est de savoir à quoi il pourrait leur servir. Young va devoir reparler de Frank à Calum. Pour qu'il sache que Frank est rétrogradé. Que ça pourrait ne pas lui plaire. Les tueurs constituent un groupe restreint. Ils se connaissent tous, au moins de réputation. La plupart sont des solitaires. Ils n'aiment pas qu'on se mêle de leurs affaires. Ils n'aiment pas donner de détails. Frank ne voudra certainement pas que quiconque sache qu'il a été écarté. Même pas le type qui le remplacera. Ce n'est pas une question d'honneur. Ça ne l'est jamais dans cette profession. Mais de mentalité. Quelqu'un va devoir surveiller Frank.

Le téléphone sonne. Young attend d'entendre la voix qui lui est devenue presque familière. Jeune mais monocorde. Qui ne trahit jamais d'émotion. Toujours indifférente.

Mais ce n'est pas cette voix qui dit allô. Celle-là est jeune, gaie et féminine. Sa petite amie. Ce ne peut être qu'elle.

« Allô, puis-je parler à Calum je vous prie ? » Il se montre poli, il ne cherche pas à faire la conversation. Qu'est-ce que Calum lui a raconté ? Rien, très probablement. Il doit l'embobiner sans rien lâcher. Quand il s'agit de travail il est au-dessus de tout soupçon. Un tueur intelligent est toujours secret. Donc elle ne sait rien. Ou très peu. Elle ne peut pas savoir qui est Young.

« Non, il vient de sortir. Je peux prendre un message ? »

Engager la conversation ou pas ? Ça vaudrait la peine de savoir où elle en est avec Calum. Avec Frank, les femmes n'ont jamais été un problème. Quand il a commencé à travailler pour eux, il s'était déjà résigné à l'isolement.

Calum devrait l'imiter. Young s'aperçoit que c'est le prix à payer pour les jeunes talents. Ils essaient encore de décider comment ils vont mener leur vie. Ils apprennent encore de leurs erreurs.

« Excusez-moi, à qui ai-je l'honneur ? » Faire traîner un peu. Voyons si elle est intelligente. Il sait qu'elle est étudiante. Ça ne veut rien dire. Il a connu des étudiants d'une bêtise crasse. Il y a une énorme différence entre être instruit et être intelligent.

« Je m'appelle Emma ; je suis la… l'amie de Calum. »

OK, donc ils n'en sont pas encore au point de déclarer leur liaison à tout un chacun. Bien. Mais le fait qu'elle se trouve seule dans l'appartement suggère qu'ils s'en approchent.

« Ah, Emma ! » dit-il comme s'il avait entendu parler d'elle. Ce qui est le cas, naturellement, mais Calum ne le sait pas. « Dites-lui simplement que John a appelé. Rien d'important. Je le rappellerai un de ces jours. »

Il attend qu'elle dise d'accord et raccroche. Ce serait la manière polie. Mais Emma ne l'est pas. Elle a une question à poser.

« Vous êtes un ami de Calum ? »

Un peu direct. Bien entendu il va dire oui. « Exact.

– Et aussi de George ? »

Elle devient intéressante. Elle essaie de le situer dans le même cercle que les deux autres. Donc elle sait quelque chose. Pas tout, sinon elle ne chercherait pas à obtenir des renseignements.

« Je connais George.

– Je vois. » Elle essaie de prendre un ton entendu.

Tu ne vois rien, fillette. Tu sembles désapprouver maintenant, mais tu ne serais même pas là si tu connaissais la vérité. C'est positif. Elle ne sait encore rien de dangereux. Pas encore. « Enchanté de vous avoir parlé. » Juste assez d'ironie pour qu'elle la remarque, pas assez pour entraîner une réaction. « Vous direz à Calum que j'ai appelé.

– Entendu. »

Il a raccroché et se cale dans son fauteuil en souriant. Voilà un travail à faire. Qui doit être fait. Une partie de ses responsabilités consiste à empêcher que les problèmes se présentent. Cette Emma pourrait en être un. Ils ont un tueur et une jeune femme qui vise à le détourner de ses devoirs. Un petit jeu pour passer le temps : comment briser l'heureux couple. Bien évidemment, il ne doit rien arriver de mal à la fille. Young n'a aucune envie que son petit projet attire l'attention de la police. Il faut qu'ils rompent sans qu'elle éprouve aucun besoin de faire des vagues. Il ne pourra probablement pas y arriver tout seul. Calum n'en saura jamais rien. Reste l'inquiétude qu'une rupture rende le garçon encore plus malheureux et difficile à gérer. Ça commence à être moins drôle. Mais néanmoins nécessaire.

30

Il a été mis à la retraite. Peu importe comment Jamieson l'a présenté ; le fait est qu'il est bel et bien à la retraite. Le vieux est désormais à l'extérieur. Frank sait que ça le rend dangereux. C'est pourquoi Jamieson parlait de rôle de conseiller. Des conneries. Il n'a aucun besoin de conseils. Même pas quand il s'attaque à une grande organisation. Si Jamieson a fait autant de chemin c'est précisément parce qu'il n'a besoin des conseils de personne. Il sait où il va. Instinct et intelligence. Quand on a les deux, on n'a pas besoin de beaucoup de conseils. L'idée qu'il enverrait Frank faire ses commissions en pleine guerre des gangs est absurde. Quand les flics savent qu'il y a une guerre, on protège ses meilleurs flingueurs de leur radar. Ils connaissent Frank. Ils ne peuvent pas l'arrêter, il ne leur a jamais laissé de preuves, mais ils le connaissent. En temps de guerre Jamieson l'utiliserait, mais prudemment. Pour des contacts occasionnels. Il lui fixerait un objectif et le laisserait se débrouiller. Une guerre est le moment qui isole le plus un tueur, mais aussi le plus enthousiasmant. Il y a toujours du travail. Des défis à relever. C'est un test. Un bon tueur s'en délecte. Frank ne va même pas y être mêlé.

Assis dans sa cuisine, il tient une tasse de thé à deux mains. De vieilles mains, se dit-il. De vieilles mains qui ont tout fait, et bien fait. Il peut se raconter ce qu'il veut, ça ne vaut rien. Ce ne sont pas ses mains qui sont en cause. C'est sa hanche. En réalité, rien ne cloche avec sa hanche. Elle va bien mieux que pendant les six mois précédant son opération. Pourtant, pendant cette période,

Jamieson trouvait Frank formidable. Il le respectait et l'admirait. Il lui faisait confiance. Si Frank s'était planté pendant ces six mois, ce qui n'est pas arrivé, alors que, oui, sa hanche le faisait souffrir, il aurait eu une deuxième chance. Aucun doute. Jamieson aurait été furieux, bien sûr. Plus encore que maintenant, en fait. Maintenant il n'est que triste. La colère aurait été préférable. Il aurait laissé Frank reprendre son travail. Au lieu de quoi, il voit Frank comme un vieil homme. Fatigué, décrépit et dangereusement incompétent. Tout ça à cause de sa hanche. À cause de son opération pour la réparer. Si seulement il avait continué à lutter dans la douleur.

Trop tard maintenant. Il a une hanche flambant neuve avec laquelle personne n'a envie de jouer. Plus de travail. En tout cas, plus de vrai travail. Pas avec Jamieson. Il pourrait en trouver ailleurs. Ça donne des frissons. Travailler pour quelqu'un d'autre signifie se faire un ennemi de Jamieson. Un ami cher. Un ennemi mortel. Frank sait ce qui se passerait. Il n'aurait même pas exécuté une seule mission pour un nouvel employeur que Jamieson saurait qu'il a changé de camp. Il n'aurait pas une chance. Jamieson n'est pas idiot. Il ne va pas se laisser gagner par l'émotion. S'il considère Frank comme une menace, il supprimera cette menace.

Une gorgée de thé. Il envisage ses possibilités. Jamieson a beau dire, Frank n'est plus à l'intérieur. Rien qu'un type censé donner son avis quand on le lui demandera, ce qui sera rare. Ça n'est pas être à l'intérieur. C'est la sortie.

L'idée d'être en dehors. Il l'a déjà été. Il a vécu avec ce danger, et s'en est tiré. Mais c'était il y a longtemps. La situation était différente. Il travaillait pour Donnie Maskel. C'était quand ? Bon Dieu ! Il y a trente ans. Il a travaillé sept ans pour lui. Tout s'est mis à dérailler pour Maskel. Frank savait ce qui se passait. Maskel avait perdu le pouvoir ; ses affaires étaient mises en pièces par de prétendus amis et des ennemis déclarés. Maskell faisait bonne figure, mais Frank savait qu'il devait partir. Il s'est retrouvé à l'extérieur. À l'abri du radar de la police. Il a fait deux ou trois boulots en free-lance, mais dans la discrétion. Maskell voulait le voir mort. Une période dangereuse, c'est vrai, mais quand Frank a refait surface Maskell n'était plus capable de se débarrasser de personne. C'est la dernière fois que Frank a été en dehors.

Peter Jamieson n'est pas Donnie. Sa position est bien plus solide. Il est plus intelligent. Il a du monde autour de lui qui pourrait facilement s'en charger. Une visite de Calum MacLean tard dans la nuit est à éviter. Frank pourrait-il se défendre contre Calum ? Il sourit. Ça ne lui est encore jamais arrivé qu'un tueur soit après lui. D'abord parce qu'il a su ne pas se faire d'ennemis. Ensuite parce qu'aucun ne s'y serait risqué. Il était trop respecté. Admiré comme le meilleur dans la profession. Personne n'avait envie de s'en prendre à lui. Ce n'est pas de l'arrogance de le penser. C'est un fait. La plupart des tueurs sont assez intelligents pour s'attaquer à une cible qu'ils sont sûrs d'atteindre. Ça va changer. Le vieux est à l'extérieur. Une proie facile pour un bon liquidateur. Il y a eu une époque où il n'aurait pas eu peur de Calum. Il n'aurait pas été ravi non plus, ça va de soi. On n'est jamais ravi d'être le gibier. Aujourd'hui il aurait peur. Calum est un bon. Froid et intelligent. Un bon planificateur qui sait aussi improviser. Il est ce que Frank était. Ce qu'il croyait être encore.

Il a presque fini cette tasse. Très difficile de prendre une décision. Il pourrait s'agir de l'échec majeur de la carrière de Frank. Il n'a encore jamais pris de résolutions difficiles. Certes, il a dû choisir pour qui travailler. Prendre deux ou trois décisions compliquées quand il a quitté des employeurs. Mais c'est tout. Il a toujours apprécié d'appartenir à une organisation. Laissant toujours aux autres les décisions délicates. Quand on entre dans une organisation, on se met à sa merci. Les autres font les choix. On se borne à suivre les ordres. C'est rassurant, tant que ça dure. Vous n'avez pas à réfléchir. Vous recevez un coup de téléphone. Vous allez vous renseigner sur qui est votre cible. Vous faites le boulot. Si vous le faites bien, c'est tout simple. Vous devez rarement avoir recours à votre tête. Vous suivez la routine et tout se passe bien. Confortable et réconfortant. Et soudain Frank doit penser par lui-même. Prendre une décision difficile. Le plus tôt sera le mieux.

Penché sur l'évier il rince la tasse. Il y a des hommes pour qui il pourrait travailler. Des hommes bien. Forts. Contre qui il a travaillé dans le passé. Il n'y a pas d'organisation importante dans la ville qu'il n'ait pas frappée à un moment quelconque. C'est en partie de l'histoire ancienne. Ça resterait quand même un problème. Les gens se rappellent longtemps. Ils pourraient l'engager, mais ils n'oublieraient pas. Ils ne laisseraient jamais un homme tel que Frank exercer des responsabilités. Ils le tiendraient à distance. En l'utilisant peut-être de temps en temps. Ils lui accorderaient une protection minimale en échange des informations qu'il a sur Jamieson. Toujours avec des pincettes. La seule organisation dans laquelle il pourrait entrer sans casseroles serait une nouvelle. Il n'y en a aucune dans la ville. Des types d'ailleurs pointent le nez. Des organisations d'autres villes en quête de parts de marché. Elles travaillent avec des free-lances ou amènent leurs propres hommes. Les outsiders sont particulièrement détestés par ceux qui sont en place. La dernière organisation d'importance qui ait grossi dans cette ville a été celle de Jamieson. Travailler en free-lance n'est pas envisageable. Aucune protection. Rien à gagner pour un homme dans sa situation. Il faudrait que ce soit une organisation établie. Il n'en voit aucune qui lui ferait confiance. Aucune pour laquelle il n'ait pas une violente antipathie.

Il y a une autre possibilité. Dont l'idée lui répugne. L'endoctrinement commence le premier jour. Il enseigne que rien ne pourrait être pire. Que personne ne le fait. Celui qui le fait doit être puni de mort. L'ennemi numéro un de tout le milieu. Des conneries, bien entendu. La notion d'honneur parmi les malfrats est une vaste crétinerie. Ces gens-là vivent du mensonge et de l'arnaque. Bien plus d'individus du milieu que ceux qui se font prendre parlent à la police. D'accord, Frank admet qu'il n'en est pas absolument certain. Il suppose. Il y a des types dans le circuit qui devraient être derrière les barreaux. C'est une évidence. Des types contre lesquels la police détient suffisamment de preuves pour les faire condamner. Ils bénéficient d'une forme de protection que même une organisation n'est pas en mesure de leur garantir. À bien y regarder, ils sont nombreux. Mais aucun n'a le niveau de Frank. La police ne peut pas fermer les yeux sur tout ce qu'il a fait. N'est-ce pas ?

31

Une journée chargée. Au bon sens du terme. Il a des tas de choses à faire, des tas de gens à voir. L'idée de ces entretiens est de lui. Young se dit que c'est ainsi que le travail doit être fait. Le premier entretien est avec ce con de Kirk. Il leur fournit des informations sur des conversations téléphoniques depuis deux ans. D'habitude Kirk a affaire à un inférieur. Cette fois, c'était plus grave. Kirk est allé voir son responsable et lui a raconté que Shug Francis lui avait demandé des tuyaux. Le responsable, qui sait où est sa place, a fait remonter l'information jusqu'aux instances supérieures. Shug est peut-être en train d'apprendre de ses erreurs après tout.

Young se charge personnellement de cet entretien. Il ne laisse même pas le responsable de Kirk avoir la moindre idée de ce qui s'est passé avec Frank et Scott. Personne ne doit l'apprendre. Kirk ne le saura pas. Il ne pourrait pas reconstituer le tableau avec un mode d'emploi illustré et un tube de colle. Dieu le bénisse. Exactement le type d'imbécile utile dont tout le monde veut un morceau. Malheureusement, du style à paniquer sous la pression. Young l'a un peu bousculé. Il doit maintenant lui donner une petite tape sur sa tête vide et lui dire que tout ira bien.

Ça devait se faire demain. Si le garçon avait un brin de bon sens il attendrait, mais non. Il panique. Il a appelé deux ou trois fois son responsable pour que l'entrevue se passe aujourd'hui. En exigeant de nouveau de voir Young. Il ne sait pas qui est Young, ni quelle est son importance. Mais il sait que c'est un supérieur de son contact habituel. Il ne demande qu'à être rassuré. Et à être payé, naturellement. Il tient surtout à savoir qu'il n'aura pas d'ennuis. Il peut jouer au dur. Au malfrat brutal qui soutire et manipule des informations vitales. La vérité, c'est qu'il est sûrement terrifié en ce moment. Embringué dans un truc qu'il ne comprend pas. S'apercevant soudain qu'il ne peut pas vivre avec de vrais truands. Il n'a aucun moyen de se protéger. Première règle quand on joue avec les grands : avoir des moyens de défense. Seconde règle : ne jamais avoir l'air faible. Le petit Kirk a enfreint les deux.

Ils se retrouvent dans une gargote des quartiers sud. L'endroit n'est pas idéal, trop fréquenté, mais c'est là que Kirk retrouve son responsable. Aucune raison de lui faire peur en le rencontrant ailleurs. Aucune raison de lui montrer un des meilleurs lieux de rendez-vous privés que Young utilise le plus souvent. Kirk n'est pas suffisamment important. Et il est bavard, il pourrait trop parler. Il finira par se calmer, et ensuite par se remettre à bavarder. Il pourrait découvrir à quel point Young est important et se vanter de l'avoir rencontré. De l'avoir aidé. Ça arrive. Difficile de croire que certains peuvent être aussi bêtes et utiles en même temps, mais c'est vrai. Young entre. Un bistrot minable. Il va demander une tasse de thé et un sandwich au bacon pour la forme, mais il n'y touchera pas. C'est apparemment le genre d'endroit où l'hygiène n'est pas une priorité.

Kirk est dans un coin. Il tripote un sachet de sucre. Pour un homme qui vit la vie dangereuse dont il rêvait, il a l'air malheureux. Young s'assoit en face de lui sans un mot. Kirk le regarde et attend. Il ne veut pas parler le premier. Il lui paraît respectueux d'attendre que Young dise quelque chose. C'est ce qu'on voit dans les films. Montrer du respect envers ses supérieurs.

« Tu voulais me voir, Kirk ?

– Ouais. Je voulais vous voir. » Son élocution est légèrement pâteuse. Pas très, mais assez pour que Young le remarque. On dirait que le petit Kirk a essayé de noyer sa nervosité dans l'alcool. Ça marche pour certains, pas pour d'autres. Pas pour quelqu'un comme Kirk. Young devine que ça l'a rendu plus anxieux. Plus émotif. Et donc plus difficile à gérer.

« Dis-moi ce dont tu as besoin, Kirk. » Sers-toi de son prénom, ça montre que tu te le rappelles. Ton amical. Faux, mais amical. « Je suis à ta disposition. » Oh, il va aimer ça. Il est assez idiot et éméché pour croire que c'est peut-être vrai.

« J'ai fait le boulot. » Kirk commence à s'y mettre. « C'était plus sombre que d'habitude. Ils éteignent des lampes le soir. Rien qu'une équipe réduite pour les téléphones. Ils appellent ça un service vingt-quatre heures sur vingt-quatre, mais si vous n'appelez pas pendant les horaires de travail, pas de pot, vous devez attendre. Bref, je travaille sur l'ordinateur, j'entre dans les bases de données. Puis cette fille avec qui je bosse se ramène. Une grosse. À mon avis, elle flashe sur moi. Elle se met à me parler, je continue à travailler comme si de rien n'était. Je me dis “si elle voit ça, je suis foutu”. Mais je continue. »

Et il continue en effet. Il parle et il parle, il aime s'écouter parler. Qu'il parle. Il a encore les nerfs tendus de ses efforts de la nuit et de ce matin. Il veut raconter à quelqu'un, ce qui signifie que Young doit écouter. Kirk est bavard et n'a qu'une seule personne avec laquelle s'épancher en toute sécurité.

C'est un petit prix à payer. Kirk est employé par une compagnie de téléphone. Il travaille à l'assistance technique dans un centre d'appels. Il a accès aux enregistrements téléphoniques. Il peut les trafiquer. Si les flics y mettent leur nez ils ne trouveront rien d'intéressant. Aucun appel passé par Jamieson, Young ou Calum d'après les enregistrements officiels. Ce n'est pas une sécurité suffisante. Mieux vaut ne pas téléphoner du tout. Impossible avec l'épisode Frank. Il a fallu passer des coups de fil et ensuite les faire disparaître. Ç'a été le travail de Kirk. Il l'a fait, puis quelqu'un d'autre l'a appelé. Le bras droit de Shug, David « Fizzy » Waters. Kirk a eu le minimum d'intelligence de ne rien dire de son travail pour Young. Ils voulaient consulter des enregistrements. Des appels de Scott, McClure et Shaun Hutton la nuit des assassinats. Kirk l'a raconté à son responsable, qui l'a raconté à Young, qui a vu là une occasion. De protéger Hutton. Un prêté pour un rendu. Hutton devrait être très utile dans un avenir proche. Il faut le protéger, faire disparaître son appel. D'après les enregistrements officiels, Hutton n'a appelé qu'une seule personne cette nuit-là, Shug lui-même. Que ça laissera toujours aussi perplexe. Il croira que Frank a réussi à envoyer un message, forcément. Encore une jolie petite victoire.

« Et tu as fait du bon travail, répond Young. En quoi je peux t'aider ? »

Le petit hoche la tête comme s'il réfléchissait. Comme s'il calculait tout. Comme s'il en était capable.

« J'ai besoin… d'assurances. » Il a dû chercher le mot juste. Il l'a trouvé. « J'ai besoin de savoir que ça ne va pas me retomber dessus. Il y a de gros risques, vous savez. »

Il a besoin d'une petite tape sur la tête. « Écoute-moi bien, Kirk. Nous connaissons tous les risques que tu as pris. Nous savons qu'ils sont grands. Nous en sommes conscients, nous te respectons et tu as toute notre protection. Tu nous es indispensable. Tu as une importance vitale pour nous. Nous protégeons ceux qui ont une importance vitale pour nous. Tu as ma parole, Kirk. Je ne peux vraiment pas t'offrir plus que ça. » L'honneur de la parole d'un homme. Comme s'il avait la moindre valeur. Kirk ne le sait pas, perdu dans un monde où il se joue une vie de malfrat. Il le prendra pour argent comptant, Young le sait.

« D'accord, dit Kirk. D'accord. » Il se lève pour partir. Young attend. Kirk se retourne, comme prévu. « Vu qu'on est là tous les deux », dit-il. Young tire une enveloppe de sa poche. Il regarde autour de lui. Personne ne les observe. Il la fait glisser sur la table. Kirk la ramasse sans se dissimuler et la fourre vite dans sa poche. Une rapidité qui peut attirer l'attention. Young tique, mais Kirk se dirige déjà vers la porte.

Second rendez-vous. George Daly. Brave garçon, aucun doute. Utile. Très utile. Mais réticent. Il manque d'ambition. Mais pas de sang-froid. Young a exclu cette hypothèse. George est toujours prêt à effectuer les boulots difficiles tant qu'ils ne dépassent pas la limite. Il refuse simplement de faire une chose qui pourrait profiter à sa carrière. Il a atteint un niveau où il est content et n'a pas envie d'aller plus loin. C'est agaçant. Un gaspillage de talent. Particulièrement frustrant pour Young. Il est chargé de repérer le talent et de le mettre en valeur. George a du talent. Il devrait avoir de l'avancement. C'est tentant de l'y forcer. De le mettre dans la situation de ne pas pouvoir dire non. Et alors tu auras un employé plein de rancœur. Quelqu'un qui cherchera une porte de sortie. Tu le perdras complètement. Conserve ce que tu as et cherche ailleurs. Mais pose quand même la question. Juste pour qu'il sache que tu y tiens toujours. Que l'occasion est là, au cas où il changerait d'avis. Il ne changera pas. Mais ça devrait au moins le faire se sentir désiré.

Ils se retrouvent dans l'arrière-salle d'une officine de bookmaker. Jamieson en possède la moitié depuis des années. Un endroit tout à fait sûr. Young passe de temps en temps récupérer l'argent, principalement pour se montrer. George l'a quelquefois suivi. Ils ont dû changer le directeur il y a à peu près un an. Terriblement brouillon.

C'était le neveu de l'autre propriétaire. Un abruti incapable lui aussi. Il avait eu le poste parce qu'il était de la famille. L'oncle avait prétendu que le garçon avait une expérience des affaires. Il avait un diplôme de quelque chose. Jamieson s'en est désintéressé et l'a laissé obtenir la place. Pas beaucoup de travail. Tout ce qu'il avait à faire, c'était ne rien voler. Il a volé. Environ quatre mille livres en fin de compte. George a contribué à le corriger. Quand le neveu indélicat est sorti de l'hôpital, il y avait déjà un nouveau directeur. Un vieux grognon digne de confiance et bourré d'expérience. Nommé par Jamieson cette fois. À cause de quatre mille livres le copropriétaire a été mis à l'écart. Jamieson peut maintenant gérer la boutique comme il l'entend. Conclusion heureuse d'une pénible affaire.

George est déjà arrivé. Il n'a rien à faire d'autre. Ce n'est pas précisément un bourreau de travail. La majorité de ceux qui font son métier ont d'autres activités. Des petites affaires et des relations qui leur rapportent un revenu supplémentaire. Ça les occupe. Les distrait parfois. Pas George. Il n'a jamais fait d'autre travail. Une sacrée couleuvre, se dit Young. C'est commode, George n'a pas les distractions de beaucoup d'autres. Beaucoup de cogneurs se mettent dans de sales draps. Le plus souvent en dealant. Ils croient pouvoir se servir de leurs muscles pour se faire un peu d'argent dans la rue. Certains se lancent dans l'usure. Mais c'est aussi violent que de dealer. La plupart des cogneurs l'évitent. Rares sont ceux qui gagnent des sommes importantes. Ils ne sont pas assez intelligents. La plupart se mettent dans un pétrin où ils ne devraient pas se retrouver. Ils ont besoin qu'on les tire d'affaire. Ça n'est jamais arrivé à George. Trop intelligent pour ça. Un point supplémentaire à son crédit.

Il est assis à une table et regarde une petite télé posée en hauteur dans un coin.

« Je ne comprends pas, dit-il quand Young ferme la porte.

– Quoi ?

– Les courses de chevaux. Je ne comprends pas. »

En tant que sport, Young ne les comprend pas non plus. En tant qu'opérations financières, si. « L'argent, dit-il. Les parieurs croient qu'ils peuvent devenir riches. Il faut cette astuce dans un sport aussi dépourvu d'intérêt. On les accroche avec les promesses de gains.

– Mais c'est forcément truqué, non ? » George fait la conversation. Il n'est pas follement intéressé. Il a déjà décidé que les courses doivent exister pour que des gens comme Jamieson en tirent profit.

Young sourit. Peut-être un sourire entendu. Ou peut-être pas. Il s'assoit sans proposer de réponse.

Il doit y aller avec précaution. George est plus intelligent que la moyenne. Ne t'imagine pas pouvoir le bousculer. Tu ne peux pas. Il est peut-être cossard, mais il a du cran. Propose-lui quelque chose qu'il refusera. Donne-lui le choix. Laisse-le te décevoir. Ensuite propose-lui autre chose qu'il devrait décliner. Qui ne lui plaira pas. Il ne peut pas dire non deux fois. Enfin, si, il peut. George est un des rares à pouvoir le faire. Mais il ne le fera probablement pas. Il connaît les risques qu'il y a à décevoir le patron. Il est suffisamment intelligent pour comprendre à quel point ça pourrait le rendre vulnérable. On ne peut pas dire non chaque fois. Il dira oui à la seconde proposition.

« Comment tu vas George ? » Young expédie la politesse. Facile avec George. On peut se détendre. Il ne va pas rendre les choses difficiles. Les plaisanteries sont hors de question. Parlons affaires. « Tu as su pour Frank ?

– Frank ? Non. Il va bien ? »

George ne sait réellement rien. Très bien. L'histoire reste secrète pour le moment. « Il se retire. Il ne prend pas vraiment sa retraite, il ralentit. Sa hanche. Il ne s'est pas assez bien remis. Il n'est plus aussi rapide. Il peut encore être utile, mais pas de la même façon qu'avant. » C'est un peu déloyal, mais il le faut. Il ne peut pas avouer la vérité. George devrait être capable de lire entre les lignes.

« Triste pour lui. » Il y a déjà de la méfiance dans la voix de George. « Difficile d'imaginer la vie de Frank sans son travail. Vous allez devoir engager quelqu'un d'autre.

– Je sais qui j'aimerais mettre à sa place. Quelqu'un de l'intérieur. Quelqu'un de jeune. Qui sait ce qui se passe en ville. Qui connaît notre organisation. J'aimerais que ce soit toi, George. »

George fronce déjà les sourcils. Il n'a pas besoin de temps pour réfléchir. « Je ne suis pas un tueur. Et je ne le serai jamais. »

Young acquiesce d'un air déçu. Pas surpris. Au moins George est honnête, il ne peut pas lui faire de reproche. La plupart des types ne l'admettraient jamais. Ils fonceraient à l'aveuglette. En prétendant être prêts, pour ensuite se dégonfler. Il est bizarre, George. Il veut bien accompagner un tueur. Il l'a fait deux ou trois fois. Il accepte d'être présent. Mais il refuse d'appuyer sur la détente. Rien qui mette en danger son modeste statut. Un drôle de gamin. Qu'importe, il est temps de tenter le coup.

« Tu es sûr ? Nous pourrions faire une exception. Te donner un emploi du temps pas trop chargé. » Une concession à contrecœur, histoire de faire pression, pour le principe.

« Non. Je ne pourrais pas. Je ne suis pas un tueur. »

Encore les mêmes mots. « Je ne suis pas un tueur. » Young commence à comprendre où est le problème. Georges sait ce que ça exige. Il a vu les sacrifices que font les bons tueurs. La vie qu'ils doivent mener. Elle ne l'attire pas. Il ne s'agit pas du dégoût à appuyer sur la détente. Mais de la peur de l'isolement. La peur d'un mode de vie.

«Je ne vais pas faire semblant de ne pas être déçu.» Young continue de jouer la comédie. «Je pense que tu serais formidable. Mais si tu dis non.

– Je dis non.» Un moment rare d'insistance. Young ne rencontre pas ça souvent. C'est bien de voir que ça existe encore. De la méfiance. De la force. Ça prouve quel bon candidat il ferait.

«J'ai pensé que tu pourrais dire ça. J'espérais le contraire, mais c'est comme ça. J'ai un autre travail pour toi. Pas d'arme. Pas de violence. Pas grand-chose. Ça devrait être facile.

– Dites.» Il est trop intelligent pour ne pas savoir que «ça devrait être facile» annonce souvent que vous allez vous casser la gueule. C'est une expression dont il faut se méfier.

«Tu sais que Calum a une petite amie. Elle s'appelle Emma. Apparemment une gentille fille. Intelligente aussi. Elle m'inquiète. Elle est trop proche de lui.» Il ne va pas plus loin. George devrait pouvoir en déduire ce qu'il a à faire.

«Vous voulez que… quoi, que je les fasse rompre?» Légèrement incrédule, mais pas tout à fait. C'est exactement pour ça qu'il ne veut pas être tueur. Tout le monde se croit le droit de mettre son nez dans vos affaires.

Il y avait une petite note de dégoût dans sa voix. Young l'observe. George doit maintenant se montrer un peu prudent. C'est bien, l'honnêteté, mais il ne faut pas pousser le bouchon trop loin. Young a toujours pensé que Georges connaissait les limites à ne pas franchir. C'est le moment de le vérifier.

«Je te demande de procéder avec délicatesse. Fais attention. Je ne veux aucune intrusion dans le travail de Calum. C'est pour son bien. Pour le protéger. Il faut parfois se charger de ces choses-là. Protéger les personnes d'elles-mêmes. C'est la vie, tu le sais. Calum est en train de commettre une erreur. Il devrait s'en rendre compte. Je m'étonne qu'il ne le voie pas. Il en est peut-être conscient. Et n'a besoin que d'un coup de pouce. Nous devons résoudre ce problème à sa place. Tu vas t'en occuper. Je sais que tu as l'habileté qu'il faut. Trouve un moyen de mettre fin à leur liaison. Sans aigreur. Je n'ai pas envie qu'il se morfonde. Il aurait dû régler ça lui-même. Tu lui rends service.

– Hmm… » De nouveau cet air réticent. « Et s'il s'en rend compte ? Et s'il décide que ça n'est pas un service que je lui ai rendu ? » Argument idiot. Calum ne ferait rien. Il est bien trop intelligent pour qu'une chose de ce genre lui fasse perdre son sang-froid.

« Tu peux y arriver. » Young se lève.

La conversation ne mène à rien de positif à partir de là. Young a appris aussi quand échapper à une conversation difficile. George sait qu'il doit obéir. Insister ne mènera qu'à un affrontement. Va-t'en. Young a eu la conversation qu'il avait prévue.

Il est maintenant dans sa voiture. Il aimerait que George soit un tueur. Qu'il ait la même ambition que beaucoup d'autres bien plus stupides. Il n'aurait pas à exécuter ce genre de tâche. Il ne s'abaisserait pas à s'immiscer dans des relations personnelles. C'est son choix. Il l'assumera. Il fera le boulot. Il les séparera. Discrètement. Il ne va pas aimer ça. Encore une leçon. Il faut faire des choses qu'on n'aime pas. On les fait et on va de l'avant. D'autres ont fait pire. Bien pire. Young aurait quelques histoires à raconter. Sur les gens qu'il a connus. Les ordres qu'il a donnés. Les sacrifices que certains ont faits. Il n'en dira jamais rien, bien entendu. Encore une chose que George est assez intelligent pour savoir. Ne jamais parler. Pas même à un être cher. Pas même pour se plaindre.

32

Il fait noir et froid. Triste serait sans doute le qualificatif qui convient. En tout cas, Kenny, lui, l'est. Il se gare cette fois à deux rues de la maison. Et fait le reste à pied. Il va rendre visite à un flic. Il regarde autour de lui presque à chaque pas. Il pourrait difficilement paraître plus louche. La rue et la porte d'entrée. Un dernier regard aux alentours. Personne ne le suit. Une des premières techniques qu'acquiert un bon chauffeur est de repérer une filature. Il entre et referme vite la porte derrière lui. Nouvelles inquiétudes. La cuisine est éclairée, mais qui est à l'intérieur ? Il ne devrait y avoir que l'inspecteur. Kenny est désemparé. Tout ça est bien plus difficile que son boulot. Est-ce que ça vaut vraiment la peine, rien que pour avoir un filet de sécurité ? Question idiote. Bien sûr que ça vaut la peine. Il a besoin de cette sécurité, et c'est le seul endroit où en trouver une. Il se force à entrer dans la cuisine.

Fisher est là, seul. Assis à la table, il tient à deux mains une tasse chaude. Un signe de tête à Kenny, puis il regarde ailleurs. Il ne lui propose pas une tasse du liquide qu'il savoure. À son aise. Kenny s'assoit en face de lui. Il attend que l'autre parle. On ne peut rien dire de travers si on se borne à répondre à des questions. Fisher boit une autre gorgée. En aspirant un peu bruyamment. Il regarde enfin Kenny. Ce n'est pas le regard amical d'un policier à un informateur utile. On dirait qu'il le juge. Qu'il est mécontent.

« J'ai besoin de quelque chose, Kenny.

– De quoi ?

– De n'importe quoi d'utile. Je commence à me demander de quelle utilité tu seras. Si j'ai besoin de toi ou pas. Je pourrais peut-être en apprendre davantage ailleurs. Je ne vais pas te jeter aux lions, pas encore. Mais tu dois me donner quelque chose, Kenny. Qui me fasse penser que tu vaux la peine que je t'aide. »

Il exagère un peu, mais il est aux abois. L'enquête ne mène nulle part. Les hommes sont affectés à d'autres affaires. Le meurtre suivi de suicide est maintenant largement admis. Encore une affaire que l'inspecteur principal Michael Fisher n'a pas pu résoudre. Tout tourne autour de Shug et Jamieson. Il n'a pas d'informateur proche de Shug. Il en a maintenant un proche de Jamieson. Il est temps de l'utiliser. Quelque chose. N'importe quoi. Un fil à tirer qui pourrait conduire à un truc énorme. Ça se passe souvent comme ça. On n'y arrive pas directement, on trébuche. Jusqu'à ce qu'une grande gueule lâche une allusion qui mène finalement au tribunal.

Face à lui, Kenny hésite. Démuni. Il essaie visiblement de trouver quelque chose. Quelque chose qui ne soit dangereux ni pour lui ni pour un ami. Une information qui pourrait venir de quelqu'un d'autre, pour ne pas s'exposer lui-même. Il faut lui laisser du temps. Le laisser prendre une décision qui le satisfasse. Quoi qu'ait dit Fisher sur son inutilité en tant qu'informateur, il est encore le seul proche de Jamieson. Il faut le bousculer, mais pas le mettre dehors.

Il réfléchit. Réfléchit encore. Quelque chose qui ne l'implique pas. N'importe quoi. C'est déjà suffisamment grave d'avoir parlé à un flic. Parler sans obtenir de protection en échange, c'est impensable. Ce risque pourrait le détruire. Il doit bien y avoir quelque chose. Effectivement.

« Il y a une rumeur qui court au club. Depuis deux jours. Rien qu'une rumeur, mais…

– Vas-y. » La plupart des rumeurs sont des conneries. Certaines valent de l'or.

« On dit qu'ils mettent Frank MacLeod à la retraite. Je ne sais pas si c'est vrai. » Une pause. « C'est venu d'une des filles qui travaillent au bar. Je crois qu'elle est proche de Jamieson. Apparemment cette retraite le tracasse. Il a trop bu et il est devenu bavard. Je ne pense pas qu'il a donné le nom de Frank, mais elle savait de qui il parlait. Il ne voulait pas le mettre à la retraite, parce qu'il l'aime beaucoup. Ils pensent qu'il n'est plus physiquement capable de travailler. Il s'est fait opérer de la hanche, vous comprenez... » Il a dit à peu près tout ce qu'il peut dire sans danger.

Fisher a sursauté en entendant ce nom. Et essayé de le dissimuler. Kenny est tellement occupé à inventer des barmaids qu'il n'a pas remarqué sa réaction. Frank MacLeod. Ce sale Frank MacLeod. Et sale est bien le mot qui convient le mieux. Un vieux salaud rusé devant l'éternel. Un tueur. Le tueur de Jamieson, pas moins. Un tueur qui a fait ses débuts des années avant que Jamieson n'entre en scène. Combien d'assassinats a-t-il commis ? Jamais accusé. Jamais condamné. Un homme qui aurait dû passer les trente dernières années en prison. Et qui devrait y passer aussi les trente prochaines s'il existe une justice. Ils l'ont déjà surveillé. Filé pendant des mois. Il n'a jamais rien lâché. Il a même réussi à convaincre deux ou trois officiers de haut rang qu'il n'était pas un délinquant. En marge, peut-être, mais pas directement impliqué. Qu'il était victime de ragots malveillants. Pauvre petit Frank... On l'a mis à la retraite. C'est le plus bizarre de tout. Un type comme Frank à la retraite. Rare, et extrêmement dangereux.

Les hommes comme Frank ne prennent pas leur retraite. Ils travaillent jusqu'à ce qu'ils tombent. La retraite en fait des cibles sans protection. Il doit se sentir horriblement vulnérable en ce moment même. Cette rumeur pose néanmoins des problèmes. Tout d'abord celui de la source. Peu importe le degré d'alcoolisation et d'émotion de Jamieson, il ne se déboutonnerait pas devant une barmaid. Aussi sexy et disponible soit-elle. Kenny raconte des salades à propos de sa source. Il a probablement tout appris en écoutant aux portes. Ou par quelqu'un qu'il connaît sans vouloir l'admettre. Donc il ment sur sa source, la belle affaire. Aucune importance du moment que la source est bonne. Ensuite Fisher n'aime pas la façon dont Kenny se réfère à Jamieson. Il l'appelle toujours par son nom de famille. Peut-être imite-t-il simplement Fisher qui le fait parce qu'il ne connaît pas le personnage. Kenny devrait le connaître mieux. C'est son chauffeur, bon sang. Il travaille avec lui pratiquement tous les jours. À ce stade, il devrait sûrement l'appeler Peter. Sa façon de parler de lui donne l'impression qu'il le connaît à peine. Jusqu'où exactement Kenny est-il proche de Jamieson ?

« Tu dis qu'il a été mis dehors ? » Un peu de pression, mais pas trop. N'insiste plus. C'est de la bonne information. Vas-y doucement avec les questions et dis-lui qu'il a été efficace.

« Je crois. » Kenny est de nouveau nerveux. « Je doute qu'il ait voulu partir. C'est un brave type. Enfin non, pas un brave type. C'est un criminel, c'est un sale type. Mais il est sympa. Enfin…

– D'accord, Kenny. » Fisher n'a pas la patience d'écouter encore un autre criminel dire qu'il n'en est pas un. Ou prétendre qu'il est le seul brave type dans sa profession. Ils disent tous ça. Certains même le croient. « C'est mieux. Je pense que toi et moi nous pourrions travailler ensemble après tout. Je n'oublierai pas que tu nous as aidés. Il y a autre chose. Si Frank a été mis dehors, ils doivent avoir quelqu'un prêt à le remplacer. Tu sais qui c'est ? » Aucune mention du travail dont il s'agit, ni du fait que Frank était tueur à gages. Parce que pour Kenny ça reviendrait à admettre qu'il savait que Frank était un assassin. Il ne l'admettra pas. Fisher ne l'y contraindra pas.

Kenny clig[illegible]e des yeux plus souvent qu'il ne devrait. Il a oublié [illegible]s flics ne sont pas au courant à propos de Calum [illegible]vraient vraiment l'être. Il ne va pas leur dire. En [illegible]s pas encore. Il garde ça en réserve pour plus [illegible]ut-être jamais. Kenny n'a jamais conduit Frank. [illegible]e seule fois. Le vieux Frank s'est toujours montré [illegible]ble et poli, mais il n'a jamais eu besoin de lui. Calum, [illegible]ette seule fois, mais tout de même. Il a été complice. [illegible] a conduit Calum à la cité. Deux hommes sont morts. On parle de meurtre suivi de suicide, mais Kenny, lui, sait. C'était le boulot de Calum. Obligatoirement. Un double assassinat. Et il l'y a littéralement conduit.

« Je ne sais pas. Ils ont peut-être quelqu'un, mais je ne suis pas au courant. En tout cas ça ne viendrait pas de Jamieson. Ça viendrait de Young. C'est lui qui se charge d'engager et de renvoyer.

– Même pour remplacer quelqu'un d'aussi important que Frank MacLeod ? »

Kenny hausse les épaules. « Je suppose. Je ne sais pas. Tout ce que je sais c'est qu'il s'occupe de ce genre de choses. Jamieson décide en dernier ressort, évidemment, mais c'est en général Young qui fait le gros du travail. C'est tout ce que je sais. »

Oh non, ce n'est pas tout, se dit Fisher. C'est tout ce que tu veux dire maintenant, mais tu en sais bien davantage. Kenny ne peut pas être informé au sujet d'un homme aussi important que Frank sans en savoir beaucoup plus sur les autres. S'il est intelligent, il va garder pour lui les meilleures informations. Il les distillera au cours des années. Il cachera tout ce qui l'incrimine. Tout ce qui l'embarrasse. Tout ce qui pourrait mettre en danger sa place dans l'organisation de Jamieson ou le filet de sécurité qu'il tente de créer. Ça suffit pour le moment. Frank MacLeod. Fisher se cale sur son siège et pense à lui. À comment utiliser au mieux cette information. Kenny est toujours là. Toujours nerveux ; il a l'air d'avoir froid. Il attend que [illegible]sher lui dise que l'entretien est terminé.

« C'est le genre de choses que j'ai besoin de [illegible] dit Fisher. Quand tu en auras d'autres, tu me fais sign[illegible] toujours le numéro que je t'ai donné ?

– Oui.

– Très bien. Merci d'être venu. Pars le premier. »

Il est parti avec un dernier regard hargneux à la tasse de liquide chaud. Fisher la tient encore. Il réfléchit. Le meilleur scénario serait d'arrêter Frank MacLeod. Il ne peut pas. Il n'a aucune raison pour l'arrêter. C'est un tueur, mais un bon. Suffisamment pour ne pas laisser traîner de preuves. Que va faire Frank ? Expulsé d'une organisation, il pourrait courir vers une autre. Il doit y en avoir quelques-unes dont il s'est fait des ennemies au cours des années. On ne peut pas durer aussi longtemps que Frank sans se faire des ennemis. Il doit quand même y avoir quelqu'un. Quelqu'un l'engagera. Quelqu'un qui cherche un nom réputé à avoir dans son entourage. Pour avoir à bord un homme d'expérience. Ce sera un autre jeune ambitieux. Le genre d'homme qu'était Jamieson quand il a engagé Frank. Frank a besoin de protection. Il ira chercher la sécurité chez lui. S'il est mis dehors, c'est qu'il a dû se passer quelque chose. Quelque chose d'impardonnable. On ne met pas Frank MacLeod à la retraite parce qu'on pense qu'il n'est peut-être plus aussi rapide. Il a dû faire une énorme connerie. Ou flouer quelqu'un. La connerie est plus vraisemblable. Il était trop bien là où il était pour mettre la pagaille. Frank a été viré essentiellement pour incompétence.

Fisher lave la tasse dans l'évier de la cuisine. Il va rentrer directement chez lui. Il a une jolie petite maison, mais il la trouve ennuyeuse. Tout l'ennuie, sauf son travail. Il n'y a aucun mal à aimer son travail à l'exclusion de tout le reste. Pas pour Fisher. Ça ne fait pas de lui un cliché du pauvre

Frank. De personne d'autre. De mauvaises nouvelles à propos de Frank sont de mauvaises nouvelles pour toi. Arrête, pour l'amour du ciel. Trouve-toi une place où te garer. C'est déjà assez compliqué. Il parcourt la rue deux fois dans les deux sens et trouve finalement un emplacement. Quelques pas à faire dans le froid jusqu'au club.

On y a froid aussi. On ne le dirait pas, à regarder certaines personnes devant la boîte ce soir. Des jeunes femmes – certaines trop jeunes – en jupe courte, parfois trop courte. Des tenues d'été, de l'avis de Calum. Elles rient et bavardent entre elles en attendant d'entrer. Il y a une espèce de file d'attente. Des jeunes, garçons et filles, qui cherchent à s'impressionner mutuellement. Avant, ça n'était pas comme ça. L'endroit avait des difficultés. Jamieson l'a complètement transformé. Il l'a rendu chic, et rentable par voie de conséquence.

En passant devant la vingtaine de personnes sur le trottoir Calum se dit que ce n'est pas l'emplacement rêvé pour y installer son bureau. Jamieson est suffisamment puissant pour s'établir dans un lieu plus calme, anodin. C'est du sentimentalisme, ni plus ni moins. La boîte a été la première grosse affaire légale sur laquelle il a mis la main. C'était logique de l'utiliser comme bureau à ce moment-là. Il en a fait un succès, il a prouvé qu'il pouvait être un homme d'affaires convenable. C'est toujours très important pour les hommes du milieu. Ils aiment montrer qu'ils peuvent aussi trouver leur place dans la légalité. Il construit maintenant un empire et il est largement temps d'abandonner le club. Mais il ne le fait pas. C'est son périmètre de sécurité.

Quelques curieux regardent Calum. Il essaie de passer inaperçu, la tête baissée. Il a dépassé la foule et se dirige vers la porte. Quelques-uns croient qu'il refuse de faire la queue. Les videurs le regardent, probablement prêts à lui interdire l'entrée. L'un d'eux le reconnaît. D'un geste de la main il empêche son collègue d'intervenir. Ils s'écartent pour le laisser passer. Pas un mot n'a été échangé. Ils ont leurs consignes. Ils savent qui est là pour s'amuser et qui vient pour voir le patron.

À l'intérieur. Dans la musique qui matraque et la chaleur des corps. Les clients aiment ça. Se coller au hasard contre des étrangers, à moitié sourds et surtout ivres. À sa droite, la boîte. L'escalier en face de lui. Quatre personnes assises sur les marches. Une jeune femme en pleurs qui se fait consoler par une amie. Un jeune couple quelques marches plus haut en train de s'explorer bruyamment la glotte. Calum passe devant eux en veillant à ne heurter personne. À ne pas attirer l'attention. À ne pas trébucher sur ces marches traîtresses. Aucun des autres ne s'intéresse à lui et maintenant il pousse la porte de la salle de billard.

Plus tranquille ici. Moins de monde. Trois tables occupées, une demi-douzaine de vieux poivrots au bar. Rares sont ceux qui le regardent passer, aucun ne s'attarde. Les gens ici sont trop prudents pour ça. Jamieson ne s'est jamais vanté de ses activités, mais ils ne sont pas idiots. Ils savent que ceux qui vont au fond du couloir, dans le bureau du propriétaire, pourraient être de ceux qu'il vaut mieux ne pas dévisager.

Il frappe à la porte du bureau. Il faut attendre que Jamieson dise d'entrer. Ce n'est pas une question de bonnes manières, mais plutôt une précaution pour ne pas tomber sur quelque chose qu'on ne devrait pas voir. Peu probable avec Jamieson, il est bien trop prudent. Mais on ne sait jamais. Une voix étouffée répond. Calum ouvre la porte, entre, la referme vite. Jamieson est seul, assis comme toujours derrière son bureau. Le canapé à droite est inoccupé. Pas de Young. C'est un peu déroutant. Calum cherche à se rappeler s'il s'est déjà trouvé seul avec Jamieson.

« Assieds-toi », dit Jamieson en indiquant la chaise devant le bureau.

Calum s'assoit, il essaie de lire son expression. Jamieson a l'air fatigué. Et préoccupé. Calum ne dit et ne dira rien. C'est à Jamieson de mener cette conversation. Quel que soit le problème, c'est le sien.

« Nous devons parler, dit Jamieson. Ce ne sera peut-être pas facile. »

Personne n'apprécie une telle entrée en matière. Calum reste sans expression. Résolument sans expression. Ne laisse pas Jamieson voir que tu es inquiet. Ne le laisse pas penser qu'on peut facilement t'effrayer. Reste calme, écoute ce que le patron a à dire.

« Nous devons parler de Frank. » Son ton dit qu'il n'en a aucune envie. Qu'il préférerait parler de n'importe quoi d'autre. « Tu as vu ce qui s'est passé, dit-il en levant une main dans un geste de découragement. Il a foiré. Complètement. Je vais être honnête avec toi, Calum – je n'aurais pas dû t'envoyer. Tu ne méritais pas que je te mette en danger de cette façon. Un type comme Frank connaît les risques. Il sait que s'il est coincé on l'abandonne. Je t'ai envoyé là-bas, et je n'aurais pas dû. Je le regrette. Tu as réglé ça brillamment, mais je regrette quand même. » En laissant Calum voir qu'il peut reconnaître ses erreurs il montre de la faiblesse. La plupart des types dans ce milieu appellent ça de la faiblesse. On présente rarement des excuses. Le patron, presque jamais. C'est le moment de se mettre sur ses gardes.

Calum accepte les excuses d'un signe de tête comme pour dire que ce n'est pas grave. Mais il se tourmente. Il ne veut pas entendre cet acte de contrition. Il sait sur quoi il va déboucher.

« Toute cette histoire avec Frank, reprend Jamieson. C'était une erreur dès le début. J'aurais dû voir qu'il n'était pas en état de faire le travail. Sa hanche et tout le reste.

Je voulais croire qu'il pouvait revenir tout simplement et être de nouveau lui-même. Comme si rien n'avait changé. S'il en était capable, ça me facilitait la vie. J'ai besoin de deux tireurs. Toi et lui. Même si les rôles s'inversaient, toi le numéro un, et lui le suppléant, je voulais que ce soient vous deux. Des hommes de talent auxquels je peux me fier. Ils sont difficiles à trouver. Tu n'as même pas idée », dit-il avec un sourire amer.

Tant d'honnêteté est en train de rendre l'atmosphère lourde. Jamieson le sent. Il est temps d'en venir au fait.

« Frank est mis à la retraite. J'essaie de continuer de l'employer. De lui faire accepter un rôle de conseil, mais je doute que ça lui plaise. Ce n'est pas son genre d'être conseiller. Il pourrait encore venir de temps en temps, mais tu dois le considérer comme retraité. »

C'est un avertissement. Dorénavant, tu ne dis plus rien à Frank. Tu ne lui demandes ni aide ni conseil. Tu ne lui parles d'aucun boulot exécuté dans l'organisation. Frank est devenu un étranger.

« C'est… » Calum a l'air de chercher le mot juste. « Triste. » C'est sincère, mais ça ne l'engage à rien.

« Ça l'est. » Jamieson semble le penser vraiment. Calum ne l'a encore jamais vu triste. Jamieson possède un style qu'il applique tout le temps. Quoi qu'il éprouve au fond de lui, il peut le cacher derrière le bluff. Ceci est un moment rare où il n'essaie même pas. Il laisse délibérément Calum voir combien il est affecté. Il offre sa confiance. Calum n'y tient pas. « C'est triste, mais il le faut, dit Jamieson. Il a fait une erreur que nous ne pouvons pas laisser se reproduire. Merde, il devrait être déjà mort. Si j'avais fait ce que je devais cette nuit-là, il le serait. » Il y a là un message implicite. Ils auraient dû laisser Frank mourir. Le garder en vie n'a causé que des difficultés. Pour Jamieson, ce n'est manifestement pas une chose facile à dire à propos d'un ami, mais il a raison. Rétrospectivement, sa mort aurait été préférable pour l'organisation.

C'est une promotion. Ce pitoyable échange insupportable est ce qui chez eux constitue de l'avancement. Jamieson ne peut plus ajouter qu'une chose.

« Tu comprends ce que ça signifie pour toi. Frank a pratiquement disparu. En tant que tireur, il est fini. Tu seras notre principal responsable. » Une pause. « Je ne veux pas que tu penses que tu obtiens cette position par défaut. Tu l'aurais de toute façon, même si Frank était encore en activité. Tu es exceptionnel, les dernières opérations l'ont prouvé. C'est ton tour. »

Calum acquiesce. Une acceptation polie. L'heure n'est pas à l'enthousiasme. Calum n'est pas l'homme de l'emploi. Pas maintenant, et pas même dans ses meilleurs moments.

« Nous ne sommes pas dans une cérémonie à la con », dit Jamieson en souriant. Il semble être redevenu lui-même. Crâneur, grossier. « Rien du genre passage du flambeau. Toutes ces conneries c'est... de la connerie. Normalement, je n'en parlerais même pas. J'imagine que tu le découvrirais tout seul de toute façon. Sauf que nous ne sommes pas dans des circonstances normales. Pas après ce qui s'est passé. » Il est retombé dans la morosité.

Apparemment, il n'y a plus rien à dire. Calum toussote. Il essaie de trouver une formule polie. Une formule à tout faire. Quelque chose qui ne ressemble pas à un mensonge pur et simple. Merci serait conventionnel, mais ce serait un mensonge. Il ne le remercie de rien.

« Eh bien, c'est aimable à vous de me mettre au courant. Au sujet de Frank. Je n'aurais pas su comment m'y prendre si j'étais tombé sur lui. » Ce n'est pas vrai, il aurait su. Il aurait joué la prudence, comme toujours.

Jamieson sourit. « Tu l'aurais compris tout seul. Écoute, Calum, je sais que tu n'es pas avec nous depuis longtemps.

Et aussi que nous sommes la première organisation avec laquelle tu as travaillé. Vraiment travaillé, pas en freelance. Ça ne semble peut-être pas très important pour toi. Ça ne te plaît peut-être même pas. Je comprends que tu ne sois probablement pas encore à l'aise avec nous. Je le comprends. Tu es habitué à avoir davantage de liberté. Je veux que tu saches que je comprends ça. Nous n'utiliserons pas que toi. Je ne vais pas te surcharger. Je ferai en sorte que ton emploi du temps te convienne. Évidemment, il peut arriver qu'il ne dépende pas de moi. Mais j'essaierai. Je m'assurerai aussi que tu bénéficies de la meilleure protection et du plus grand appui que quelqu'un puisse avoir dans cette ville.»

Ce sont les promesses professionnelles. Raisonnables, généreuses et prévisibles. Certaines seront tenues, pour d'autres c'est moins sûr. Jamieson ne peut pas garantir protection et appui maximum, il ne peut que s'y efforcer. Ils se sont dit tout ce qu'il y avait à dire. C'est vrai pour Jamieson. Calum s'est surtout tu.

«Je comprends bien.» Calum doit dire ce qu'il faut pour mettre fin à la conversation. «Je crois que je commence à m'y habituer. Sauf que les blessures ont ralenti les choses», dit-il en levant les mains. Encore couvertes de cicatrices. Encore très laides. Jamieson répond d'un signe de tête. Pourvu qu'il indique la fin de l'entretien. Calum n'est pas un causeur, Jamieson le sait déjà.

«Encore une chose», dit Jamieson. Il a repris son visage malheureux et baisse les yeux sur sa table. L'atmosphère redevient soudain lourde. On en vient apparemment à la véritable raison de la présence de Calum ici. «À présent que Frank est à la retraite», Jamieson marque un temps. «Et qu'il ne fait plus partie de nos intimes, je ne sais pas comment il va réagir. C'est un énorme changement pour lui. La première fois en plus de quarante ans qu'il ne fait pas ce travail. Je suppose qu'il a fait des pauses, mais de toute façon… » Il va demander à Calum de faire une chose déplaisante. Ce n'est presque pas nécessaire de le dire. « L'important, c'est que j'aie confiance en Frank. En temps normal, je lui confierais ma vie. Je ne pense pas qu'il pourrait faire quelque chose qu'il ne devrait pas. Je ne pense pas. Je ne peux pas en être sûr à cent pour cent. Je ne veux pas que tu lui fasses le moindre mal ; je veux seulement que tu le surveilles. Avec précaution, bien entendu. Pas question d'irriter Frank MacLeod, retraité ou non. Surveille-le pour voir ce qui se passe. Je suis sûr qu'il n'y aura rien, mais tout de même. J'aimerais savoir. »

Calum accepte de nouveau. Toujours muet. Il ne veut pas faire ça. À aucun niveau. Mais il doit approuver. Et il sait qu'il finira par obéir. C'est tout naturel que Jamieson fasse suivre Frank. Seulement c'est surprenant qu'il le fasse suivre par un tueur.

« D'accord.

– Je sais que ça ne te plaît pas. » Jamieson lève la main avec un sourire entendu. « Tu es un tueur. Ce que je te demande est un peu au-dessous de ton niveau. Je suis de ton avis. Le problème, c'est que ce doit être fait par quelqu'un en qui j'ai confiance. Quelqu'un qui, je le sais, travaille bien. En ce moment, tu es sacrément bon dans ton boulot. Je crois aussi, il paraît réfléchir un peu plus, que ton regard nous aiderait. Tu sais ce que Frank devrait faire maintenant. Tu peux repérer des éléments qui échapperaient à d'autres. Ils seront évidents pour toi. Tu penses comme lui. » Il sourit. « Tu ne t'en rends sans doute pas compte, mais c'est vrai. »

34

Il a attendu aussi longtemps qu'il pouvait raisonnablement attendre. En espérant que Young l'appellerait pour lui dire de ne pas s'en occuper. Malheureusement, non. Pas d'appel. George doit maintenant téléphoner pour son compte. De la délicatesse, a dit Young. Ouais, parce que le cogneur est connu pour sa délicatesse. C'est idiot de devoir faire ça. Idiot et peut-être dangereux. Le cogneur qui essaie d'être délicat et met un tueur en pétard. On se demande ce qui pourrait aller de travers. Calum est solide, sans aucun doute. Il n'est pas du genre à se laisser déborder par ses émotions. Ça ne change rien au fait que c'est un type qui sait punir.

Il aurait probablement dû donner ce coup de fil hier soir. S'en débarrasser. George a toujours travaillé comme ça. Les autres croient que c'est parce qu'il est décidé. Enthousiaste, même. Ça n'est que du bon sens. Il a un travail à faire, il y va. Il ne le remet pas à plus tard. Il ne le laisse pas pourrir. Pour un cogneur, les boulots sont assez simples, aucun besoin de s'angoisser. On les fait.

Ce serait plus facile s'il connaissait Emma. Il l'appellerait, ils en parleraient. À fond. Il lui ferait comprendre. Sans rien lui dire de compromettant, mais assez pour qu'elle devine toute seule. Il lui donnerait une chance de prendre la décision raisonnable et de s'en aller. Pas de crève-cœur, rien que du bon sens. Mais non, ça n'est jamais aussi simple. Il ne la connaît pas. Il l'a vue une fois, il se souvient à peine de quoi elle a l'air. Il se rappelle son amie Anna Milton. Il était sorti avec elle ce soir-là. Une jolie petite chose blonde. Elle lui avait bien plu, disons les dix premières minutes. Ensuite elle a commencé à lui taper sur le système. Sérieusement. Un rire agaçant. Collante. Bruyante. À ce stade il était déjà suffisamment beurré pour ne pas le remarquer. Quand il s'est réveillé le lendemain matin, il l'a remarqué. Il lui a dit qu'il l'appellerait. Et il le fait maintenant, plus d'un mois plus tard.

Quand elle dit allô il y a une note de perplexité dans sa voix. Elle ne reconnaît pas le numéro affiché.

« Salut, Anna, c'est George. Tu te souviens de moi ? George ? »

Silence à l'autre bout, puis : « Oh, oui. » La voix polie qui a dit allô a disparu. Écrasée par la voix forte et mécontente qu'elle préfère. « Je me rappelle t'avoir donné mon numéro. Tu avais dit que tu m'appellerais.

– Et c'est ce que je fais », dit-il en optant pour l'insolence. Puis il improvise. « Tu n'imagines pas le mal que j'ai eu à retrouver ton numéro. J'ai mis des semaines à récupérer mon téléphone. Jusqu'à hier. Je parie que tu es très fâchée contre moi, non ?

– Récupérer ton téléphone où ? » Elle n'est pas en colère, seulement perplexe. Il sait qu'il l'a eue.

« Je ne peux pas t'en vouloir », dit-il. Décidé à éluder la question. « Écoute, ça te dirait un déjeuner ? Je t'invite. Pour m'excuser.

– Aujourd'hui ?

– Bien sûr, si tu es libre.

– Je pense que oui. »

Fais le boulot. Débarrasse-t'en. Un déjeuner, et ensuite tu ne la rappelleras jamais. Oriente la conversation sur Calum. Donne-lui de quoi aller le raconter à Emma. Et après, continue de vivre en faisant comme si tu n'avais pas poignardé ton ami dans le dos.

Il s'habille. Il ira la chercher. Ils iront dans un restaurant agréable. C'est plus facile de tenir une conversation dans un décor confortable. Pour déjeuner, inutile de réserver, il n'aura qu'à s'efforcer de ne pas se faire remarquer quand ils y seront. Il ne peut pas provoquer de scène. Ça pourrait trop facilement revenir à Calum. D'Anna à Emma et d'Emma à Calum. Le nom de George pourrait circuler entre eux. D'autant plus si, encore une fois, Anna était mécontente de lui. Belle chemise, pantalon classique. Bien coiffé. Ça ira. Il sort et monte dans sa voiture. Il se rappelle son adresse. Plutôt joli quartier pour une étudiante. Probablement payé par la banque de papa et maman. Il ne lui reproche pas ses riches parents. Il aurait plumé les siens s'il y avait eu quelque chose à prendre.

Ce n'est pas à elle qu'il pense en roulant. Mais à Calum. Son ami. Calum le voit-il comme un ami ? Certainement. Ça n'est pas comme s'il en avait tellement. Il doit considérer George comme un ami. Après cette nuit-là, sûrement. C'est George qu'il a appelé. Celui en qui il avait confiance. Calum avait besoin que quelqu'un l'aide. Le sauve, soyons honnêtes. Il avait tué Davidson, mais Davidson lui avait lacéré les mains. Il ne pouvait rien faire. Encore fort mentalement, mais incapable de se débrouiller. Il avait besoin de quelqu'un de fiable. Il ne savait pas où il mettait les pieds. George y est allé. Au milieu de la nuit. Calum a tenu bon. Il lui a donné des ordres. Ils ont fait le travail, et l'ont bien fait. Ils se sont débarrassés du corps. Leur réputation auprès de Jamieson en a été rehaussée. George est le premier que Calum a appelé. Celui auquel il se fiait le plus quand les chances étaient contre lui. Et voilà comment George le remercie.

Elle attend devant chez elle. Quand il s'arrête elle regarde dans la voiture. Elle est jolie, il faut le reconnaître. Elle ne s'en tirerait jamais avec une telle personnalité si elle ne l'était pas.

« Content de te voir, dit-il avec son sourire le plus heureux. Ça n'aurait jamais dû attendre aussi longtemps, mais nous pouvons nous rattraper. »

Elle lui rend son sourire. « J'en suis sûre », répond-elle d'une voix pleine de sous-entendus. Qu'a dit Young à propos de la délicatesse ? Donc il ne devrait probablement pas utiliser Anna. « Nous allons dans un joli endroit ?

– Le meilleur que je peux me permettre. Tu vas aimer. Il a de la classe.

– Je ne pensais plus avoir de tes nouvelles, vilain garçon. » Elle l'agace déjà. Elle ne perd pas de temps. Supporte-la. Tu te sentiras mieux avec ta trahison si tu souffres toi aussi.

Ils sont au restaurant. C'est tranquille, heureusement. Ils ont déjà commandé. Elle attend que George parle de son téléphone. En vain. Elle le fera. Il changera de sujet. Dis des mensonges aussi simples que possible. Faciles à te rappeler. Oriente la conversation vers Calum. Les plats sont arrivés. Ils mangent, ça la fait taire. Elle n'a pas encore mentionné le téléphone. Elle ne le fera peut-être pas. Elle ne veut peut-être pas trop en demander. Elle est peut-être prête à accepter le vague mensonge.

« Comment ça va avec tes études ? » Façon polie d'amener Emma sur le tapis.

« Bien, je crois. Quelquefois ça n'est pas, tu vois, assez en prise avec la réalité. J'ai hâte de finir et de travailler. Je veux faire tellement de choses. »

Il acquiesce entre deux bouchées. Toujours poli. Bon Dieu, il fait tout ce qu'il peut pour paraître intéressé.

« J'aimerais te demander une chose. » Elle pose sa fourchette. Tend la main à George. On dirait que ça se corse. « Comment tu gagnes ta vie ? Je crois savoir, mais je veux que tu me le dises. »

C'est une question à laquelle il n'a aucune envie de répondre, mais c'est pour parler de ce sujet qu'ils sont ici. Pas impossible que ce soit un coup monté. Elle est énervante, mais pas idiote. Il ne sous-estime pas ses capacités de le baiser royalement. Elle pourrait même porter un micro. Plaignez le malheureux obligé d'écouter ses enregistrements.

« Qu'est-ce que tu crois que je fais ? » Il opte pour le sourire de défi.

« Non, j'ai demandé la première. » Elle a baissé la voix. Un ton de conspiration.

Ce sera encore un mensonge vague. « Des tas de trucs. Des petits boulots, on pourrait dire. Ici et là. »

Elle lui fait les gros yeux. « Si tu n'es pas honnête avec moi, ça ne va pas marcher entre nous. »

Il ne sera pas honnête avec elle, et ça ne marchera pas entre eux. Il doit néanmoins s'arranger pour que leur relation dure jusqu'à la fin de cette conversation. Au-delà, elle peut tranquillement tomber dans l'oubli.

« D'accord, je vais être franc avec toi. Je suis dans toutes sortes de boulots. Tous ne sont pas – comment dire ? – officiels. Je reconnais que je m'occupe de certaines affaires légèrement douteuses. Rien de trop grave. » Il a levé la main comme pour défendre son honneur. Il essaie de paraître sincère. « Je sais que je ne suis pas toujours fier de ce que je fais. Mais je n'ai jamais dépassé les bornes. » Il est temps de ramener la conversation là où ça l'arrange. « J'en connais qui l'ont fait, c'est vrai. Il y a eu des moments où j'ai fréquenté une bande violente. Où j'ai été ami avec des types qui sont allés trop loin. Mêlés à des affaires qui ne me plaisent pas du tout. J'ai seulement essayé de gagner ma vie. D'éviter les ennuis. Jusqu'à maintenant, j'y suis arrivé. Je ne veux pas que tu croies que je suis une sorte d'escroc. Quand j'étais plus jeune, peut-être. Mais pas maintenant. »

Il la laisse réfléchir. Elle va d'abord penser à elle-même. Jusqu'où peut-elle lui faire confiance ? Devrait-elle le quitter tout de suite ? Ça lui épargnerait des complications. C'est un bon menteur, elle va croire au discours d'un repenti. Un peu arnaqueur dans le passé, qui vit honnêtement maintenant. C'est ce qu'elle veut croire, donc elle le croira. Maintenant qu'elle a étudié sa propre situation, elle va considérer le reste de ce qu'il a dit. L'analyser. S'attarder sur son allusion au genre d'amis qu'il a. Réfléchir sur ce en quoi ça la concerne. Elle finira par en venir à Emma. Quand elle jugera bon. George attend. Elle y arrivera. D'une seconde à l'autre.

« Tu as des amis qui mènent davantage ce genre de vie ?

– Quelques-uns, oui.

– Et Calum ? »

Ça y est. C'est le moment qu'il attendait. Attention. N'en rajoute pas. Commence par ne rien dire. Fais semblant de regretter le tour qu'a pris la conversation. De ne pas vouloir parler de Calum. Maintenant, dis quelque chose. « Je ne veux pas lui causer d'ennuis. »

Elle a réussi à prendre un air grave. « C'est un des amis dont tu parlais ?

– Écoute, Calum est un brave type. Nous ne sommes pas extrêmement proches, mais nous nous entendons bien. Je sais qu'il a trempé dans des trucs. » Une pause de réflexion. « Je ne veux pas entrer dans les détails. Je sais seulement qu'il a été mêlé à des affaires que je trouve plus graves que ce que je peux admettre. Ça n'en fait pas un mauvais type. Il a toujours été un ami pour moi.

– Des affaires graves ? Quoi ?

– Écoute, j'en ai déjà trop dit. Je ne veux pas qu'il apprenne que je l'ai débiné dans son dos. » Ça paraît sincère. Ça l'est. « C'est un ami. Je n'ai aucune envie de raconter des ragots sur son compte. Je l'aime bien, tout simplement je ne ferais pas ce qu'il fait pour gagner ma vie. J'aurais bien trop peur de me faire prendre. C'est tout ce que j'ai à dire. » Nouvelle pause. Laisse-la réfléchir à ça quelques secondes. « Ne parlons plus de lui, d'accord ? Profitons de notre déjeuner. Nous devons nous donner une chance. »

Elle n'a plus mentionné Calum. En réalité, elle n'a pas dit grand-chose. À un certain moment elle a même paru un peu contrariée. George a fait un effort surhumain pour tenir pendant la demi-heure suivante. C'est bizarre. Il a connu des moments durs dans son métier. Il a tabassé des hommes qui ne le méritaient pas. Des types bien. Il n'était pas aussi désolé pour eux qu'il ne l'est en ce moment pour Anna. Ils sortent du restaurant ; elle a son manteau. Ils montent en voiture et il la raccompagne chez elle. En silence pendant presque tout le trajet.

« Ç'a été agréable », dit-elle. Ils sont de nouveau devant sa porte. Elle le dit pour être polie. Ça n'a pas été agréable. « Tu as mon numéro. Tu peux m'appeler si tu veux. » C'est dit sans enthousiasme. Comme si elle savait déjà qu'il ne l'appellera jamais.

« Je le ferai. » Ça n'arrivera pas. « Ça m'a fait plaisir. » Faux. Elle sourit et entre chez elle. Il est remonté en voiture. Il a détesté chaque minute de cette épreuve. Pas à cause d'Anna, mais de ce qu'il faisait. Maintenant il déteste John Young. Il se déteste.

35

Il est venu au garage de son frère chercher une voiture. William est toujours heureux de le voir. Toujours protecteur avec son petit frère, sans entrer dans des détails inutiles. Il en sait assez sur les activités de Calum pour éviter les questions embarrassantes.

« Je pourrais en avoir besoin pour un bout de temps. Peut-être même des semaines.

– J'en ai une que tu peux utiliser. Pas une voiture de client, une que j'ai achetée. Pas cher. Le type avait absolument besoin de la vendre, alors je l'ai un peu arnaqué.

– Un peu ?

– Il lui fallait du liquide tout de suite. » William hausse les épaules. « Elle est assez miteuse. Je vais devoir la retaper avant de la revendre. » Il emmène Calum dans son bureau au fond du garage. « Mais j'en tirerai un bon prix. » Il ferme la porte. « Quel genre de boulot t'oblige à garder une voiture aussi longtemps ? » Le frère inquiet. Une inquiétude réelle.

« Rien de vraiment illégal. Ne te tracasse pas, elle ne se fera pas repérer.

– Ça n'est pas pour la bagnole que je me tracasse », dit William en lui tendant les clés.

Il n'a pas demandé comment allaient ses mains cette fois. Après l'épisode Davidson, Calum est resté quelque temps sans voir sa mère ni son frère. En attendant que ses blessures cicatrisent. Que les choses se tassent. Puis il est allé chez sa mère pour un dîner du dimanche. Il lui a raconté qu'il avait aidé un ami dans une imprimerie. La même histoire qu'il avait si mal servie à Emma. La cohérence est importante. Sa mère y a cru. Elle n'a jamais été du genre à poser des questions si elle risquait de ne pas aimer la réponse. William était là. Il n'a pas marché une seconde. William connaît le milieu. Il se tient en marge, il fait de temps à autre quelques bénéfices supplémentaires en rendant service à des gens dudit milieu. En fournissant des voitures, en les maquillant et en changeant les plaques. William connaît probablement Shug, il a une vague idée de ce qui se passe. Il veut que son petit frère reste en dehors, surtout pour leur mère. Trop tard. Calum est dedans jusqu'au cou. William veut que son frère soit en sécurité, mais il ne peut pas s'empêcher de l'aider. En lui procurant des véhicules quand il en a besoin, quels que soient les risques. Sans jamais lui demander un sou. Il reste le frère.

Rester assis dans une voiture qui sent le louche devant la maison d'un vieil homme. Espionner une des rares personnes qu'il respecte. L'ennui mortel de la surveillance. Les yeux fixés sur une porte qui ne s'ouvre pas. À quelque distance. Assez loin pour ne pas se faire remarquer. Pour qu'il y ait peu de risques que Frank repère Calum. Il devrait savoir qu'il est surveillé. Un vétéran comme Frank devrait deviner qu'il est filé. Il est évident qu'un type comme Jamieson prend toutes les précautions. Évident que le monde a besoin de savoir ce que Frank va faire. Ce qui pour l'instant n'est pas grand-chose. Calum ne peut que deviner qu'il est chez lui. Ce qu'il sait des habitudes de Frank lui dit qu'il est là. Il pourrait ne pas sortir de la journée. Il n'a certainement plus besoin d'aller au club. Il devrait; il devrait s'obliger à y passer régulièrement. Pour faire un peu pression sur Jamieson. En se rendant utile d'une façon ou d'une autre. Ce n'est peut-être pas ce que souhaite Frank, mais c'est une forme de protection. Qu'il y aille, qu'il fasse le travail de consultant qui lui a été proposé. Qu'il rétablisse la confiance.

Frank ne fera pas ça. Il n'a pas cette mentalité. Calum l'a constaté chez quelques-uns de ses aînés. Ils se considèrent comme des hommes à part dans le crime organisé. Ils ont la mentalité de l'expérience. Quand vous passez des décennies comme tueur, ce qui arrive rarement, vous voyez le monde sous un angle différent. Tout tourne autour du secret et de l'instinct de conservation. Une vie entière à cacher vos activités. Ça vous change un homme. Ç'a dû changer Frank lui aussi. Il doit considérer tout ce qui le fait sortir de l'obscurité comme une absurdité et même un danger. Il rejettera obligatoirement la proposition d'un ami de continuer à le rémunérer au-delà de sa date limite. C'est un tueur, et il ne sera jamais rien d'autre. Vous mettez si longtemps à vous discipliner pour en être un que vous ne pouvez tout simplement pas devenir une autre sorte d'homme. Vous êtes tellement lié à votre métier qu'il domine votre vie. Et la détruit.

Combien de temps cela prend-il ? se demande Calum. Il surveille à peine la maison. Rien à surveiller. Combien de temps avant qu'il ne soit plus capable de mener toute autre forme d'existence ? Il est dans le milieu depuis plus de dix ans maintenant. Huit ou neuf ans qu'il n'est strictement que tueur. Il a commencé jeune et a découvert qu'il aimait cette vie. Peu de travail, suffisamment d'argent, la paix et la tranquillité. La vie paisible du free-lance. Il fait maintenant partie d'une organisation. Tenu de travailler quand on le lui demande. Sans possibilité d'éviter ce qui ne lui plaît pas. Il ne tardera pas à penser comme les anciens. Un tueur et rien d'autre. Toute autre proposition, une insulte. Toute autre vie, impensable. La seule idée d'être réduit à un rôle de consultant doit rendre Frank malade. Ils devraient respecter son métier. On devrait reconnaître que c'est une spécialité, que les compétences requises ne peuvent pas être transférées ailleurs. On devrait reconnaître sa valeur. Lui proposer un rôle qui sert souvent de couverture est pour lui une humiliation. C'est pourquoi il refusera. C'est pourquoi ça finira mal. Calum ne voit aucune autre possibilité.

Dans l'après-midi, la porte s'ouvre. Un vieil homme sort, recroquevillé dans un blouson volumineux. Il tire la porte. La verrouille. Se dirige vers la grille. C'est bien Frank, mais il paraît tout ratatiné. Quand on le voit travailler il est différent. L'air jeune pour son âge. Ridé, certes, mais visiblement vigoureux. Maintenant il est petit et traîne les pieds. Son opération de la hanche lui a laissé une légère claudication. Sans doute aggravée par sa chute devant l'appartement de Scott. Tout le monde le prend pour un petit vieux. C'est ainsi qu'il veut être vu. Faible et vulnérable. Un aimable monsieur à l'œil vif qui ne ferait de mal à personne. Calum comprend. Il comprend qu'il faut créer une autre image de soi pour le monde extérieur. Un tueur n'a jamais besoin de paraître dur. Inutile de prendre l'air d'une brute pour liquider quelqu'un. L'arme est suffisamment menaçante à elle seule.

Heureusement Frank ne marche pas vers Calum. Il a pris l'autre direction, comme Calum l'avait prévu quand il s'est garé là. Il se rend certainement au pub. Il prendra une pinte. Et rentrera chez lui. Il le fait apparemment tous les jours. Toujours seul. Calum trouve ça plutôt triste. Il préférerait rester à l'intérieur. Se sentir seul au milieu des autres est pire que la solitude. Frank marche. Il pleut et il fait froid, mais il suit sa routine. Calum le voit disparaître au coin de la rue. Il lui laisse deux minutes. Il démarre. Avance jusqu'au coin, voit Frank loin devant lui. Calum tourne à droite, pour faire le tour du pâté de maisons. Il arrivera quand même le premier au pub. Il regardera Frank y entrer, en sortir. Il arrivera avant lui près de la maison. C'est assommant. Il déteste devoir l'admettre, mais c'est également insultant. Si Jamieson pense qu'il est aussi talentueux, alors pourquoi lui impose-t-il un aussi sale boulot ?

Il attend, voit Frank entrer. Il voit les pauvres types qui entrent et sortent. Tous des paumés. Dans un bar minable un jour de semaine. On dirait qu'ils ont vu la fin du monde. Ils doivent considérer Frank comme un des leurs. S'ils savaient. Frank met plus d'une demi-heure à boire ce qu'il a commandé. Puis il sort. Prend le chemin inverse. La capuche remontée sur la tête. Il paraît tout petit. Calum ne l'avait encore jamais remarqué.

Il démarre quand Frank est à bonne distance. Il fait rapidement le même détour. De nouveau près de la maison. Ce doit être une vie ennuyeuse pour Frank. Que probablement seule l'exaltation de son travail rendait supportable. Finie, sa vie secrète. Le voilà. Il boite un peu plus que lorsqu'il a quitté son domicile. Il n'était pas prêt à retravailler. Calum le constate maintenant. Jamieson aurait dû s'en rendre compte. Un homme qui boite encore à la suite d'une opération n'est pas un tueur.

Frank est chez lui. L'obscurité est venue rapidement. La lumière est allumée dans son living. Filer quelqu'un demande un savoir-faire. Il en faut aussi quand on est filé. Frank a peut-être deviné qu'il l'était. Peut-être même a-t-il repéré Calum. Mais il continue de jouer son rôle. Il fait tout son possible pour prouver qu'il est un employé modèle. Il pourrait tout à fait être en contact avec une autre organisation. S'il se sait suivi, il sait aussi que son téléphone est surveillé. Il est vieux, mais il connaît les ficelles. Obligatoirement. Comme tous les bons pros. Il pourrait être en train de monter un coup. Contre Jamieson. Et Calum. Ou bien il ne pense à rien. Ce serait une condamnation. Un homme de son expérience, de son savoir, ignorant de ce qui se passe autour de lui. Impardonnable. Ce n'est pas une erreur qu'il aurait faite autrefois. Lorsqu'il était fort. Le passé est passé. Il fait noir à présent. La journée de travail de Calum est terminée. Il rentre chez lui.

36

Il a consacré le plus clair de sa journée à revoir de vieilles notes. Certaines datent des années soixante-dix. Certaines mentionnent Frank MacLeod. D'autres font allusion à l'implication de son employeur de l'époque. Aucune ne fournit assez de preuves pour une mise en accusation. Loin de là. Même aujourd'hui, des décennies plus tard, il est évident que Frank MacLeod était coupable. Pas dans toutes les affaires. Dans quelques cas, c'est difficile à dire. Dans d'autres il est probablement innocent. Ce n'est pas comme s'il était le seul assassin de la ville. Dans quelques cas, même, il est clair que des personnes ont avancé le nom de Frank sans raison valable. Ils avaient une victime et voulaient désespérément condamner Frank pour son assassinat. Malheureusement, il y avait un vide entre les deux faits, là où auraient dû se trouver les preuves.

Toujours les deux mêmes officiers. Deux flics qui n'avaient jamais travaillé ensemble. L'un avait pris sa retraite avant que l'autre devienne inspecteur. Tous les deux obsédés par Frank MacLeod. Décidés à être celui qui l'épinglerait. Le plus âgé a pris sa retraite il y a vingt ans : Richard Whyte. Fisher se souvient du plus jeune. Il était encore là quand lui-même a commencé. Un type qui s'appelait Douglas Chalmers. Très vieille école. Un bon flic, mais qui n'a jamais pu s'approcher de Frank non plus.

Fisher est à sa table, un bout de papier devant lui. Est-il en train de devenir ces deux vieux policiers ou de les trahir ? Sans doute la seconde hypothèse. Ils le penseraient très certainement, mais les temps ont changé.

Frank n'est plus le gros poisson qu'il était autrefois. Pas s'il est à l'extérieur. En outre, en faire un contact est déjà une prise. Pas la peine de prison à vie qu'il mérite, c'est vrai. Ce serait le mieux, mais ça n'arrivera pas. Frank a toujours été trop fort pour ça. Puis il a vieilli, comme tout un chacun. On lui a remplacé la hanche. Manifestement, il n'est plus en état de continuer. Il cesse d'être le gros poisson et devient l'appât. Il pourrait mener à Jamieson. À tous les hommes de Jamieson Ça vaudrait une garantie de sécurité. Non qu'il la mérite réellement. Combien a-t-il fait de victimes ? Il devrait être à l'ombre. Ça pourrait encore arriver. Dis à Frank qu'il aura la sécurité en échange d'informations. Quand tu les auras, arrête-le de toute façon. Ensuite tu pourras oublier l'idée de trouver un jour un autre contact dans le milieu. Merde, il faut toujours que ce soit aussi tordu. Les types comme Frank MacLeod ne peuvent jamais faciliter les choses.

Il a le numéro sur le bout de papier devant lui, sans oser le jeter à la corbeille. Choisis la récompense à court terme, MacLeod lui-même. File-le. Attends qu'il fasse un faux pas maintenant qu'il n'a aucune protection. Ensuite boucle-le. Attendre qu'il fasse un faux pas – la bonne blague. Fisher passe la main sur la pile de notes. Aucune erreur de Frank là-dedans. Pas une seule. Aucune raison que ça arrive maintenant. Encore moins qu'avant, en fait. L'absence de filet de sécurité exige davantage de précautions. Donc l'espoir de l'arrêter s'amenuise. Celui de l'utiliser demeure. Parle-lui. Offre-lui un rameau d'olivier. Donne-lui la seule protection qui peut lui garantir une retraite en liberté. Il pourrait refuser. Libre, il resterait toujours un ennemi pour ceux sur qui il donnerait des informations. Ce serait vivre en cavale. Se cacher jusqu'à la mort.

Il compose le numéro. Il n'y a qu'un moyen de savoir comment ça va se passer. Ça sonne. Longtemps. Pas de service de messagerie. Fisher raccroche. Soit Frank est absent, soit il ne répond pas. Il vaudrait peut-être mieux y faire un tour, mais ça n'est pas comme ça qu'on cultive les contacts. Se pointer devant leur porte leur flanque une trouille bleue. Fisher le sait. Il l'a déjà vu arriver. Cette pression les met en fuite. Ils courent se placer sous la protection de leur patron. S'ils n'en ont pas, comme Frank, ils se planquent. Ils sont définitivement perdus en tant que contacts. Il faut manœuvrer avec subtilité. Comme quand on essaie d'inviter une fille timide à sortir. De la lenteur et de la constance, rien qui puisse les effrayer. Mais Frank MacLeod n'est pas un contact comme les autres. Personne d'autre n'a son expérience. Expérience du milieu, des hommes qui le composent, de leurs relations avec la police. Il doit en savoir beaucoup. Il ne se laisse sûrement pas effrayer par les mêmes choses que les gens ordinaires.

En supposant qu'il soit même effrayé. N'importe quel autre tueur serait certainement anxieux. Viré d'une organisation, à la recherche d'un point de chute. Le vieux Frank est peut-être différent. Il pourrait déjà avoir un plan. Il est peut-être déjà passé par là. Et sait exactement quoi faire. Il s'est déjà adressé à une organisation, il sait qu'elle l'engagera. Plus grosse que celle de Jamieson. Qu'il vende son âme à une autre ordure vieillissante comme Alex MacArthur. Qu'il lui donne tout ce qu'il sait sur Jamieson. L'univers de Jamieson ne tarderait pas à s'écrouler autour de lui. La plus grande menace pour Frank disparaîtrait, sa sécurité serait presque assurée. Ne pas se faire d'illusions sur la loyauté de ces hommes. Ce sont des girouettes. Ils vont là où ils seront à l'abri des conséquences de leurs actes. Des lâches cupides, le plus souvent. Ce n'est pas parce que Frank est vieux et intelligent que ça le rend différent.

Il compose de nouveau le numéro. Il a laissé passer vingt minutes. Frank est peut-être rentré. Ou bien il ne répond pas la première fois aux numéros inconnus, par habitude. Peut-être répondra-t-il cette fois. De nouveau la sonnerie. Fisher n'a pas prévu ce qu'il va dire. Inutile. Ces gens-là peuvent être très imprévisibles. La seule chose que vous pouvez anticiper est le ton de votre voix. Poli sans être amical. Vous n'êtes pas là pour vous faire un copain. Ferme, mais sans agressivité. Ils doivent savoir qui commande, mais aussi qu'ils ne risquent rien avec vous.

« Allô ? » Une voix prudente. Pas jeune, manifestement, mais pas faible non plus.

« Allô, c'est bien Frank MacLeod ? »

Une très légère hésitation. « Oui. Que puis-je faire pour vous ? » Sinon vieux, en tout cas démodé. Bien trop poli pour une figure du grand banditisme moderne.

« Je suis Michael Fisher. Vous savez qui je suis ? »

Nouvelle hésitation. Plus longue cette fois-ci. « Oui. »

Fisher accorde à Frank un court instant de silence. Pour le laisser mettre de l'ordre dans ses idées, s'interroger sur la signification de cet appel. Se calmer, pour qu'il n'aie pas l'impression d'être agressé.

« Alors vous avez probablement une idée de la raison de mon appel. » Un ton neutre. Deux hommes d'expérience qui se parlent franchement.

« Pourquoi ne pas me la dire ? » Ça ressemble un peu à de la défiance. Probablement un automatisme. Un flic vous appelle et vous êtes immédiatement sur la défensive.

D'accord, Fisher aurait dû le voir venir. Frank a beau être intelligent, il a subi quarante ans de conditionnement. Dans un moment pareil, son instinct prend forcément le dessus.

« Je sais que vous ne souhaitez probablement pas me parler, Frank, mais je dois vous faire part de certaines choses. Vous êtes à l'extérieur maintenant. Je le sais ; vous aussi, et tout le monde le sait. C'est de notoriété publique. » Un petit mensonge sans gravité, mais qui deviendra bien assez tôt une vérité. «Je sais dans quelle position ça vous met. Je veux vous faire une proposition.» Fais une pause. Attends de voir sa réaction. Rien pendant un long moment embarrassant.

Il y réfléchit, c'est un bon début. Beaucoup de types lui auraient déjà dit où se coller sa proposition, sans même attendre de l'entendre. Pas le vieux Frank. Il a trop de bon sens. Reste à voir combien. Il est toujours muet.

«Je ne vais rien exiger de vous dans l'immédiat. Je pense qu'il serait utile que nous nous voyions. Nous pourrons tous les deux mieux juger de la suite.»

Un soupir à l'autre bout. De l'exaspération, pas du dégoût. «Je doute que ce soit bon pour l'un ou pour l'autre», répond Frank.

Il est temps de jouer cartes sur table. «Peut-être pas. Mais je peux vous offrir quelque chose que vous n'obtiendrez nulle par ailleurs. Vous êtes à l'extérieur maintenant. Vous allez devenir une cible, quoi que vous fassiez. Vous connaissez la musique. Je peux vous offrir la sécurité. Vous cacher; vous protéger – tout ce qu'il faut. Je peux vous éviter la prison. Je ne vous demande pas de dire oui ou non tout de suite. Mais nous devons nous rencontrer.»

Nouvelle pause. «J'ai maintenant votre numéro, dit tranquillement Frank. Laissez-moi réfléchir. Je vous rappellerai.»

Ça s'est mieux passé que prévu. Il n'a pas dit non. C'était probablement un non, mais il a de quoi travailler dessus. Frank le rappellera. Ça peut prendre du temps, mais s'il obtient un rendez-vous, Fisher aura fait la moitié du chemin. Quand quelqu'un accepte une rencontre, c'est généralement parce que sa décision est prise. Une rencontre présente un risque grave, c'est donc un engagement en soi.

Personne d'autre dans le bureau à cette heure. Deux ou trois types du service de nuit sont venus et repartis. Dieu sait où, probablement à la cantine. Il s'en fiche. Pour une fois, Fisher n'est pas d'humeur à punir. Il tient sa chance. Une chance de résoudre l'assassinat de Scott, peut-être aussi celui de Winter. Peut-être beaucoup d'autres. Une chance de faire tomber Peter Jamieson. De faire une chose qui compte réellement. Son travail a si peu d'importance désormais. Il épingle un abruti armé qui se prend pour un malfrat et l'envoie à l'ombre pour dix ans. Dans les deux semaines qui suivent, trois autres abrutis ont pris sa place. Il arrête ceux qui veulent attirer l'attention, ceux qui se croient des célébrités et vivent en conséquence. Pendant ce temps, ceux qui comptent restent cachés. À l'abri. Et un jour, une occasion. Celle qui se présente une fois tous les dix ans de démonter toute une organisation puissante. Ça pourrait être cette fois.

37

Son réveil sonne à sept heures et demie. Il le met toujours à sept heures et demie en semaine, huit le week-end. Il se dit maintenant qu'il pourrait ne pas en tenir compte. Qu'il aurait pu l'ignorer toute sa vie adulte. Il n'a jamais eu de véritable emploi. Un emploi où on produit quelque chose, où on apporte une contribution. Il n'a toujours été qu'un destructeur. Les destructeurs n'ont pas besoin de se lever tôt. Mais il le fait toujours. Il a mis si longtemps à prendre cette habitude qu'il lui est devenu impossible de rompre avec elle. Quand on vit une vie imprévisible, on a besoin d'établir une certaine routine. Pour Frank, c'est un réconfort. Il n'est pas maître de son travail. Mais c'est lui qui détermine le mode de vie qu'il peut avoir. Alors il se fixe des routines et s'y tient.

Il se lève, prend une douche, s'habille et descend prendre son petit déjeuner. Il réfléchit à sa situation. Il est tout seul, semble-t-il. Il ne voit pas d'autre organisation pour laquelle il voudrait travailler. Il y en a beaucoup qui l'engageraient, aucun doute. Il pourrait trouver du travail s'il en avait besoin. Et une protection, dont il a effectivement besoin. Certains la lui donneraient, mais ils demanderaient beaucoup trop en échange. Il devrait leur livrer Jamieson, et tous ses hommes. Ils n'accepteraient Frank qu'à cause de ce qu'il sait. Ils mépriseraient ses compétences qu'ils jugeraient celles d'un vieux, comme l'a fait Jamieson. Ce ne serait pas un progrès. Il ne veut pas leur donner Jamieson.

Il se fait un autre café. Un peu moins de lait cette fois-ci. Il regarde autour de lui. Ce qu'il a accumulé dans sa vie. Rien. Rien du moins dont il ne pourrait pas se passer. Aucune famille. Pas d'amis qu'il serait incapable d'abandonner. Toute une vie à ne rien acquérir. Il n'avait pas cette impression à l'époque, évidemment, mais à la réflexion il voit la réalité. Tout ce temps, tout ce travail. Et en fin de compte, rien.

Il va à l'épicerie. Un prétexte pour sortir de chez lui, rien de plus. Acheter quelques produits dont il n'a probablement pas besoin. Un pain qui moisira et qu'il jettera. Un carton de lait dont il ne consommera que la moitié. Il achètera un journal et en lira trois pages au maximum. Il met son manteau et sort. Un simple regard aux alentours – personne qu'il ne reconnaisse pas. D'habitude, il fait très attention après un boulot. Quelle qu'ait été la cible, il faut se méfier des représailles. Si c'était un membre d'une organisation, il pourrait y avoir un professionnel à vos trousses. Plus difficile de repérer un pro, mais de toute façon c'est moins vraisemblable qu'on vous en envoie un. Les organisations ne s'en prennent pas aux tireurs ; elles s'en prennent à leur commanditaire. C'est une autre affaire quand la cible est moins importante. Un type quelconque qui cherche à devenir riche tout seul, qui devient encombrant. Sans liens avec une organisation, rien que pour avoir de l'argent pour lui et sa famille. On ne peut jamais prévoir les réactions des proches à une liquidation. Certains s'exaltent et jurent vengeance.

Il ne considère pas du tout l'épisode Scott comme un boulot. Ça n'a pas été le sien, finalement. C'est Calum qui l'a fait, pas Frank. Les victimes sont celles de Calum, deux points de plus à son actif. Difficile de savoir quoi en penser. C'est bizarre qu'il les ait encore en tête. Scott et McClure. D'habitude, si longtemps après, il a déjà oublié la cible. On ne pense qu'à elle pendant les préparatifs, puis on fait le nécessaire. À la seconde où c'est terminé et où on a quitté les lieux, la vie retrouve sa routine. On pense et on agit comme d'habitude, et la victime n'est plus qu'un nom dans le journal. Il se rend compte que c'est de la froideur, mais ce détachement est indispensable. On ne peut pas passer sa vie à penser à tous ceux qu'on a effacés, ce n'est pas raisonnable. En marchant vers l'épicerie Scott et McClure lui reviennent à l'esprit. Deux types qu'il n'a pas tués. Il aurait dû. Sans doute ses toutes dernières cibles.

À l'épicerie. Il met quelques produits dans un panier, en regardant à peine ce que c'est. Il comprend tout à coup qu'il doit faire quelque chose. Il ne peut pas vivre comme ça. Il peut être le vieil homme triste quand il a un travail qui le tient en haleine, mais pas sans lui. Sans lui il n'est qu'une loque qui attend la fin. Il pose son panier sur le comptoir, la femme qui est derrière fait l'addition. Il la voit trois ou quatre fois par semaine, mais il n'a aucune idée de comment elle s'appelle. Elle doit avoir dans les trente-cinq, peut-être un peu plus. Elle paraît un peu usée, mais ne porte pas d'alliance. Plus de vingt-cinq ans de moins que lui, mais il s'est toujours vu comme un jeune homme. Autrefois il n'aurait jamais eu l'idée de l'inviter à sortir. Trop près de chez lui. S'il ne travaille plus, pourquoi pas ? Parce qu'il s'est construit l'image du vieil homme triste, voilà pourquoi. La rançon de la vie qu'il a menée.

Il rentre chez lui avec un seul sac de courses. Il sait ce qu'il va faire. Une femme moyennement attirante dans un magasin, et il comprend. Si jamais il veut un jour la liberté de mener cette vie, de pouvoir inviter quelqu'un, il faut partir d'ici. Il lui faut une vie hors du milieu. Une seule organisation peut rendre ça possible. Il doit appeler Fisher. Ça ressemble à une trahison, mais pourquoi ? C'est Jamieson qui l'a fichu dehors, pas l'inverse. Jamieson l'a balancé par-dessus bord et il doit trouver une bouée de sauvetage. Il se répète que ce n'est pas une trahison. Il n'en est pas encore convaincu, mais il va continuer à se le dire. Chez lui, il range le peu qu'il a acheté. Il prend son téléphone. Consulte le menu, trouve le dernier numéro qui l'a appelé. Celui du bureau de Fisher. Tout le monde dans le milieu connaît Fisher. Tous savent qu'il est spécialisé dans la lutte contre le crime organisé. Dur. Respectable. Un homme qu'ils détestent parce qu'ils le craignent.

Il appuie sur le bouton et écoute la sonnerie. Il est peut-être absent. Frank aura-t-il le cran de l'appeler une deuxième fois ? Peu vraisemblable. Il sait combien c'est difficile.

« Allô ! » Enthousiaste, impatient. On dirait que Fisher attendait son appel assis à côté de son téléphone. C'est agréable de se sentir important, même auprès de la police.

« M. Fisher. C'est Frank MacLeod. J'ai repensé à ce que vous avez dit hier.

– Bien. » Fisher attend la suite, mais rien ne vient.

Frank ne peut pas se résoudre à le dire. Il a déjà pris sa décision, mais tant qu'il ne dit rien il n'est pas un traître. Ce n'est pas le pire du pire. Il s'est répété que d'autres l'ont fait, mais ça ne sert à rien. Ça montre seulement qu'il y a beaucoup d'autres traîtres. Quarante ans à s'entendre expliquer que c'est la pire chose qu'on puisse faire, c'est dur à dépasser.

« Je crois que nous devrions nous rencontrer », dit-il enfin. Il semble forcer les mots à sortir, comme s'il voulait s'en débarrasser. « Bientôt, je pense. » Difficile de cacher sa nervosité.

« Il me semble que le plus tôt serait le mieux », répond Fisher. C'est bien qu'il accepte, fais comme si vous étiez sur la même longueur d'onde. « Vous avez une préférence pour un endroit ? »

Frank réfléchit. Bon Dieu, où va-t-on pour ce genre d'affaires ? Où y aurait-il un endroit sûr ? La vérité, c'est que nulle part n'est tout à fait sûr. Le lieu importe moins que le flic ne l'estime. Si vous êtes surveillé, c'est mortellement dangereux n'importe où. Si vous ne l'êtes pas, la plupart des endroits sont suffisamment sûrs.

« Il y a une maison où nous pouvons nous retrouver, dit Fisher qui s'impatiente. Je peux aussi venir chez vous si ça vous fait vous sentir plus en sécurité. Je vous laisse le choix. »

Pas question de recevoir le flic chez lui. C'est une idée stupide, Fisher devrait s'en rendre compte. Se rencontrer dans un lieu public conviendrait s'il pouvait être sûr de ne pas se faire repérer. « La maison dont vous parlez me paraît la meilleure solution. À quelle adresse ? »

Il n'est pas trop tard pour reculer. Va voir Jamieson, raconte-lui que Fisher a pris contact avec toi. Que tu as l'adresse de la maison où Fisher rencontre ses contacts. Jamieson peut la faire surveiller, voir ce qu'il en tire. Ça pourrait prouver que Frank n'est pas inutile, qu'il peut encore apporter sa contribution à l'organisation. Nan, ça n'est pas comme ça qu'ils l'interpréteraient. Ils se sont mis dans la tête que c'est un vieux con décrépit qui n'a rien à offrir. S'il leur parlait de cet appel, ils seraient soupçonneux. Ils considèrent désormais Frank comme un personnage suspect. Il l'a vu arriver à d'autres, il sait que ça lui arrive à lui. Pas encore trop tard pour se tirer de là.

Ils fixent le rendez-vous pour le lendemain. Milieu de matinée. Il peut tout à fait ne pas y aller. Il n'est pas vraiment engagé tant qu'il ne se présente pas. Il n'est pas un traître tant qu'il ne passe pas la porte. Tout ça à cause de ce salaud de Tommy Scott. De quoi se marrer ! Scott est finalement important, mais seulement parce qu'il est mort.

38

L'endroit n'a pas été facile à trouver. Caché dans une petite rue, le genre de baraque à laquelle elle s'attendait. Calum lui avait dit que c'était petit, mais que son frère arrivait à en vivre correctement. Plusieurs voitures sont garées dans la rue devant l'entrée, mais il reste assez de place pour que les véhicules entrent et sortent. Elle aperçoit un homme à l'intérieur qui examine une voiture sur un pont. Il paraît trop jeune pour être William. Ça l'arrangerait si elle savait de quoi William a l'air. Elle s'approche du mécanicien. Il regarde dans sa direction.

« Vous désirez, ma petite dame ?

– Je cherche William MacLean. » Pas de détails. À personne d'autre. Emma sait qu'elle va devoir être prudente, même avec le frère de son copain.

« Nan, il est occupé, je peux vous aider ?

– Non, je dois voir William. Il est là ? »

Le mécanicien a disparu en soupirant à l'arrière du garage. Dans le bureau du fond. Une fenêtre donne dans le garage, et Emma peut voir la nuque de quelqu'un à l'intérieur. Ce doit être lui. Quelle rencontre ça va être ! Calum parle toujours affectueusement de son frère, ce qui est bon signe. Le mécanicien revient.

« Vous pouvez y aller », dit-il en indiquant le bureau.

Elle monte deux marches en bois et se trouve en compagnie de William. Il est assis à une petite table, un ordinateur devant lui. L'endroit est exigu. William fait un signe de tête en regardant Emma d'un air interrogateur. Il paraît un peu inquiet. Il craint qu'elle ne soit une cliente mécontente. Ou pire, l'avocate d'un client mécontent. La ressemblance avec Calum est visible. Surtout dans la bouche et le menton. William est peut-être un peu plus beau. À peine plus âgé. Sans l'expression sévère qui ne quitte jamais Calum.

« Vous me cherchez ? » demande-t-il en essayant de se montrer amical. Il vérifie que sa main est propre avant de la lui tendre. Certaines personnes font les dégoûtées devant la moindre trace d'huile de moteur.

« Vous êtes William MacLean ?

– Oui.

– Le frère de Calum ? »

Il a une réaction. Un éclair de sévérité. Le sourire poli disparaît. Elle doit faire attention à ce qu'elle va dire. Il n'aime peut-être pas ce que fait Calum, mais c'est toujours son frère.

« Oui », dit-il avec brusquerie. Sa main s'était un peu avancée, mais elle recule.

« Je m'appelle Emma. Je suis la copine de Calum. »

Ça aussi le fait réagir. William la regarde en se calant dans son fauteuil. Soupçonneux. C'est visiblement une nouvelle pour lui.

« Je voulais seulement tirer quelque chose au clair avec vous », dit Emma. Dépêche-toi. Ne laisse pas la conversation dévier sur votre relation. « Vous vous rappelez il y a une semaine ? Au milieu de la nuit ?

– Hmm... » Elle attend une réponse. Il ne sait pas où elle veut en venir. À rien de bon, il le devine. Ce ne sont pas des choses que dirait la copine d'un frère. « Continuez.

– Vous avez appelé Calum, n'est-ce pas ? »

Il hésite. « Euh, ouais, je l'ai appelé. » Il confirme, pas très sûr de lui. Il commence à comprendre. Calum s'est servi de lui comme alibi. La fille a eu des soupçons, elle pense peut-être que Calum a des aventures. « C'est exact, en effet. »

Il n'en a pas l'air certain du tout. Soit parce qu'il était soûl cette nuit-là, soit parce qu'il ment. Elle opte pour le mensonge. Elle ne lui fait pas confiance.

« Vous êtes absolument sûr que vous l'avez appelé ? Vous vous rappelez pourquoi ? »

Il a maintenant le visage dur. Et ça ne va pas disparaître en un clin d'œil. Elle pose des questions embarrassantes, et pas très poliment. « J'ai dit que je l'avais appelé, non ? Quel est exactement votre problème, Emma ? » Il prononce son nom comme une insulte.

« Je n'ai pas dit que j'avais un problème, je veux simplement savoir. » Elle est sur la défensive. Elle devient un peu agressive. Ça n'arrange rien. « Je ne suis pas sûre que vous soyez franc avec moi, c'est tout. »

Erreur.

« Vous me traitez de menteur ? » Il hausse le ton. « Vous prétendez que je ne l'ai pas appelé. Vous traitez Calum de menteur lui aussi, c'est bien ça ? Vous dites que mon petit frère vous ment. Vous êtes sûre d'être sa copine ? »

C'est en train de très mal tourner. Il faut qu'elle s'en sorte. « Écoutez, je veux seulement savoir.

– Ouais, eh bien, pourquoi vous me le demandez à moi ? Demandez à Calum. Si vous n'avez pas confiance en lui, vous ne devriez pas sortir avec lui. En supposant que ça soit vrai. Bon Dieu, vous venez me casser les pieds alors que je ne sais même pas qui vous êtes, bordel. Sa copine, vous dites ? Il ne m'a même jamais parlé de vous. » À présent il crie. Il se lève et ouvre la porte pour qu'Emma s'en aille.

Il la regarde sortir du garage. Exactement le genre de fille qui devait plaire à Calum. Intelligente et enquiquineuse. Il sort son téléphone de sa poche. L'écran est crasseux. Un jour il s'occupera de le nettoyer. Il appelle Calum. Rien. Il passe par la messagerie. Il raconte à son frère qu'il vient d'avoir la visite d'une femme qui prétend être sa copine. Qui a posé des questions sur une nuit de la semaine dernière. Que bien sûr il l'a couvert, mais que si c'est sa copine il devrait peut-être faire attention. Elle est mignonne, mais terrifiante. Pas le genre de fille qu'il devrait fréquenter. Qu'est-ce qu'il est censé faire ? William essaie toujours d'aider son frère, mais il sait qu'il ne devrait pas. Il veut que Calum soit à l'abri. Une fille difficile et exigeante est peut-être ce qu'il faut à Calum pour qu'il change de vie. Ou peut-être pas. Ça n'est peut-être plus possible. William connaît le milieu. Une fois que vous êtes dedans, c'est sacrément dur d'en sortir.

Emma a une autre visite à faire. Qui ne se passera vraisemblablement pas mieux que la précédente, mais qui pourrait lui apporter davantage d'informations. Celui-là ne peut pas s'en tirer par des conneries. Elle monte à son appartement et frappe à la porte. Il met environ vingt secondes à ouvrir. Il a une sale mine, peut-être la gueule de bois. George lance à Emma un regard furieux. Il n'est pas choqué, seulement déçu. Il se passe la main dans ses cheveux bouclés. Il aimerait qu'elle ait eu l'intelligence de comprendre le message. Le pire qu'elle pourrait faire est de poser des questions.

« Je peux entrer ?

– Je pense que tu ferais mieux. » Il s'écarte pour la laisser passer. Voilà pourquoi il n'a pas de liaisons durables. La seule femme avec qui ça pourrait être sérieux aurait autant de secrets que lui. Ce serait peut-être possible pour lui. Mais une telle femme n'existe pas pour Calum dans toute la ville. Il referme la porte et suit Emma dans le living.

« Je sais pourquoi tu as invité Anna à déjeuner, dit-elle, plantée au milieu de la pièce.

– Ah bon ?

– Tu l'as invitée pour pouvoir faire des allusions à propos de Calum. Parce que tu n'as pas les couilles de me le dire en face. Je suis là maintenant. Pourquoi tu ne me le dis pas ? »

Que répondre à ça? Merde, c'est comme si tout le monde se liguait pour rendre la vie plus difficile que nécessaire. « Qu'est-ce que tu es en train de faire ? » demande-t-il. Sérieusement, et avec un peu de colère dans la voix. Il ne peut pas s'en empêcher. « Tu n'es pas aussi bête que ça. Qu'est-ce qui te prend de venir me poser ce genre de question ? Tu es au courant. Tu viens de le dire.

– Oui, je suis au courant. » Elle a les larmes aux yeux. Ça fait taire George. « Je sais qu'il est sorti au milieu de la nuit il y a une semaine. Je sais qu'il dit être allé chercher son frère, mais c'est faux. Je sais que deux types ont été tués cette nuit-là. Maintenant son frère ment pour le couvrir, et toi tu essaies de me séparer de lui. »

Elle est carrément en larmes à présent et George reste là à la contempler. Deux types sont morts cette nuit-là. Scott et McClure. Elle ne peut pas être au courant. Pas vraiment.

« Tu relies des choses qui n'ont rien à voir, murmure-t-il.

– Dis-moi que je me trompe. »

Il hésite. Rien qu'un tout petit peu trop longtemps. « Naturellement, tu te trompes. Tu es hystérique. » Il n'a pas l'air de le penser. Pas du tout.

« Au moins, je suis au courant, maintenant. » Elle va vers la porte avec un regard mauvais pour George.

« Tu te trompes, crie-t-il. Complètement.

– Oh, ne t'inquiète pas. » Elle ouvre la porte. « Je ne lui dirai pas que tu es une balance. Tu ne risques rien. »

George la rejoint à la porte. Il va la suivre. Non. Il s'arrête. Pourquoi aggraver la situation ? Elle claque la porte. Emma ne se trompe pas. Elle a dangereusement raison.

39

Immédiatement après l'appel de Frank hier, il est venu tout préparer dans la maison. Deux petits dispositifs d'enregistrement, un dans l'entrée et un dans la cuisine. Ils ne sont sans doute pas de la meilleure qualité, mais ce n'est pas indispensable. La conversation ne sera jamais présentée à un tribunal. Fisher veut l'enregistrer pour son usage personnel exclusivement. Aucun autre policier n'est au courant et ne l'apprendra jamais. Il doit obtenir tout ce qu'il pourra d'un homme comme Frank. Cet effort est inutile avec des types comme Kenny McBride ; on peut les obliger à se répéter. On ne peut pas bousculer Frank. C'est un informateur exceptionnel. À cause de tout ce qu'il a vu, de tout ce qu'il a fait.

Là est la difficulté. Comment résister à l'envie de l'arrêter ? Avec certains, les crétins de bas étage, on peut établir une relation. Pas amicale, mais confortable. Ce ne sera jamais le cas avec Frank McLeod. Fisher ne le verra jamais que comme un tueur. Un homme qui a simplement été trop talentueux et trop chanceux pour finir en prison. En supposant qu'il vienne. Beaucoup ne se présentent pas au premier rendez-vous ; leurs nerfs craquent. Ils viennent la deuxième ou la troisième fois. Ou, plus vraisemblablement, on n'entend plus jamais parler d'eux. Ce sera le cas avec Frank. Lui viendra la première fois ou pas du tout.

Au même moment, dans sa cuisine, Frank pense à peu près la même chose. S'il ne va pas à ce rendez-vous il n'ira jamais. Il va se livrer à la police, être à leur merci. Il va devoir leur donner des informations de taille. Qu'ils puissent utiliser, pas des salades. Ils ne s'intéresseront pas aux vieilles histoires de sa jeunesse. Ils pourraient résoudre quelques affaires de l'époque grâce à lui, mais ils ne jugeront pas ça important. C'est la génération présente qui les motive. Ce n'est plus une question morale. L'idée qu'une balance est la lie de l'humanité, et alors ? Quand vous avez été viré, abandonné, aucune des vieilles règles ne tient. Ils ne peuvent pas vous flanquer dehors et exiger que vous continuiez de jouer selon leur code. Il va jouer à sa manière à présent. Mais ça lui pose un problème personnel. S'il veut quitter Glasgow, s'installer en lieu sûr, il doit leur livrer Jamieson.

En réalité il a fait la connaissance de John Young en premier. Le garçon ne lui a pas fait grande impression. Plutôt froid, un peu trop vague. Il était venu voir Frank. S'était présenté comme le bras droit de Peter Jamieson. Frank connaissait ce nom, bien entendu, et savait que Jamieson était un petit calibre. Pas le genre de type pour qui il avait l'intention de travailler. À cette époque-là, il était sûr de pouvoir encore trouver du travail chez les meilleurs. Young a insisté pour qu'il rencontre Jamieson avant de se décider. Frank a accepté. Il l'a rencontré dans un pub. Un endroit minable, le seul que Jamieson possédait en ce temps-là. Un pub, deux ou trois officines de paris, une propriété industrielle. Pas de quoi pavoiser. Mais il avait beaucoup d'ambition. Beaucoup d'énergie et de personnalité. De projets aussi, et c'est ça qui avait impressionné Frank. Ce n'était pas l'arriviste ordinaire, plein de grandes idées irréalisables. Jamieson était ambitieux, mais aussi plein de bon sens. Ses objectifs étaient réalistes ; ce qu'il avait monté était détaillé et plausible. C'était le jeune patron le plus impressionnant que Frank ait connu pendant des décennies. Environ une semaine plus tard il acceptait de travailler pour lui. Il ne l'a jamais regretté. La meilleure décision de toute sa carrière. L'organisation de Jamieson était la mieux gérée de celles pour qui il ait jamais travaillé. Le fait que ce n'était pas une affaire familiale y contribuait beaucoup. Tout comme l'instinct très sûr de Jamieson. C'était un plaisir de travailler pour lui.

Il enfile son manteau et prend ses clés de voiture sur la table du téléphone de l'entrée. Oublier tout sentiment. C'est le secret pour être un bon tueur. Dennis Dunbar le lui a appris. Que c'est aussi la clé de toute réussite dans ce milieu, Frank l'a appris tout seul. Il avait une haute opinion de Peter Jamieson. Il ne le considérait pas comme un fils, plutôt comme un neveu. Soyons francs, il aimait beaucoup le garçon. Mais c'est fini. Ce Peter Jamieson-là n'existe plus. Il y en a un nouveau, qui est une menace à considérer comme telle. Il sort, monte en voiture. Un coup d'œil dans la rue, devant et derrière, rien qui ne devrait pas s'y trouver. Il se dirige vers l'adresse indiquée par Fisher. Il n'a pas besoin de GPS, ni de vérifier un plan. C'est sa ville. Né et élevé ici, il en connaît chaque centimètre carré. Elle a beaucoup changé, et il faut toujours apprendre, mais il n'a jamais esquivé cet aspect de son travail. Aucun bon professionnel ne se perd dans sa propre ville.

Il s'est garé à une rue de la maison. Assis dans la voiture, il prend son temps, il réfléchit. Il est déjà venu dans cette rue, il a vu la maison. Dans une rangée d'autres identiques, facile pour les voisins de voir qui va et vient. Pas l'endroit rêvé. Mais s'il n'est pas suivi, c'est sans importance. Il n'a repéré personne sur ses talons. Il est sûr qu'il l'aurait vu. C'est Frank MacLeod. Il a pisté un nombre incalculable de types, il connaît tous les signes. Quelque chose le turlupine, la sensation qu'il devrait être suivi. Si les rôles étaient inversés, il aurait fait filer Jamieson. Au moins pendant quelque temps, rien que pour voir comment il réagissait.

Décide-toi. Cesse de tergiverser. Il descend de voiture, la verrouille. Il tourne lentement au coin. Il sent un peu plus sa hanche aujourd'hui. Le médecin l'a prévenu qu'il ressentirait une gêne pendant quelque temps. Qu'il y aurait des jours comme ça.

Un coup à la porte. Fisher se hâte dans le couloir. Il regarde par le judas. C'est Frank, et il est seul. Il lui est venu plus d'une fois l'idée que ce puisse être un piège. Il y aurait cru si Frank n'avait pas perdu son travail récemment. Si Shug vise Jamieson, c'est qu'il y a un lien entre Jamieson et les morts de Winter, Scott et McClure. Un lien qui pourrait mettre en danger un homme comme Jamieson si les enquêtes avaient abouti. Jamieson n'est pas un imbécile. Il ne s'en prendra pas à un flic à moins que celui-ci ne soit sur le point de le descendre. C'est toujours un dernier recours. Mais ce serait un bon plan. Envoyer le chauffeur établir le contact. À titre privé. Le chauffeur fournit une information sur le tueur. Fisher appelle le tueur, fixe un rendez-vous privé dans un lieu secret. Rien que tous les deux. Personne d'autre ne sait qu'ils se rencontrent. Bon Dieu, ce serait un coup parfait.

Frank entre, seul. Petit, vieux et ordinaire. Il ressemble à n'importe quel homme âgé que vous croisez dans la rue. Tout est là. N'oublie pas. Il fait un signe de tête à Fisher, sans un mot. La porte se referme. Ils sont dans le couloir, au pied de l'escalier. C'est lugubre, désagréable. Ça donne le ton.

« Entrez », dit Fisher. Il le conduit à la cuisine. C'est devenu pour lui un lieu de rendez-vous familier. La prudence lui dit qu'il est temps de trouver autre chose. Quand on rencontre toujours les gens au même endroit, quelqu'un le découvre obligatoirement. Frank l'a suivi. Fisher lui fait signe de s'asseoir à la table. Frank s'assoit, à son grand soulagement. Si c'était un coup monté et qu'il soit venu le tuer, ce serait déjà fait.

« Voulez-vous du thé, Frank ? » Amical avec ce vieil assassin.

« Non merci. »

Frank voit que Fisher fait un effort. Il voit aussi qu'il est mis à rude épreuve. Fisher le hait. Naturellement. Il est l'ennemi. Ils ne sont pas là pour devenir amis. Ils sont là pour passer un marché. La possibilité d'une nouvelle vie. La seule. Même un travail avec une autre organisation ne fait pas grande différence. L'unique combine qui peut le protéger dorénavant est la police.

« Je suis heureux que vous soyez venu, dit Fisher en s'asseyant en face de lui, l'air sérieux. Je sais que ce ne sera pas facile. Ni pour vous ni pour moi. Nous ne sommes pas du même côté de la barrière. Mais je crois que nous sommes tous les deux réalistes. Il le faut. Nous avons une occasion de nous entraider. L'occasion ne se représentera peut-être pas. » Il attend maintenant que Frank parle.

« Je vais peut-être accepter cette tasse de thé. »

Fisher verse du thé dans les tasses. Il sait exactement ce qui se passe. Frank cherche seulement à le faire taire. C'est typique des criminels. Même les soi-disant grands, le dessus du panier. Tous pareils. Les mêmes petits trucs, les mêmes détours, la même réticence. C'est plus fort qu'eux. Ça devient un instinct, et ça fait des entrevues comme celle-ci une sacrée corvée. Ils savent ce qu'ils doivent dire, mais ils se retiennent jusqu'à la dernière minute.

« Du lait ? Du sucre ? »

Frank secoue la tête. Il ne boira probablement même pas ce foutu thé. Il gagne du temps. Pour réfléchir à ce qu'il a fait. Du temps dont il ne devrait pas avoir besoin. Fisher pose la tasse devant lui, se rassoit. Il ne peut plus attendre.

« Je crois savoir que vous ne travaillez plus pour Peter Jamieson. »

Frank lui lance un regard rapide. « Ça n'est pas tout à fait exact. » Il parle à voix basse, presque dans un murmure. En forçant Fisher à écouter attentivement. « Mon rôle a changé. Pas nécessairement pour le mieux. »

Fisher hoche la tête. « Si on vous pousse vers la sortie, il n'y a qu'un moyen pour faire une coupure nette », dit-il. Frank lui a adressé un regard entendu, puis il a de nouveau fixé des yeux un point de la table qui retient toute son attention depuis son arrivée. Le regard signifiait qu'il n'a pas qu'une seule option. Il n'a peut-être qu'une seule option légale, mais ils savent l'un et l'autre que ce n'est pas un aspect essentiel. « Je peux vous fournir une coupure nette. Je peux vous donner la protection que vous ne trouverez nulle part ailleurs. Je sais que vous pourriez aller travailler pour quelqu'un d'autre, mais ça ne peut pas être la meilleure solution. Vous avez déjà beaucoup d'ennemis. Travailler pour quelqu'un d'autre aggravera la situation. Je vous aurai à l'œil ; je surveillerai ce que vous ferez pour votre nouveau patron. Beaucoup de gens vous auront à l'œil. Je peux vous mettre quelque part où personne ne vous verra. Dans une autre ville. À l'étranger, si c'est ce que vous voulez. Vous pouvez mener une vie normale. »

Il a réservé exprès cette phrase pour la fin. Frank le sait. Fisher a déjà vu des membres de la vieille garde comme Frank. Pas beaucoup. Il n'en a jamais utilisé un personnellement comme contact, pas quelqu'un d'aussi haut placé dans la chaîne alimentaire. Mais ils ont tous une chose en commun. Le désir de vivre comme les gens normaux. Rien que quelques années de normalité, sans devoir regarder par-dessus votre épaule. La plupart ont vécu des décennies sans en faire l'expérience. Certains sont assez bêtes pour essayer d'y arriver sans protection. Assez égoïstes pour établir des relations normales qui mettent d'autres personnes en danger. Frank n'a pas l'air d'être de ceux-là. Trop intelligent.

« Vous pensez pouvoir garantir ma sécurité ? »

Fisher sait comment répondre à celle-là. « Nous savons vous et moi que je ne peux pas la garantir à cent pour cent. Personne ne le peut. Mais je peux vous donner de meilleures chances que tous ceux pour qui vous pourriez travailler. Si vous allez travailler pour quelqu'un d'autre, il faut qu'on vous voie le faire. C'est pour ça qu'on vous engagerait. Vous devrez rester ici, bien visible. Et vous méfier de tous. »

Il sait comment faire accepter la trahison, ce garçon. Frank le regarde. Non, pas un garçon. Un homme d'âge mûr à l'air bourru. Un visage ridé, pas rasé. Comme après beaucoup de nuits trop courtes. Des poches sous les yeux. Pas étonnant qu'il soit stressé.

« Et de moi, qu'est-ce que vous attendriez ?

– Autant que je peux en obtenir. Je ne vais pas vous demander de vous incriminer. Je ne suis pas idiot, je sais qu'il y a beaucoup de choses que vous voudrez taire, pour des tas de raisons. » Sois raisonnable avec cet homme. Ne te montre pas exigeant. Laisse-le croire que ça pourrait ne pas être aussi terrible que ce à quoi il s'attend. Difficile de blouser un homme comme Frank, mais ça vaut le coup d'essayer. « Vous savez qu'il me faudra quelque chose de raisonnablement lourd. Récent et lourd. Vous offrir une nouvelle vie représente un gros investissement. Difficile, de nos jours. Il me faudrait de quoi le justifier. Je sais que vous avez du bon matériel que vous pourriez vous permettre de me donner. »

Frank hoche la tête, mais ne dit rien. Pourquoi tous ces vieux bonshommes ont-ils des visages aussi énigmatiques ? Fisher attend la réponse. C'est le moment de te décider.

Quelque chose de lourd. De récent. Qui ne l'incrimine pas. Difficile de penser à une action de Jamieson à laquelle il n'ait pas été lié d'une façon ou d'une autre. Lewis Winter, peut-être. Il n'y a même été mêlé que de loin. C'est lui que Calum est allé voir après le coup de téléphone de Glen Davidson. Mais il n'a fait que transmettre l'information. Ils ne pourraient pas s'en prendre à lui pour ça. Cette information pourrait convenir.

Convenir. Ouais. Et après ? Ils arrêtent Calum MacLean. Un jeune qui est la copie conforme de ce qu'il était, lui, il y a trente ans. Un talent. Un garçon tranquille qui sait comment faire le travail. Comment vivre cette vie. Ils arrêtent George Daly. Un brave gamin, celui-là. Un bon cogneur. Le seul sympathique que Frank ait rencontré. La plupart sont assommants et d'une bêtise impardonnable. Pas George. Puis ils arrêtent John Young. D'accord. Frank pourrait vivre avec ça. La seule qualité de Young qui fait oublier le reste est d'avoir toujours été un véritable ami pour Jamieson. Honnête, intelligent et loyal. Ensuite ils arrêtent Peter Jamieson. Non qu'il ne le mérite pas. Ils le méritent tous. Mais Jamieson. Merde ! Il a tant fait pour Frank. Il s'est mis en quatre. Pour que Frank ait tout ce qui fallait. Depuis le premier jour. Sans jamais poser de questions. Ce n'était pas seulement un patron. C'était un ami. Trop rare pour qu'il le sacrifie.

Frank se lève. Pas brusquement. Pas sous le coup de l'émotion. C'est un vieil homme qui a accepté la situation.

« Je vais vous demander de m'excuser, dit-il. Je ne doute pas que vous auriez fait de votre mieux pour moi. Vous êtes un bon flic ; c'est pourquoi ils ont peur de vous. Vous êtes persévérant. Ils n'aiment pas ça. Je vous remercie de votre proposition, mais je ne peux pas faire ça. J'ai pensé que je pourrais peut-être. Mais non. Je suis dedans depuis trop longtemps. Désolé. »

Fisher se lève. Merde ! Si près du but, bordel. « Écoutez, vous n'êtes pas obligé de refuser tout de suite. La proposition est là. Elle restera valable. Je vais vous laisser mon numéro de portable. Vous pouvez m'appeler à n'importe quelle heure. Il n'est jamais trop tard. » Il sait qu'il a l'air affolé. Tant pis. Un contact en or s'apprête à s'en aller et il n'est pas du genre à revenir.

« Je ne pense pas que ce sera nécessaire. Si j'ai besoin de vous, je saurai où vous trouver. Mais je ne pense pas que ça arrivera. » Il a un sourire triste. « Vous n'auriez rien pu faire de plus. »

Frank est parti. Et il ne reviendra pas. Pour Fisher, c'est comme si sa dernière chance venait de franchir cette porte. L'enquête sur Scott mourra. Leur meilleur argument est que Shug fournissait Scott. Ce qui est inexact. En tout cas pas directement. Donc ça n'ira nulle part. Encore une enquête perdue. L'affaire sera classée. Meurtre suivi de suicide, et on passe à autre chose. Encore un échec pour Michael Fisher. Une autre occasion pour ces salauds de se moquer de lui. Les types comme Jamieson et Shug se fendant la pipe dans son dos. Ils foutent la merde dans toute cette ville et s'en sortent. Ils s'en sortent parce qu'il n'est plus capable de boucler une enquête.

Il cogne du poing sur la table. Deux fois. Assez pour se faire mal. Il ne se sent pas mieux pour autant. Il ramasse les deux enregistreurs, des petits machins en plastique de la taille d'une carte mémoire. Inutiles. Il les conservera ; il pourrait se révéler utile de prouver qu'il a eu une entrevue avec Frank MacLeod. Il enfile son manteau, sort d'un pas lourd. Remonte dans sa voiture. Il fait froid et humide.

40

Il a suivi Frank jusqu'à cette maison isolée. C'est assez bizarre. Frank est passé devant, s'est garé à une rue de là et est revenu à pied. Ce serait bien s'il rendait visite à un ami ou un parent. Peut-être même à une amoureuse. À sa connaissance, Frank n'en a jamais eu. Ce serait bien, mais qui se donne tant de mal pour aller voir une petite amie ? Il y a des chances qu'il s'agisse de quelqu'un d'une autre organisation. Ce que Jamieson redoutait. Et que Calum n'a pas envie de lui annoncer. Il s'est garé au bout de la rue, dos à la maison. Quand Frank s'en ira, il retournera probablement à sa voiture en passant de l'autre côté. Calum sait déjà qu'il ne le suivra pas. Frank avait disparu dans une des maisons avant que Calum se gare. Il n'est pas sûr de savoir dans laquelle, mais ce sera facile de le voir sortir.

C'est long. Il n'y a sûrement rien de plus fastidieux que de filer un type. De regarder quelqu'un mener sa vie ennuyeuse. C'est de la téléréalité avec ses conséquences. Il vérifie son téléphone. Deux appels d'Emma. Ainsi que de William et George. Ils peuvent attendre. Il a aussi manqué deux appels d'Emma hier. Ça ne lui ressemble pas d'être aussi collante. Il a envie de l'appeler, mais il ne peut pas. Dès qu'il fera le numéro Frank sortira par cette porte et il devra raccrocher. La loi de l'emmerdement maximum. Si fâchée soit-elle qu'il ne lui ait pas répondu, ce ne sera rien comparé à sa colère s'il lui raccroche au nez. Continue de ne pas répondre aux appels. Continue de surveiller Frank. Dès que Frank fera le moindre geste digne d'être noté, Calum peut le rapporter à Jamieson. Avec un peu de chance ce sera fini. Fais ton boulot. Mais, bon sang, quel boulot ennuyeux. La bruine tombe sur le pare-brise. Personne ne pourra plus voir Calum nettement à présent. Il regarde le rétroviseur et attend. Encore et encore.

Une porte s'est ouverte et Frank est sorti. Il n'a même pas pris la peine de regarder dans la rue. Il est sorti, il a remonté sa capuche, et il est reparti comme il était venu. Tu peux voir qu'il boite. Sans même vérifier s'il est filé. Calum secoue la tête. Frank devient négligent. Facile maintenant de voir pourquoi Scott a pu lui tomber dessus. Arrête. Cet homme est Frank MacLeod. Il pourrait aussi bien retourner chercher une arme dans la voiture. Et revenir pour toi. Observe. Fais attention. Surveille devant et derrière. Si Frank l'a repéré, il pourrait être une cible idéale. Cinq minutes se sont écoulées. Dix. Rien. Frank a dû rentrer chez lui. C'est risqué de rester pour attendre de voir si quelqu'un d'autre sort de la maison. L'autre personne habite peut-être là. Elle ne sortira pas. Il n'y a peut-être personne d'autre. Frank aurait pu déposer ou retirer quelque chose. Mais il prend le risque. Mieux vaut savoir.

Un homme sort de la maison. Se dirige d'un pas lourd vers une voiture garée dans la rue. Se laisse tomber sur le siège du conducteur avec un mouvement de colère. Calum ne l'a pas reconnu dans le rétroviseur. Il pleut trop, c'est trop loin. Il paraissait d'âge mur. En manteau et pantalon sombres. Ça ne signifie rien. Merde, sa voiture est orientée dans l'autre direction. Il va partir par l'autre bout de la rue. C'est le moment d'enfreindre des règles. Calum démarre avant de perdre l'autre voiture de vue. Infraction numéro un. Il essaie maintenant d'effectuer un virage à cent quatre-vingts degrés dans une rue étroite. En attirant l'attention s'il y a quelqu'un dans les environs. Infraction numéro deux. La voiture est maintenant orientée comme il faut. Il enfile la rue pour rattraper l'autre véhicule. Il a de la chance. Il voit son arrière tourner dans une autre rue. Il se rapproche, l'a bien en vue. À cette distance, c'est assez facile. File-le avec précaution. D'une façon qui n'attire pas l'attention. Quand on est habitué à éviter d'être filé soi-même, ça devient facile.

Ce gars est un petit conducteur agressif. Rapide, il double les autres. Il se fait beaucoup remarquer. Calum ne peut pas en faire autant. Il est distancié. N'accélère pas. Ne te laisse pas tenter. Fais confiance à la circulation pour ralentir le salaud et le rapprocher de toi. La circulation ne vous laisse jamais tomber. Si vous savez l'utiliser, vous pouvez échapper facilement à une filature ou rattraper celui que vous filez. Il faut rester confiant. Il file une voiture rouge. Qui sent probablement moins mauvais que la vieille caisse minable que lui a prêtée William. Mais elle n'a pas l'air en bien meilleur état. Il est maintenant aussi près que possible. Il va rester un peu en arrière, mais il veut d'abord mieux voir le véhicule. Pas le conducteur, mais la voiture. Noter le numéro d'immatriculation, pour pouvoir identifier le conducteur à tout moment. À condition qu'il soit aussi le propriétaire. Ce qui n'est pas souvent le cas. Il faut quand même noter le numéro. La filature dure maintenant depuis un quart d'heure. Ça commence à être énervant. Son téléphone vibre dans sa poche. Il a arrêté la sonnerie. Probablement un nouvel appel d'Emma. Ignoré, encore une fois.

La voiture rouge ralentit. Le conducteur a mis son clignotant. Il quitte la chaussée. Entre dans un petit parking privé entouré sur trois côtés par de hauts murs, dont l'un est l'arrière d'un bâtiment adjacent. Calum a continué et a fait le tour du pâté de maisons. En passant devant le bâtiment il voit son nom mais il n'en a pas besoin. Il sait que c'est un commissariat de police. Il n'y est jamais venu, mais il connaît l'emplacement de la plupart de ceux de la ville. Encore un tour du pâté de maisons, à la recherche du conducteur. Disparu. Il a dû entrer directement par la porte de derrière. L'entrée de service. Comme ce n'est pas l'endroit où un homme comme Calum devrait être vu en train de traîner, il s'éloigne. Frank, pauvre con. Tu es allé voir un flic. Savait-il seulement que c'en était un quand il y est allé ? Il est dans une telle merde. Ou il y sera, si Calum fait son rapport. Il devrait peut-être attendre davantage. Donner au vieux une chance de prouver qu'il n'est pas sur le point de foutre en l'air quarante ans de bons et loyaux services.

Il est retourné à la maison de Frank. Il est passé devant. Sa voiture est là. Il espérait à moitié qu'elle n'y serait pas. Qu'elle serait au club et que Frank serait en train de parler à Jamieson. En lui expliquant qu'il a maintenant un flic dans sa poche. Malheureusement pas. Il est rentré directement chez lui, se reposer à l'abri de la pluie. Calum va l'imiter. Il ne peut rien faire d'autre pour le moment. Il essaie de trouver un prétexte pour ne pas informer Jamieson tout de suite. Il devrait lui faire un compte rendu. Il le sait. C'est son boulot. Tu trouves quelque chose d'intéressant, tu le signales. Il a découvert quelque chose. Il a découvert que Frank MacLeod avait passé vingt minutes en compagnie d'un inspecteur de police. Une entrevue privée, rien que tous les deux. En grand secret. Mais dans l'intérêt de qui ? Frank chez les flics. Seigneur Dieu ! Impensable. S'il a franchi le pas, merde – ils sont tous condamnés. Calum sera détruit. Avec Jamieson et Young, et tous ceux qui ont travaillé pour eux un jour. Frank en sait tellement. Trop.

De retour chez lui. Il n'est pas paniqué. Calum ne panique jamais vraiment. Il est un peu triste pour Frank ; mais surtout agacé à la perspective de devoir encore déménager. Si Frank s'est déboutonné, ils vont tous être en cavale. Il cherche une solution. Un moyen pour tourner la situation à son avantage. Une possibilité de quitter l'organisation. Bon Dieu, si l'organisation de Jamieson s'effondre, alors Calum est libre. Il lui suffit d'éviter la prison. À peu près impossible s'il reste dans cette ville. Dans ce pays. Si c'était une première entrevue, Frank n'en a peut-être pas trop dit. Ils se sont peut-être mis d'accord pour conclure un marché. Auquel cas il est encore temps de le faire taire. Si Calum fait son rapport ce soir.

Il monte l'escalier, plus lentement que d'habitude. En réfléchissant. Il la voit. Assise en haut des marches, son portable à la main.

41

Elle est assise à la table de la cuisine et attend qu'il s'assoie aussi. Il n'en a pas envie. Il sait ce qui va se passer. Ou du moins il le devine. Plus vite il s'assoira, plus vite ça arrivera.

« Je t'ai appelé. » Elle est fâchée. Contrariée.

« Ouais. dit Calum. J'aidais William au garage.

– Il faut qu'on parle. » C'est parti. Elle a l'air grave. Elle est très forte pour ça. « J'ai une chose à te demander. »

Il est assis en face d'elle et l'observe. Il essaie d'interpréter son expression. C'est désagréable pour elle, il s'en rend compte. Pas seulement triste, c'est horrible. « Vas-y, dit-il.

– Je ne vais pas te demander de quoi tu vis. Je crois le savoir. Je devine en gros ce que tu fais, pas les détails. Je ne tiens pas à les connaître. J'aimerais mieux pas. »

Peut-être parce que ça la bouleverserait davantage, mais ce n'est pas l'impression qu'elle donne. On dirait plutôt qu'elle veut conserver une possibilité de déni. Elle connaît les avantages de l'ignorance heureuse.

« Je veux te demander. Est-ce qu'il y a une chance… ? » Elle s'interrompt et se met à rire. Un rire sans joie. « C'est idiot. Tu serais prêt à arrêter pour moi ? »

C'était inattendu. Il réfléchit. Elle lui demande d'abandonner son métier, pour elle. Une femme qu'il connaît depuis, combien, deux mois ? Elle lui demande de faire un énorme sacrifice. La vérité, c'est qu'elle ne comprend pas. Pour elle, c'est une notion romantique. L'idée de le sauver de sa vie criminelle dégradante. Elle ne se rend pas compte de ce qu'elle demande. Abandonner son travail serait courir un danger extrême. Pour elle aussi.

« Ce n'est pas... » Comment le dire sans qu'elle croie qu'elle a un rôle dans son travail ? « Ça ne marche pas comme ça. On ne peut pas abandonner. » Que sait-elle exactement ?

« On peut toujours. Quand on le veut vraiment. »

Elle est tellement sérieuse. Un de ses plus gros défauts. Elle croit tout savoir. « Je ne sais pas exactement comment tu crois que je gagne ma vie. Si je m'y préparais dès maintenant, je pourrais peut-être partir dans quelques mois. Ou plutôt je m'enfuirais.

– Je sais que tu m'as menti. Tu m'as menti il y a moins de cinq minutes. Je sais que tu n'étais pas avec ton frère aujourd'hui. J'imagine que tu me mens depuis le premier jour. J'ai été idiote. »

Calum soupire. « Je n'ai jamais... » Non, il ne peut pas achever cette phrase sans mentir de nouveau. Il ment bien. Mieux que son frère, en tout cas. Et que George. « Je veux être aussi honnête que possible avec toi. Seulement... il vaut mieux que tu ignores certaines choses. »

Elle hoche la tête. Elle prend un mouchoir dans sa poche et le roule en boule. « Je ne suis pas complètement naïve, Calum. Je savais que tu mentais. Je n'ai pas cherché plus loin. Je ne voulais pas voir la vérité. Maintenant je sais. »

Difficile de répondre à ça. « OK.

– Je sais que lorsque tu es sorti d'ici au milieu de la nuit la semaine dernière, ce n'était pas pour aller chercher ton frère. Je l'ai su tout de suite. Mais j'ai laissé courir. J'ai pensé que tu sortais pour quelque chose de louche. Mais que je pouvais faire comme si de rien n'était. » Une pause. « Tu sais que deux types ont été trouvés morts cette nuit-là ? »

Mon Dieu, ne fais pas ça. Calum la croyait plus intelligente. Si elle pense qu'il s'agit d'assassinat, elle doit comprendre que se taire est le mieux qu'elle ait à faire. Maintenant il doit mentir. Il n'a pas le choix.

« Oh là, une seconde ! J'espère que tu n'es pas en train d'insinuer que j'ai eu quelque chose à voir avec des morts. » Il s'est trouvé convaincant. Veillant à ne pas ajouter un seul détail qu'elle n'ait pas mentionné. Profondément offensé. Choqué.

Elle secoue la tête. « Au début je ne l'ai pas pensé. Mais je suis allée voir ton frère. Il m'a menti à propos de cette nuit-là, comme toi. Il ment mal, ton frère. Il met trop longtemps pour trouver une réponse. Je crois qu'il n'est pas aussi intelligent que toi. Ensuite je suis allée voir George. Il a essayé de mentir lui aussi. J'ai parlé des morts. J'ai vu sa réaction. J'ai compris. »

Il essaie de rire. C'est tout à fait déplacé. « Je ne sais pas ce que George aura bien pu te raconter, mais il faut que tu saches que je n'y suis pour rien. Seigneur, Emma, qu'est-ce que tu es en train de dire ? » *Qu'est-ce que tu fabriques ?* conviendrait mieux. *Pourquoi déclencher des alarmes dans toute la ville ?* Questionner George. Un homme qui, elle doit le savoir, est mêlé lui aussi au milieu. Comment pense-t-elle que ça va se terminer ? C'est le problème avec les gens de l'extérieur. Ils se croient vraiment intouchables. Ils pensent que, parce qu'ils respectent la loi, les autres seront gentils avec eux. Que leur intégrité les protège. Ils se trompent.

« Écoute, je ne sais pas jusqu'où tu étais impliqué. Je sais que tu l'étais, alors ne nous mentons plus. » Elle lève la main pour l'empêcher de protester. « Je... Je pense que tu es un homme bien. Ou que tu peux le devenir. Si tu le veux. Tout ce que je te demande, c'est d'arrêter de mener cette vie. Trouves-en une mieux. »

Il ferme les yeux. Il ne peut pas lui faire comprendre. « Je regrette, Emma ; ça ne marche pas comme ça. »

Elle le regarde, découragée. Elle croit que c'est un manque de volonté. Le monde lui paraît si facile. On veut faire quelque chose, on le fait.

« Je vais te faciliter les choses. Ou tu arrêtes, ou tu ne me reverras plus jamais. Aussi simple que ça. »

Il a un sourire désabusé, ce qui, soit dit en passant, est la mauvaise réponse. Il pense à son métier. Comment réagirait-elle si elle savait ? Il n'y aurait pas d'ultimatum. Elle serait partie, quoi qu'il lui ait promis.

« Si c'était aussi facile que tu le crois, je l'aurais déjà fait. Sauf que je n'ai pas le choix. »

Elle se tait. Désemparée. Elle grimace, essayant de contenir ses émotions.

Vingt secondes de silence. Puis un grand soupir. De ceux qui indiquent qu'une décision est prise. Elle se lève, met la bandoulière de son sac sur son épaule. Elle regarde Calum. Il n'y a plus que de la tristesse.

« Au revoir », dit-elle, et elle se dirige vers la porte.

Il aimerait pouvoir dire quelque chose. Quelque chose qui lui fasse comprendre sans qu'elle le haïsse. Quelque chose qui puisse sauver leur relation. Les relations sont si rares dans sa vie. Il sait que cette rupture sera douloureuse. Que faire d'autre ? Tout ce qu'il pourrait dire lui paraît idiot. Elle ouvre la porte.

« Je ne fais pas ce que je fais par plaisir. » Elle s'est retournée pour le regarder. Elle franchit maintenant la porte et la tire derrière elle. Et il est de retour à la case départ. Là où il aurait toujours dû rester. Seul.

42

Se planter devant la fenêtre et regarder la pluie tomber. La vie du solitaire. Comment Frank a-t-il fait pendant toutes ces années ? Calum y pense depuis une heure. Pas tellement à Emma. Il l'aimait bien, mais ça ne durait que depuis deux mois. Sa présence était très agréable, mais n'importe qui aurait été la bienvenue après une aussi longue solitude. Calum a vingt-neuf ans. Frank, soixante-deux. Il a mené cette vie trente-trois ans de plus. Jusqu'à l'affaire Scott il semblait tout gérer avec bonheur. Il a dû connaître des moments comme celui-ci, où les sacrifices paraissaient démesurés. Ou peut-être pas. Peut-être a-t-il toujours été plus fort que Calum. Ce n'est pas le genre de chose qu'on finit par apprendre un jour. Aucun tueur ne confie ses crises existentielles. Le plus curieux, c'est que cette idée s'est introduite au cours des six derniers mois. Rien avant. Il était heureux de la vie qu'il menait. Du moment qu'il la maîtrisait, il s'accommodait des sacrifices.

Une décision amère. Il est temps d'agir. De travailler. Frank risque la liberté de tous en voulant protéger la sienne. Inexcusable. Jamieson doit savoir. Calum met son manteau, prend ses clés de voiture. Ne traîne plus. Tu es coincé dans cette vie ; ne la rends pas pire. Il connaissait dès le début les sacrifices à consentir. Ils ne l'ont jamais surpris. Il n'a pas le droit de les ruminer maintenant. Tu as un boulot. Tu as de l'argent. Tu as une vie. Tu n'auras plus rien de tout ça si Frank parle aux flics. Tu n'es pas obligé d'aimer ta vie, mais tu dois quand même la protéger.

Il descend l'escalier et sort sous la pluie. Il regarde la rue à droite et à gauche. Lentement, sans se soucier de se mouiller un peu. Être prudent compte plus que se mettre au sec. S'assurer que personne ne le surveille. Il est passé en mode professionnel. Il est sur le point d'aller informer Jamieson. C'est important. Le genre de démarche que Frank voudrait empêcher s'il était au courant. C'est Frank que Calum cherche, mais il n'y a autour de lui qu'une rue vide.

Il s'est garé à une rue du club. Il marche d'un bon pas, mais pas trop vite. L'allure qui convient par ce temps sans attirer l'attention. Comme il n'y a personne devant le club, il prend l'allée. Pour entrer par la porte latérale. Aucun des habitués ne se retourne sur lui. Ils sont bien dressés. Ils n'ont pas à dévisager ceux qui ne veulent pas être remarqués. Deux hommes à une table de billard le regardent. Dont Kenny. Le chauffeur. Qui lui fait un signe de tête sans rien dire. Celui qui joue avec Kenny est Marty. Un proxénète et un requin d'usurier. Une véritable ordure qui parle beaucoup. Calum fait comme s'il n'était pas là. Mais Marty est bien vu, à cause de ce qu'il peut fournir. Tous les candidats malfrats veulent se rapprocher du type qui organise des parties fines. Et comme il est très rentable, Jamieson et Young sont prêts à supporter de temps en temps sa compagnie.

Marty est probablement venu pour une réunion. Il a sans doute fait prévenir Jamieson qu'il veut le voir. Calum s'en moque. Souffler sa place à quelqu'un est loin d'être la pire chose qu'il ait faite. Il traverse le couloir jusqu'à la porte de Jamieson. Les mesures de sécurité sont vraiment désastreuses, pense-t-il. Il frappe, attend une réponse. Quelques secondes, puis un « c'est ouvert ». Il entre. Jamieson est derrière son bureau. Il a tourné son fauteuil vers Young, qui est sur le canapé, comme toujours. Ils le regardent dégouliner sur la belle moquette. Calum a un visage sévère qui leur dit que c'est grave. Il a facilement l'air sévère et malheureux de toute façon, ça ne lui demande aucun effort. Ils ne se rendent peut-être pas compte que cette fois, c'est spécial. Jamieson se retourne vers Young en lui faisant signe qu'il peut disposer.

Calum s'assoit en face de Jamieson. Jamieson sait très bien se composer un visage impassible, sans aucune expression. Il peut le faire quand il veut, et ce n'est pas maintenant. Maintenant il se montre inquiet. Il sait que Calum est venu lui faire un rapport, et qu'il ne se pointerait pas le soir, trempé et dégoulinant, si ce n'était pas pour dire quelque chose qui en vaut la peine.

« Alors ? » demande Jamieson.

Pire que ce que vous pensez, se dit Calum. Il ne répondra pas ça. C'est à Jamieson d'en juger. « Je l'ai suivi hier et aujourd'hui. Hier, rien. Aujourd'hui il est allé retrouver un type. Dans une maison de Renfrew Way. J'ai vu Frank y entrer, l'autre type en sortir. L'autre est retourné en voiture dans le centre. Il s'est arrêté à Cowcaddens. Au commissariat. Il s'est garé sur le parking, il est entré par-derrière. C'était un flic. »

Il a dit à Jamieson ce qu'il a besoin de savoir. Jamieson se tait. Les yeux fixés sur la surface de son bureau. Comme si on lui avait posé une question à laquelle il ne sait pas répondre et refusait de l'admettre. Il reste interdit.

« Tu es sûr que c'était un flic ? » Question stupide.

« Il n'aurait pas eu l'idée d'entrer par-derrière si ça n'en était pas un. » Explication inutile.

Les rouages tournent. Il se dit que toutes les enquêtes qui ont été menées sur son travail sont venues de ce commissariat. Que si jamais Frank devenait une balance, c'est là qu'il s'adresserait. Là où il y a des flics prêts à tout pour avoir Jamieson. Ils protégeraient Frank pour avoir le plus gros poisson. Frank pourrait probablement passer un accord très profitable.

« Ils ont dû avoir un contact avant de se rencontrer », dit Calum. Il ne va pas tenir compagnie à Jamieson et à ses idées noires sans rien dire. « Les enregistrements téléphoniques, peut-être. » S'il s'agissait de n'importe qui d'autre, Jamieson n'aurait pas besoin de preuves. Mais il s'agit de Frank.

« Parle-moi du flic, dit calmement Jamieson.

– Rien de particulier. Je dirais la cinquantaine. Il conduisait une Renault rouge. Je ne l'ai pas bien vu, mais j'ai son numéro de plaque. » Il tire un bout de papier de la poche de son manteau et le tend à Jamieson. Peut-être inutile, peut-être pas. « Je n'ai remarqué qu'un seul détail : quand il est sorti de la maison, il avait l'air en colère. Il est sorti après Frank. Il lui avait donné une longueur d'avance. Quand il est sorti, il a ouvert la portière de sa voiture et l'a refermée en la claquant. Il m'a semblé qu'il avait jeté quelque chose sur le siège passager, je ne sais pas quoi. Il avait l'air de quelqu'un qui n'a pas obtenu ce qu'il voulait. » Il jette des miettes à Jamieson. Pas davantage. Le fait que la rencontre a eu lieu est tout ce qu'il a à savoir. Frank n'obtiendrait pas de protection sans en dire très long. Pas après tout ce qu'il a fait. Il n'y a aucun réconfort à laisser croire que leur première rencontre n'a pas été un immense succès.

Jamieson acquiesce. Ils savent tous les deux que l'humeur d'un flic ne signifie rien. Frank a enfreint la règle d'or. Il existe toutes sortes de règles de merde dans le milieu, dont la plupart ne valent pas un pet de sauterelle. Qui ne sont jamais appliquées. Qui n'existent que parce que les types veulent faire croire qu'ils sont forts. Organisés. En réalité, il n'y a que deux choses qui comptent. Le fric et la police. Escroquer un supérieur est puni. Parler à la police est puni sévèrement. Le reste est sans gravité. Tout ce qu'on raconte sur la loyauté et l'honneur, c'est du pipeau. Des hommes ont fait des choses épouvantables qui leur ont été pardonnées parce qu'ils étaient rentables. L'argent est Dieu. La police est le Diable. Frank soupe à la table de Satan et il devra en payer le prix. Ils le savent tous les deux. Rien ne se fera jusqu'à ce que Jamieson confirme qu'il le sait. Peu importe que les actions de Frank affectent tous les autres. Calum pourrait aller régler ça et s'en tirer. Il finirait par être pardonné. Mais ça ne se fait pas. On ne fait pas passer le patron pour un dégonflé en agissant sans sa permission.

« D'accord, dit Jamieson. Je vais y réfléchir. » C'est dit avec fermeté.

Calum se lève, il va quitter le bureau. Il a déjà ouvert la porte, pensant ne rien entendre de plus.

« Je t'appellerai probablement », dit Jamieson. Calmement, sans enthousiasme. « Bientôt. » Sa façon à lui de dire : tiens-toi prêt.

Calum descend l'escalier. Il sort par la porte latérale pour ne pas affronter les gens. Des gens joyeux qui vont danser. Qui cherchent à s'amuser. Il ne veut pas devoir les regarder. Emma est sortie de sa vie. Avec le limogeage de Frank il devient l'unique gâchette de Jamieson. Son prochain travail sera presque à coup sûr profondément déplaisant. Un boulot est un boulot. Il le détache de la réalité. L'arrache à l'ennui de son existence. Lui donne matière à penser à chaque instant de veille. Être en mode pro est un soulagement. Il regarde tout autour de lui en passant de la pluie à l'intérieur de sa voiture. Il n'y a personne. Il démarre. Il a à faire.

43

Le problème du jour c'est Frank, un problème de taille. Il signifie une nouvelle conversation avec Jamieson. Se heurter encore à un mur. Personne ne l'a jamais dit en face à Jamieson, mais beaucoup de gens considèrent Young comme le cerveau de l'organisation. Jamieson est d'accord, il a toujours joué le jeu. Lui et Young savent que ce n'est qu'un jeu.

Young roule vers le club. Il a peut-être une chance d'y attraper Jamieson avant qu'il rentre chez lui. Il essaie de se rappeler une occasion où il a pu obliger Jamieson à faire quelque chose qu'il ne voulait pas. Quelque chose d'important. Naturellement, il est arrivé que Jamieson n'intervienne pas pour des choses sans gravité qui ne lui plaisaient pas. Il accorde toujours à Young quelques petites victoires. Jamais rien qui compte. Les gros coups relèvent toujours de Jamieson. Young ne se fait pas d'illusions. Il est le stratège et le recruteur ; le bras droit. Mais il ne décide pas.

Il se gare devant le club. La rue est presque silencieuse. Pas de videurs à la porte, mais elle ne devrait pas être fermée. L'équipe de nettoyage est sûrement là. Il monte, passe devant les tables de billard. Un homme assis dans un coin joue avec son portable : Kenny. Donc Jamieson est encore là. Le couloir. Un coup bref à la porte et il entre. Jamieson est derrière son bureau, où pourrait-il être ? Un verre de whisky à la main. Il n'a pas l'air de quelqu'un qui a envie d'entendre la confirmation de ses pires craintes. Le coup va forcément être rude. Il veut croire que Frank est incapable de le trahir. Un des rares hommes en qui il se soit autorisé à mettre sa confiance. À peine dehors, Frank court à la police. C'est un choc. Ils doivent réagir. Surmonter la déception et passer à la sale besogne. Jamieson lève les yeux vers lui. Il a l'air agressif, comme souvent quand il a bu. Il a toujours l'alcool gai ou mauvais. La frontière peut être ténue.

« Qu'est-ce que tu veux, John ? » Sa voix est parfaitement claire. Quand il est ivre il ne bafouille pas, ne s'effondre pas. Il faut le connaître pour s'en apercevoir. Tout est dans le regard.

« Je viens de voir un indic dans la police, l'agent Higgins. Le flic que Frank a rencontré était presque certainement Michael Fisher. Il a été chargé de l'enquête sur l'affaire Scott-McClure. Il l'a négligée pour poursuivre ses propres recherches. Par exemple d'un informateur en or. » Assez de détails. Jamieson devrait savoir quoi faire de ça.

« Hmm » fait Jamieson, et il prend une autre gorgée de whisky. Il détourne le regard. « Tu veux que je le bute, c'est ça ? » C'est une accusation.

« Non, répond Young, je ne veux pas. Mais nous savons toi et moi qu'il le faut. Je ne pense pas qu'il leur ait donné beaucoup d'informations à la première rencontre. Il devra le faire la prochaine fois qu'ils se verront. Nous ne pouvons pas laisser cette entrevue avoir lieu. Nous serions foutus. Tous autant que nous sommes. Je voudrais que ce soit réglé cette nuit.

– Non. » Jamieson veille à ce que son ton n'appelle aucune discussion.

Young est parti. Il a passé quelques minutes debout à attendre que Jamieson soit d'accord avec lui, puis il a dit qu'il reviendrait demain matin. Il a essayé de se montrer dégoûté. Jamieson s'en moque. Il peut facilement faire changer Young d'avis. Il en a toujours été capable. Mais Frank… Frank est parti. Il ne reviendra pas. Si Frank parle à la police, il est parti pour toujours. Seigneur, ce qu'il a confié à Frank ! Ce qu'il lui a fait faire pour lui. Frank sait tout. Chaque putain de détail. Le salopard ! Le gros salopard ! Jamieson allait se mettre en quatre pour le garder dans le circuit. Il allait lui donner un poste convenable. Pas celui de tueur. Le vieux con ne peut plus l'assumer. Un autre emploi. Un rôle important. Mais non. Frank était exactement comme tous les autres petits cons qui fourmillent, et qui cherchent à obtenir ce qu'ils veulent pour rien. Si vous ne lui donnez pas ce qu'il veut il vous massacre. En allant à la police. Merde, si seulement ça n'avait été qu'une autre organisation.

Il doit y avoir une erreur. Un malentendu. Frank est un vieux de la vieille. Il ne se retournerait pas contre toi. Pas aussi facilement. Certains jeunes, oui, mais pas Frank. Il a peut-être monté un coup. Il manipule peut-être le flic. Possible. Fisher emmerde le milieu depuis pas mal de temps. Frank a peut-être un atout qu'il joue pour l'impressionner. Pour faire revenir Jamieson sur sa décision. Pour essayer de le persuader qu'il peut encore être un bon tireur. Non. Ne te raconte pas d'histoires. La seule façon dont Frank pourrait utiliser Fisher pour convaincre le monde qu'il est encore un tueur serait de le tuer. Frank n'est pas idiot à ce point. Aucun tueur ne le serait. Tuer un flic est hors de question. Toujours. C'est toujours inutile, sauf dans des circonstances extrêmes. Le flic mort est remplacé par un vivant qui cherche à le venger. Non, Frank ne manipule pas le flic. La seule chose que Frank ait jamais pu manipuler est une arme pour tuer un homme.

Trop de certitudes à propos de Frank s'écroulent autour de lui. Il pense à tout ce dont Frank est incapable. À ce qu'il ne pourrait probablement jamais faire. Oui, il a été un des grands tueurs à gages, mais c'est tout. Un spécialiste. Pas beaucoup de cordes à son arc. Et maintenant ? Certainement rien de spécial. Regarde les trois opérations que Calum a menées pour l'organisation. Winter, c'était un classique. Frank n'aurait pas pu faire mieux. Davidson était un champ de mines, et Calum l'a traversé. Frank n'aurait pas pu le faire aussi bien. Loin s'en faut. Ensuite l'épisode Scott. Renverse les rôles. Frank n'aurait probablement même pas essayé. Si oui, il se serait battu. C'était un gros coup. Frank serait-il resté aussi calme ? Difficile à croire. Ils sont peut-être mieux sans lui. Sans un ami.

Il prend le téléphone du bureau. Il connaît le numéro de Frank par cœur. Il attend. Le vieil homme est-il couché ou à un autre rendez-vous ? Frank répond. Il ne paraît pas endormi. Ni vieux. Ça n'est jamais arrivé. Il restait toujours Frank. Le vieux Frank familier. Maintenant, en l'écoutant, tu sens son âge.

« Frank, c'est Peter.

– Peter. » Une pause presque imperceptible. Ce n'est peut-être rien, mais ce n'est pas son genre. Un ennui ?

« Je pense seulement que nous devons bavarder. Voir où nous en sommes, tu comprends ?

– J'imagine.

– Pourquoi tu ne passerais pas au club demain matin, disons dix heures ? Je pense que ça nous ferait beaucoup de bien à tous les deux.

– D'accord, dix heures. À demain. »

Aucune nervosité dans sa voix. Peut-être n'est-il pas inquiet. Soit il n'a pas de raison de l'être, soit il ment bien. Il est depuis suffisamment longtemps dans le métier. Avec de l'entraînement vous devenez bon dans ce genre de choses. Frank n'aurait pas pu arriver aussi loin dans cet univers sans apprendre à cacher ce qu'il ressent. Jamieson descend le reste de son verre. C'est l'heure de rentrer à la maison. Il n'a plus rien à faire ici. Une mauvaise journée au bureau. Il en a connu quelques-unes, mais celle-ci pourrait avoir la palme. Il se lève. Sans chanceler, ce qui indique qu'il a bu sans aller jusqu'à la stupidité. C'est un antidouleur. Il sourit. Il pense à ce que Frank a dit un jour. On distingue un bon tueur d'un mauvais à ce qu'il veut oublier. Beaucoup tombent dans l'alcool. Pas Frank. Ni Calum, apparemment. Ils peuvent vivre avec ce qu'ils ont vu. Avec ce qu'ils ont fait. C'est un avertissement. Un homme qui peut vivre en faisant ça pour gagner sa vie peut probablement s'accommoder de tout.

Il a éteint la lumière. Il traverse le couloir, la salle de billard. Où Kenny s'ennuie. Toujours là, toujours désireux d'être utile.

« Je n'aurais pas dû te retenir aussi tard, Kenny.

– Ça ne fait rien. » Il ne peut rien dire d'autre, si ? Ils descendent l'escalier, sortent. Ils se dirigent vers la voiture, Kenny l'atteint avec quelques pas d'avance pour ouvrir la portière à Jamieson. Jamieson n'a jamais aimé ça. S'asseoir à l'arrière. Se faire ouvrir la portière. Il a l'impression d'être un vieillard.

« Dis-moi, Kenny, demande-t-il quand ils s'éloignent, tu fais confiance à tous ceux qui t'entourent ? »

Kenny émet des bruits indécis tout en haussant les épaules. Il a la frousse. Jamieson sourit. Pauvre type, il ne veut pas donner la réponse qu'il ne faut pas. « Je crois que oui, dit-il finalement.

– Tu ne devrais pas. Tu dois faire attention à toi. Ne dépends pas trop des autres. Ça devient une mauvaise habitude. Tu es quelqu'un de bien, Kenny, tu le sais. Tu fais du bon travail. J'en suis content. » Il se cale sur le siège. Il ne s'était pas rendu compte qu'il était aussi fatigué.

44

Frank n'a pas beaucoup dormi la nuit dernière. Une nuit passée à penser à cet appel. Peter paraissait bien. Pas trop agressif, pas comme s'il mijotait quelque chose. Il semblait sincère. Ça ne l'empêche pas de penser à tout ce que ça pourrait vouloir dire. Peut-être un véritable entretien. Jamieson veut présenter le travail que Frank fera dorénavant. Lui donner les détails sur l'avenir, et il espère qu'ils convaincront Frank d'accepter son nouveau rôle. Ce pourrait être un piège. Non, pas un piège. Ils ne le tueraient pas au club, ce serait une stupidité. Bien trop risqué. Ce pourrait être le premier pas vers un effacement complet. Frank en sait trop. Il est à l'extérieur maintenant. Le vieil homme qui a raté un coup facile. Jamieson pense peut-être que ce sera simple de se débarrasser de lui purement et simplement. Frank se lève, sa hanche le gêne. Jamieson a sans doute raison. Comment pourrait-il se battre ? Il va prendre sa douche, il se prépare pour l'entrevue. Il doit partir.

Il sort, va chercher la voiture. Il regarde des deux côtés dans la rue. Rien de spécial. Il roule vers le club. En pensant à toutes les conversations qu'il a eues avec Peter Jamieson. Il lui est arrivé de pouvoir influencer Peter. De le convaincre que telle idée était bonne, quand Jamieson hésitait. Que telle autre était catastrophique. Il y a au moins une personne vivante aujourd'hui parce que Frank a convaincu Peter de ne pas la supprimer. C'était avant. Quand Frank valait la peine qu'on l'écoute. Il est maintenant un vieil homme à l'extérieur, qui s'accroche.

Il descend de voiture, entre par la porte principale. C'est calme à l'intérieur. Il monte l'escalier, ces marches irritantes, traîtresses. Pousse les portes de la salle de billard. Les tables sont occupées. C'est leur heure. La boîte est silencieuse, pas de musique ; ils peuvent faire semblant de se concentrer sur leur partie. La plupart sont des inutiles, quelles que soient les distractions. Quelques visages qu'il reconnaît, les habitués. Le chauffeur est parmi eux.

Il adresse un signe de tête poli à Kenny.

« Vous venez voir le patron ? » demande bêtement le chauffeur. Pour quel autre motif serait-il là ?

« Oui », répond Frank. Kenny est déjà dans le couloir pour aller prévenir Peter. Frank a remarqué qu'il est agité. Mauvais signe. Un chauffeur entend fatalement des choses. Il pourrait y avoir une bonne raison pour que Kenny soit mal à l'aise avec Frank. Il revient dans la salle de billard.

« Allez-y », dit-il, et il se détourne aussitôt de Frank. Décidé à ne pas avoir de conversation avec lui. À éviter d'être vu avec un homme condamné. Frank le laisse tranquille. Inutile d'angoisser le gamin en lui parlant. Ça fait partie de l'éviction. Il ne peut pas reprocher à un employé subalterne remplaçable de l'éviter. S'il pouvait retrouver son poste, les hommes comme Kenny voudraient redevenir son meilleur ami.

Le couloir, la porte du bureau, il frappe. On lui crie d'entrer. Jamieson et Young à leur place habituelle. Mais Young se lève ; il ne restera pas. Frank hésite à penser si c'est bon ou mauvais signe. Pourquoi Jamieson ne veut-il pas que son bras droit soit présent ? Difficile de ne pas avoir l'impression que ça s'annonce mal. S'il s'agissait d'affaires, il demanderait à Young de rester. Young est celui qui connaît le mieux les détails. Il est toujours utile dans une discussion d'affaires. Il passe devant Frank sans le regarder dans les yeux. Ils n'ont jamais été proches. Encore une qualité de Jamieson. Il n'a jamais obligé ses hommes à être copains entre eux. Certains patrons l'exigent. Ils ont une tendance désastreuse à prendre la camaraderie pour de la loyauté. Jamieson a toujours été trop intelligent pour ça. Que les hommes fassent leur travail. S'ils le font bien, c'est suffisant. Young a fermé la porte derrière lui. Rien qu'eux deux dans le bureau. Il est déjà venu de nombreuses fois. Jamais dans cette atmosphère. Frank s'assoit.

« Content de te voir, Frank. Comment vas-tu ?

– Bien. » Un homme laconique quand il est sur la défensive.

« Tu prends un verre ?

– Non, je conduis.

– Naturellement », dit Jamieson avec un sourire. Les pros ne prennent pas de risques. Ils ne se permettent pas de se faire arrêter pour conduite en état d'ivresse. Aucun délit mineur qui puisse mener à des inculpations plus graves. Il laissera donc la bouteille à sa place. Il ne souhaite pas que Frank pense qu'il a eu la faiblesse de boire. « Nous devons parler sérieusement de nos positions. Je ne suis pas sûr que nous nous soyons quittés dans les meilleurs termes la dernière fois. »

Frank a un léger hochement de tête. « Peut-être pas.

– Je veux savoir ce que tu penses. Je veux savoir ce que tu aimerais faire à présent. Quels sont tes projets ? » Il ne peut pas s'exprimer plus brutalement que ça. Il n'avait pas eu l'intention de le demander abruptement. Frank doit lui répondre. Il doit partager de bonne grâce.

Frank regarde ses chaussures. Il pense à ce qu'il veut répondre. C'est l'occasion. Jamieson la lui a offerte sur un plateau. Il ne lui reste plus qu'à être honnête. Lui raconter que la police a pris contact avec lui. Qu'il a rencontré le flic, pour savoir qui il était et ce qu'il avait à dire. Prétends y être allé parce que tu espérais découvrir d'où il a tiré ses informations. Jamieson n'y croira peut-être pas, mais il l'admettra. C'est Peter, il acceptera la sauce du moment que ce qui est en dessous est proche de la vérité. Il n'y aura pas de seconde chance.

« Je suis un tueur, Peter. » Il se concentre sur ce qu'il ne faut pas et il le sait. « Je ne peux être rien d'autre. » Une entrée en matière stupide. Il se maudit. Rien d'étonnant.

« Ça n'est pas parce que tu n'as pas fait d'autres choses que tu ne les ferais pas bien. Tu dois accepter de l'envisager. »

Frank acquiesce. Peter a dit « tu dois ». Ce n'était pas accidentel.

« Écoute, dit Jamieson en se penchant en avant pour donner plus de poids à ses propos. Toi et moi, c'est une longue histoire. Je crois que nous nous connaissons suffisamment bien pour ne pas nous raconter de conneries. Je ne peux pas t'employer comme tueur. Pas en ce moment. Tu le comprends, n'est-ce pas ? Merde, après ce qui s'est passé, je dois t'écarter. Ce n'est pas que je le veuille, mais je le dois. C'est comme ça. Ç'a vraiment été une mauvaise nuit. Pas que pour toi, mais pour nous tous. Je dois être prudent. Je dois t'éloigner des armes. Peut-être pas définitivement, mais pour le moment. » Une pause. « Alors, qu'est-ce que tu vas faire ? Tu peux rester avec nous, faire un autre travail. Je pourrai peut-être te redonner une partie de tes anciennes fonctions, plus tard, si tu en veux encore. Tu pourrais aller travailler pour une autre organisation, mais tu en as vraiment envie ? Il y a un paquet de merdes absolues partout. Tu le sais. Tu sais ce que c'est qu'entrer dans une nouvelle organisation. Qu'est-ce qu'il reste d'autre ? » Il ne pourrait pas lui faciliter davantage la chose.

Il ne reste que la police. Tout ce que Frank a à faire c'est rire et dire que c'est drôle que Peter pose la question. Dire qu'il a reçu un coup de téléphone d'un flic. Une proposition de protection. C'est si facile. Mais impossible. Question de confiance. S'il existe quelqu'un dans ce milieu à qui il devrait se fier suffisamment, c'est Peter Jamieson. Mais il ne peut pas. Il n'y parvient pas. Quarante ans. Tant d'années à penser d'une certaine façon, pour devoir maintenant penser autrement. Quand vous passez toute votre vie active à entendre que vous ne devez faire confiance à personne. À apprendre à être sceptique. Vous vous fiez aux autres jusqu'à un certain point, mais jamais entièrement. Quelles que soient les qualités d'un patron, vous ne livrez pas tout. Parler à Jamieson de la rencontre avec Fisher demanderait une confiance absolue. Elle n'est pas là. Ce serait bien de croire que Peter Jamieson accepterait cette information. De croire que leur relation pourrait redevenir ce qu'elle était. Mais ce n'est pas réaliste. Jamieson imaginerait le pire.

« Je suppose que la prochaine étape dépend de toi », dit Frank. Il entend ses propres mots et il voudrait avoir le courage de les changer. Le courage de faire confiance à son ami.

« Oui. » Jamieson se laisse retomber dans son fauteuil. Ce n'est pas ce qu'il voulait entendre. « Puisque c'est comme ça. » Un silence. Inconfortable. Frank regarde Jamieson, il voit sa tristesse. « Je vais chercher, dit Jamieson sans enthousiasme, essayer de te trouver quelques missions. Quelque chose d'intéressant, pas des conneries. Nous en reparlerons, peut-être la semaine prochaine.

– Entendu », dit Frank, et il se lève. Il est soulagé de partir. Ça ne s'est pas bien passé, il le sait, et il veut sortir. Échapper à Jamieson et cesser de prétendre être détendu. De faire comme si ce n'était pas la fin du monde. À la porte, il jette un coup d'œil à Jamieson. Son patron. Assis là, une main sur son bureau, son index qui tapote. Les yeux fixés sur rien. L'air déprimé. Frank a envie de lui dire au revoir, mais ce serait admettre que c'est la fin.

Il sort et ferme la porte. La salle de billard, sans un regard à Young, à Kenny ou aucun des autres. L'escalier, la rue. Dans sa voiture. Avec encore son air dur. Toujours l'air dur tant qu'il risque d'être vu. Il s'éloigne et se radoucit. Il se maudit. Il maudit Jamieson. Il a envie de pleurer, si seulement il savait. Il reste une dernière possibilité. Fuir.

Où ? On le rechercherait. Jamieson ne le laisserait s'installer nulle part. S'il disparaît maintenant, Jamieson sera convaincu que c'est parce que quelqu'un l'a récupéré. À Londres ? Non. Aucun endroit sûr au Royaume-Uni. Il pourrait même aller à l'étranger et Jamieson suivrait. Il ferait abattre Frank n'importe où dans le monde. Un degré élevé de priorité justifie le risque supplémentaire. Où qu'il aille, Frank ne trouverait pas d'emploi. Glasgow est sa ville. Depuis toujours. Il n'a de nom nulle part ailleurs. Il ne serait qu'un vieil homme couvert de vieilles médailles. Il y en a des tas. Personne ne l'engagerait. Une vie de pauvreté en cavale. Non. Il y a vingt ans, peut-être, mais plus maintenant. Maintenant il doit rester. C'est la fin.

45

Un verre de whisky. Il allume la télé qui est derrière lui. L'éteint. Il entend un bruit familier au-dehors et va regarder par la fenêtre. Toutes les distractions sont les bienvenues. N'importe quoi pour éviter de devoir prendre la décision. Pour éviter de décider de tuer Frank. Young est venu et reparti. Il savait qu'il valait mieux ne pas rester. C'est quelque chose que Jamieson doit faire tout seul. Quelque chose de nouveau. Ça n'a jamais été comme ça. Jamais aussi difficile. Jamais aussi réel. Combien de fois l'a-t-il fait auparavant ? Bon Dieu, trop souvent ! Ordonner que quelqu'un soit tué pour le bien de l'entreprise. Arrive un moment où on ne pense même pas à ce qu'on dit. C'est la bonne stratégie pour l'entreprise, donc on l'applique. On demande à quelqu'un de faire en sorte que ça arrive. On lui donne une cible ; qu'il s'en charge. Rien de plus. Tellement facile. Des types qu'on n'a jamais vus. Tout ce que Jamieson savait d'eux, c'était leur nom et ce qu'ils avaient fait pour le mettre en colère. C'était facile de tuer.

Il pense à la première fois. Il doit y avoir seize ans. Ça ne le rajeunit pas. Ils n'avaient pas encore Frank en ce temps-là ; Ils avaient dû engager un free-lance. Un grand escogriffe au long visage maigre. Il ne se rappelle même pas son nom. Ça paraissait une affaire énorme à l'époque, et maintenant il a oublié son nom. En revanche il se souvient de celui de la victime. Derek Conner, un petit gros. Jamieson pensait qu'il devenait trop prétentieux. Le réseau de Jamieson était encore modeste. Sans affaire légale pour le dissimuler, il vivait en marge.

C'était exaltant. Conner avait son propre réseau, pas plus impressionnant que celui de Jamieson. Il est devenu encombrant. Il y avait un risque qu'il le double. Young a trouvé un free-lance, le contrat a été exécuté. Mal, dans le souvenir de Jamieson. Il y a eu une enquête ; elle n'a mené nulle part. Lui et Young étaient terrifiés tant qu'elle a duré. Ça paraissait terrible. Par la suite, avec chaque nouvelle liquidation, c'est devenu moins grave. Ils ont pu oublier les victimes, ignorer les enquêtes. C'était si facile. Jusqu'à maintenant.

En faisant semblant d'avoir une décision à prendre il se raconte des histoires, et il le sait. Il n'a pas le choix. Aucun. Il n'y a qu'une solution et il la choisira. C'est le choix de Frank lui-même. C'est ce qu'il se répète. Plus il y réfléchit, plus il est furieux et résolu à prendre une décision. Frank a choisi tout seul. Il est allé voir la police ; il n'en a rien dit quand il lui a donné une chance de parler. Comment n'a-t-il pas deviné que Jamieson était au courant ? Il aurait pu si facilement être honnête avec lui. Frank est sans doute la seule personne à qui Jamieson aurait permis de s'en tirer. Il ne mérite pas l'indulgence. Quelqu'un qui met tant d'autres personnes en danger ne la mérite pas. Frank les livre tous pour sauver sa peau. Il ne devrait pas s'en tirer à bon compte. Il ne faut pas que ça se sache. L'humiliation suffirait à ruiner l'organisation. La police n'aurait plus qu'à balayer les restes.

Il a convoqué Young dans le bureau. Ils occupent leur siège habituel. Il trouve un peu de réconfort dans cette familiarité. Et dans le fait de savoir qu'il prend les mesures qui s'imposent.

« Il faut que ce soit fait, dit-il tranquillement. Cette nuit, je pense. Nous ne pouvons pas les laisser se revoir. Tu peux t'en occuper aussi vite ? »

Young acquiesce. « Ça ne devrait pas poser de problème. Je vais appeler Calum. »

Jamieson prend un temps anormalement long pour réagir. « C'est ça, appelle-le. Que ça paraisse aussi normal que possible. » Normal. Elle est bien bonne. Quand a-t-il ressenti la même chose en prenant cette décision ? Quand la personne visée a-t-elle mérité qu'il se soucie d'elle ? C'est peut-être une chose qui n'arrive qu'une fois dans une vie. Et tu dois pourtant la présenter comme normale. T'assurer que personne d'autre ne sache à quel point c'est grave pour toi.

Young a quitté le bureau. Ce n'est pas dans ses habitudes, mais ça lui paraît convenable. Il ne veut pas que Jamieson l'entende donner des ordres et regrette. Il a pris la bonne décision. Young a envie de le lui dire, mais ça n'arrangera rien. Pas tout de suite. Plus tard peut-être, quand l'émotion sera retombée. Dans l'immédiat, Jamieson a certainement envie d'être seul, de se noyer dans le whisky et la mélancolie. Young n'y voit pas d'inconvénient ; il n'a pas besoin que quelqu'un d'autre s'en mêle. C'est la partie qu'il aime bien. Organiser, donner des ordres et estimer le résultat. Il a trouvé un bureau en bas, vers le fond de la boîte. Il a fermé la porte et vérifié que tout est à sa place. Il appelle Calum. On décroche après la troisième sonnerie. Il y a peu de danger que ce soit la petite amie. George a appelé pour l'informer qu'il avait fait le nécessaire. Il pense que la rupture est proche, si elle n'est pas déjà consommée. Encore un succès.

« Salut, Calum, c'est John Young. Comment va la main ? » Calum connaît sûrement déjà le véritable motif de cet appel. Il est intelligent. Pour être franc, certains exécuteurs sont passablement nuls. Ils font le boulot, mais ne sont pas capables de comprendre les détails. D'assembler les petites pièces du puzzle. Calum semble plus malin.

« Elle va bien. » Il donne toujours l'impression qu'il est horriblement malheureux. « Prête à servir.

– Bien, content de l'entendre. Écoute, ce dont Peter t'a parlé hier.

– Ouais. » Il se rappelle parfaitement de quoi il s'agit.

« Une possibilité que tu t'en charges, disons, cette nuit ? »

C'est très poliment présenté. Mais Calum comprend. Ce n'est pas une demande, c'est un ordre. À exécuter cette nuit. « Oui, naturellement.

– Que ce soit soigné.

– OK. Pour ça il me faudrait sans doute un peu d'aide. Je peux appeler George.

– Fais-le », répond Young. C'est sa façon de demander à Calum de ne pas laisser de corps sur les lieux.

Il travaille lentement. C'est le gros défaut de Calum. Il est bon, mais lent. C'est ce que pense Young. Il doit tout faire pour lui donner du temps. Puis il pense à Davidson et à Scott. Il n'a pas été lent. Il a été rapide comme l'éclair parce qu'il n'avait pas le choix, et pourtant il a fait du beau travail. Ils peuvent le mettre dans une situation difficile sans s'inquiéter.

« Essaie de ne pas faire trop de bruit. Il ne faudrait pas déranger les voisins à l'aube. Je vais faire déposer dans ta boîte aux lettres une enveloppe qui contient quelque chose d'utile.

– Bien sûr, pas de problème. » Calum n'est pas impressionné. Il n'a pas besoin qu'on lui dise de ne pas faire trop de bruit. Un conseil de bon sens n'est pas un conseil du tout pour quelqu'un de sensé. Il sera de meilleure humeur quand l'enveloppe arrivera avec une copie de la clé de la porte de derrière de chez Frank.

Young remonte. Son travail est terminé. Il sera le responsable à appeler si quelque chose allait de travers. Il va attendre près de son téléphone. C'est incroyablement rare. Frank l'a appelé une fois, pour dire que la maison de la cible grouillait de flics. Une grosse peur. La police faisait effectivement une descente à cette adresse au même moment. Young a son idée là-dessus. Il y avait peut-être eu une fuite quant à l'identité de leur prochaine cible. Paul Greig avait peut-être décidé d'y mettre son nez et de gagner des bons points en attirant l'attention sur un dealer. Pas très important. Leur cible a disparu pendant trois ans. Quand elle est ressortie elle n'avait plus de réseau à diriger. Mais on ne sait jamais ce qui peut arriver. Notamment avec une cible comme Frank. Il doit faire confiance à Calum pour être le meilleur. Et c'est horrible de devoir dépendre de la confiance.

Il revient dans le bureau. Va tranquillement s'asseoir sur son canapé. Il ne dit rien. Jamieson sait ce qu'il était en train de faire. Il sait que si quelque chose avait cloché il le lui dirait. Le silence signifie que tout est en place et prêt. Que Frank va mourir cette nuit.

« Tu avances dans la recherche d'un remplaçant ? » demande Jamieson. On décèle une certaine tristesse dans sa voix, mais il fait un effort maintenant. Pour revenir aux affaires. En se montrant amical, en essayant de paraître intéressé.

« J'ai d'abord pensé à George Daly, mais il continue de refuser. Inutile de le forcer. L'autre candidat évident est Shaun Hutton. Quand nous écraserons Shug, il aura besoin d'un nouvel employeur. Qu'il nous ait prévenus à propos de Scott montre qu'il s'intéresse à nous. » Il veille à ne pas mentionner Frank.

« Laisse-le là où il est pour le moment. Nous pouvons l'utiliser jusqu'à ce que Shug soit fini. Ça ne sera pas long. » Il semble avoir totalement oublié un homme du nom de Frank MacLeod.

46

Il a parfois l'impression qu'ils ne veulent pas qu'il réussisse. Ils veulent un résultat, pas le bon résultat. Soit on court après les statistiques, soit on est un vrai flic. Ces deux styles de police ne se recoupent que rarement et tout à fait par hasard. Tel est en tout cas le credo de Fisher. Il y a un agent en bas qui a reçu des félicitations pour le nombre d'arrestations qu'il a effectuées. Fisher déteste ce garçon. Ce n'est pas sa faute si les chefs l'ont félicité, mais considérez ses arrestations. Des délits très mineurs pour la plupart, ou le genre d'incidents pour lesquels il n'aurait pas dû perdre son temps. Bien sûr, les gens aiment bien qu'on arrête un vandale ou un ivrogne qui trouble l'ordre public, mais ça ne fait pas avancer le projet principal. Le projet principal, c'est éradiquer les dealers. Qu'ils ne puissent plus fournir les toxicos, qui cesseront de s'introduire dans les maisons et d'agresser des individus pour financer leur habitude. Viser les gros poissons pour que la contamination ne se propage pas davantage vers le bas. C'est ce qu'il a toujours essayé de faire. Mais ils ne cessent pas de lui mettre des bâtons dans les roues.

Attendez un peu, il va bientôt exploser. Quelqu'un va dire une chose qui déclenchera tout. Ce sera un bref éclat de colère, comme toujours avec Fisher. Personne au bureau n'aime beaucoup ça ; ce sont les deux ou trois jours suivants de rage silencieuse qui dérangent tout le monde. Il y a pas mal d'agitation au poste, des allées et venues. Une femme a été trouvée morte à son domicile. Elle n'a été ni violée ni cambriolée, et son amant occasionnel est introuvable. Il semble qu'il répondra à beaucoup de questions embarrassantes quand ils mettront la main sur lui. C'est pourquoi ils sont nombreux sur cette affaire. Ils veulent naturellement épingler un homme dangereux, mais il y a aussi de l'ambition là-dedans. Ce devrait être une enquête éclair. Ils souhaitent que leur nom y soit associé. Ils savent que ce sera vite réglé et ils veulent en être. Personne n'aime voir son nom associé à des affaires interminables. Personne n'aime qu'une enquête lui échappe et soit confiée à un autre. Personne n'a envie d'être à la place de Fisher en ce moment. Aucune nouvelle preuve ne suggère que McClure n'a pas tué Scott avant de se suicider.

Le directeur Reid l'a appelé dans son bureau. Il lui a annoncé que l'enquête Scott-McClure prenait fin. Qu'elle n'était pas officiellement close, mais simplement abandonnée. Trop d'hommes perdent un temps précieux sur une enquête improductive. Leurs compétences, quelles qu'elles soient, sont requises ailleurs. C'est un meurtre suivi de suicide. Parlez-en à un coroner, présentez-lui les preuves et il enregistrera un meurtre suivi de suicide. Laissez-le faire. Mettez fin à l'enquête active ; laissez les familles tourner la page. Fisher n'a pas fait observer qu'elles semblaient ne pas avoir attendu. Le désintérêt des deux familles a été monstrueux. Inhabituel, sans être extraordinaire. Vous trouvez des corps auxquels aucune famille ne s'intéresse. Vous trouvez les parents les plus proches et vous les informez. Leur principal souci est le coût de l'enterrement. Ce peut être très désagréable. Les familles se fichent de savoir que l'enquête est abandonnée. Elles accepteront la théorie du meurtre suivi de suicide et continueront de vivre leur vie. Elles ne feront pas pression pour qu'il y ait un complément d'enquête. Les médias non plus. Pas de gros titres pour deux dealers des rues. Il faudrait des pressions extérieures pour qu'un dossier comme celui-là soit réactivé.

Il n'y aura pas de pression de la part de Fisher non plus. Il a d'autres priorités. Frank MacLeod par exemple. Ce traître menteur de Frank MacLeod. Fisher l'a suivi. Jusqu'à Peter Jamieson. Un coup monté, pour l'humilier ou le mettre en danger. Ou le vieux Frank essaie peut-être de retarder sa décision. De jouer sur tous les tableaux à la fois. Ça n'aurait rien d'étonnant non plus. Pas avec un type comme Frank. Il pourrait encore y avoir une chance. Il doit seulement s'assurer que Frank sait qu'il n'a pas d'autre solution. C'est mieux si Frank a de la sympathie pour lui, mais ça n'est pas nécessaire. C'est mieux quand un contact est prêt à donner des informations, mais le forcer vaut mieux que de le perdre. Comment intimider un homme comme Frank ? Un homme qui a connu toutes les tactiques d'intimidation du répertoire ? Tout un chacun peut se laisser effrayer. C'est la clé. Tous ces vieux types sont obsédés par l'idée de s'accrocher à la vie. La peur de la perdre, là est la clé. Lui faire croire que Fisher est la seule personne qui peut lui permettre de respirer encore. Fais de toi son unique recours.

Il est dans sa voiture et roule vers la maison de Frank. Fini d'attendre dehors devant la maison à regarder les heures passer. Il doit agir ou tout voir lui échapper. Il ne va pas laisser passer une autre occasion. Pendant des années vous obtenez de bons résultats, vous faites convenablement votre travail. Deux ou trois échecs et on commence à vous montrer du doigt. On pense que vous n'avez plus ce qu'il faut. Il a lui même été coupable de cette attitude dans le passé. Il sait comment ça marche. Un flic prend de l'âge, on commence à mettre en doute son aptitude à boucler une enquête. Est-il encore au fait de la criminalité moderne et des nouvelles techniques de police ? A-t-il encore le désir d'agir ? Certains le perdent. Ils ont fait leur part et attendent que ça se termine. Il n'est pas comme ça. Il sera contraint à se retirer, il le sait. Le désir est toujours là, mais rien ne se présente.

Devant la maison de Frank. Sa voiture est là, ce qui laisse penser qu'il est encore chez lui. Fisher descend de voiture et regarde la rue dans les deux sens. Apparemment personne. Personne non plus n'attend dans une voiture. Il frappe. Frank met une vingtaine de secondes à ouvrir. Son regard trahit sa surprise.

« Bonsoir, Frank.

– Entrez. » Il y a de la rudesse dans sa voix. Elle aussi le trahit. Il n'a pas envie d'être vu avec le flic. Ni que Jamieson sache qu'ils se sont parlé. Ce ne serait donc pas un coup monté et Frank est vraiment à l'extérieur. Il prend des contacts pour savoir à quoi s'en tenir. Il y a maintenant une chance réelle de l'avoir.

Frank l'a conduit dans le living. Fisher prend un siège sans attendre d'y être invité. Frank l'observe, en essayant visiblement de choisir ses mots.

« Puis-je vous demander pourquoi vous êtes ici ? » dit-il en s'asseyant face à Fisher. Toujours très poli. C'est assez démodé, une charmante différence de générations. De nos jours, n'importe qui injurierait Fisher pour s'être pointé à l'improviste.

« Je veux vous parler.

– Je croyais avoir dit clairement que je ne vous parlerais pas. » Un ton légèrement plus dur cette fois. Pour montrer qu'il n'apprécie pas cette visite. Mais il n'a pas besoin de le dire. Fisher n'est pas idiot ; il connaît les risques pour Frank. Frank comprend ce qu'ils sont. Il vit avec ; les pressions s'accumulent.

« Je veux vous démontrer que vous devez me parler. Je pense que vous n'avez plus le choix. Vous ne vous en rendez peut-être pas compte, mais c'est vrai. Je suis votre dernier recours. Je ne suis peut-être pas grand-chose, mais je suis là. Vous pouvez courir ailleurs si vous voulez. Essayer de vous faire bien voir dans une nouvelle bande d'escrocs. Ou essayer de vous accrocher à Jamieson comme une pauvre adolescente folle amoureuse. Comment croyez-vous qu'ils réagiraient s'ils savaient que nous nous sommes rencontrés ? »

Frank rit. Il rit au nez de Fisher. Ce n'est pas la réaction à laquelle s'attendait l'inspecteur.

« Je ne me savais pas aussi drôle, dit Fisher en cherchant une explication.

– Oh, vous l'êtes ! Ne croyez pas que je ne sais pas ce qui se passe. C'est votre dernier coup de dés. Vous êtes aux abois, donc vous faites pression. Vous venez ici pour me forcer la main. Vous êtes l'équivalent policier du cogneur. Vous pensez vraiment que je ne vois pas que vous êtes à bout ? » Le rire a disparu. Frank est plus grave, plus provocateur.

Fisher fronce les sourcils. Personne n'a envie qu'on lui dise qu'il est aux abois, même si c'est vrai. Un flic comme lui ne peut pas se permettre que ce soit aussi évident pour les autres. « Il ne s'agit pas de moi. Il s'agit de vous. Je commence à me demander si vous êtes conscient de la situation dans laquelle vous vous trouvez. »

Frank se moque de nouveau de lui. « Vous pensez que je ne le sais pas ? Je le sais. Croyez-moi, je le sais. Ça se présente mal pour moi. Je le comprends. Vous voulez que je croie que vous êtes le seul à pouvoir me sauver. »

Ça devient absurde. Fisher se lève. « Écoutez, je veux que vous compreniez ce que je veux faire. Je ne vous lâche pas, pas question. Pas avec tout ce que vous avez fait dans votre vie. Vous avez deux jours pour m'appeler et me dire que vous êtes prêt à coopérer. Vous le faites et je vous protège. Je vous trouve un endroit sûr ; je fais en sorte que vous ne soyez pas poursuivi. Vous ne le faites pas et je passe quelques coups de téléphone. Je sais que je ne peux pas vous garder pour moi. J'adorerais vous voir jugé, mais ça n'arrivera pas. Parce que des gens comme Peter Jamieson n'ont pas besoin de la même quantité de preuves que moi.

Il peut vous déclarer coupable quand bon lui semble. Un coup de téléphone de ma part et je suis sûr qu'il le fera. »

Fisher se dirige vers la porte et sort. Il se sent merdeux. Criminel. Menacer un homme de mort. Peu importe ce que l'homme a fait, qui il est. Quand on s'abaisse à ce niveau on a perdu. Il a peut-être déjà perdu. L'enquête Scott-McClure s'est vite ensablée. Frank va lui échapper, il le sait. Il va perdre, encore une fois.

Debout à la fenêtre du living, Frank regarde la voiture de Fisher s'éloigner. Il ne pensait pas que le petit salaud avait autant de cran. Il faut qu'un flic ait des couilles pour faire ça. Mais c'est tragique. Pitoyablement tragique. Fisher ressemble de moins en moins à un homme à redouter. L'homme à redouter est Jamieson. Fisher l'appellera peut-être, mais Frank en doute. Pas son genre. Et ça n'a probablement aucune importance.

Il n'a pas cessé de penser à son entrevue avec Jamieson. Combien Jamieson en sait est presque indifférent. Leur conversation a été très désagréable. Davantage un affrontement entre deux vieux ennemis qu'un échange entre deux vieux amis. Frank a déjà vu ça. Il a déjà presque tout vu. Mais il n'avait jamais été visé. C'est la conversation qu'on a quand on est tellement à l'extérieur qu'on en devient une menace. Le vieil employé qui en sait trop. Qu'il faut faire taire. Il a déjà vu ça. C'est lui qui faisait taire. Il s'est raconté des blagues en prétendant que ça ne lui arriverait jamais. Que sa relation avec Peter Jamieson était différente. Ça devait arriver. Les tueurs à gages n'ont pas de retraite heureuse. Aucun n'a l'occasion de la prendre.

47

Tourner en rond dans l'appartement. Évacuer le trop-plein d'énergie nerveuse avant de démarrer. En fait, c'est agréable de pouvoir le faire. Presque un soulagement. Si Emma était encore là il ne pourrait pas se préparer convenablement. Enfin, convenablement n'est peut-être pas le mot juste. Il n'y a pas de « convenablement ». Il n'y a que ce qui marche. Aller et venir dans l'appartement, organiser ce qu'il doit faire de chaque demi-heure jusqu'à ce qu'il parte, c'est ce qui marche pour Calum. Il mangera un morceau. Quelque chose de léger, rien qui agisse sur son estomac quand les nerfs sont tendus. Cette préparation est le moment de pire nervosité. Les deux ou trois heures avant de sortir effectuer le boulot. Quand il est en cours il y a beaucoup d'autres choses auxquelles penser. La concentration d'un bon exécuteur a raison de sa nervosité. Il faut raisonner clairement. Pour le moment, il va et vient, et organise.

Il est plus de minuit quand il quitte l'appartement. Jeans noirs, confortables chaussures de sport noires, sweat bleu marine. Il a retiré son arme il y a quelques heures chez son fournisseur habituel ; il la rendra dès que le travail sera terminé. Une location coûteuse plutôt qu'un achat. Cette fois il a pris un silencieux. Il s'en sert rarement. Ils sont chers et mal commodes. On n'en prend que pour une opération difficile nécessitant toutes les précautions. Comme celle-ci.

Il utilise sa voiture pour retrouver George à l'endroit convenu. Ils prendront ensuite la fourgonnette que George se sera procurée. Encore une liquidation qui exigera de se débarrasser du corps. Il a horreur de ça. Mais il s'agit de Frank. Jamieson veut un maximum de respect pour lui ; que Frank soit aussi bien traité que peut l'être un homme assassiné. Aucun doute, ils ne doivent pas laisser de traces. Il faut essayer de faire passer ça pour une nouvelle disparition. Trop d'interventions difficiles coup sur coup. Les risques que quelque chose tourne mal s'accumulent. Ce serait tellement bien d'avoir deux ou trois boulots simples. Mais c'est le prix à payer quand on travaille pour une organisation. Rien n'est jamais facile.

Il se gare dans le parking devant un magasin de gros en libre-service. Il y a une vidéosurveillance mais elle ne fonctionne certainement pas cette nuit. Le bâtiment est la propriété de Jamieson, ou de quelqu'un qui travaille pour Jamieson. C'est compliqué, mais comme Jamieson a des intérêts dans l'entreprise, George aura veillé à sécuriser les abords. C'est là qu'il doit confier sa sécurité à quelqu'un d'autre. George est déjà assis dans la fourgonnette. Petite, vieille, blanche, sans aucune inscription à l'extérieur. Rien dont on puisse se souvenir. Au point que son âge pourrait bientôt se faire remarquer. Calum devrait peut-être le signaler à Young, pour qu'il la fasse remplacer. Il laisse sa voiture sans la verrouiller, les clés dissimulées sous le pare-soleil. Un risque qu'il doit prendre. Il n'a pas envie qu'on trouve ses propres clés sur lui. Ni quoi que ce soit d'autre. Cette fois-ci ça ne devrait pas être important. La cible le connaît déjà. N'empêche, il pare à toute éventualité, s'assure de ne rien avoir sur lui qui puisse l'identifier. Il s'assoit sur le siège passager de la fourgonnette. Fait un signe de tête à George.

Il ne l'a jamais vu aussi ravagé. On dirait qu'il n'a pas dormi depuis des jours. Qu'il a fait la foire. La nervosité, peut-être. Frank a une véritable aura. Le plus grand tueur à gages de la ville, de l'avis de tous. George devrait faire la part des choses. Les gens se font une réputation, mais c'est comme le téléphone arabe. Une rumeur naît, se répand, et en moins de temps qu'il n'en faut pour le dire une réputation est faite sans raison valable. Certains deviennent célèbres pour des actes très éloignés de ce qu'ils ont réellement fait. Certes, Frank était un des grands. Jusqu'à ce qu'il franchisse la porte de Tommy Scott, Calum pouvait croire lui aussi à cette mythologie. Voir Frank assis par terre sous la garde de Balourd McClure a vite rompu le charme. Frank était grand. Il ne l'est plus. Il est devenu un problème. Les affaires sont les affaires. George peut avoir tous les états d'âme qu'il veut. Il est le chauffeur et il participera à l'évacuation. Tuer est l'affaire de Calum.

« Tu as tout ce qu'il nous faut ? » demande Calum. Il a laissé à George le soin de rassembler le matériel.

« Je pense que oui. Deux pelles, un grand sac de toile, des sacs supplémentaires. » Il termine sur un haussement d'épaules. Calum est méticuleux pour ces choses-là. Exigeant, au point que c'en est irritant. Mais George a déjà fait ce genre de boulot avec lui. Il n'est pas surpris.

« Allons-y », dit Calum. Il est maintenant plus de minuit ; quand il entrera dans la maison il sera plus d'une heure. Il veut que ce soit vite fait. Quelqu'un pourrait surveiller la façade, il doit donc être silencieux et rapide. Qui pourrait surveiller ? Une autre organisation. Peut-être celle de Shug. Ou la police. Il pourrait tuer la cible de quelqu'un d'autre. Il doit oublier ça. Se sortir ces choses-là de la tête, se concentrer sur son propre boulot. Peu importe ce que font les autres. Ça va déjà être suffisamment difficile.

George conduit. Ils sont presque arrivés. C'est une nuit pluvieuse, mauvaise nouvelle. Un sol meuble signifie des empreintes, et George n'aura sûrement pas emporté de sacs en plastique pour recouvrir leurs chaussures au moment de l'enterrement. Des empreintes de pas sont encore des indices qu'on ne tient pas à laisser. Ils ne vérifieront pas s'il y a des guetteurs dans la rue de Frank. Le jardin à l'arrière de chez lui donne sur celui de la maison de la rue parallèle, avec une ruelle entre les deux. Calum va entrer par là. George a garé la fourgonnette dans la rue au bout de la ruelle. Si quelqu'un surveille la maison de Frank, il sera tout près. Calum regarde George. George est d'habitude le bavard des deux, pourtant il n'a rien trouvé à dire. C'est à cause de ce genre de boulot, se dit Calum.

« Tu me donnes dix minutes, ensuite tu entres doucement.

– OK. Bonne chance, vieux. »

Un petit signe de tête. Calum enfile sa cagoule, ouvre la porte de la fourgonnette.

Il essaie de faire le moins de bruit possible. De marcher très près du mur au fond de la rangée de jardins. L'endroit n'est pas des meilleurs. Un groupe compact de maisons occupées. Trop de fenêtres de chambres donnant sur la ruelle. Ce sera difficile de transporter le corps sans qu'un abruti trop curieux entrebâille les rideaux. Surtout s'il a entendu un coup de feu. Le silencieux l'atténuera, mais il ne faut pas oublier l'éclair, visible. Avec de la chance, les rideaux seront tirés. La victime peut aussi faire du bruit. Merde, même avec un silencieux un flingue fait du bruit. Pour le silence, mieux vaut utiliser un couteau, mais ce serait sale. Du sang partout. Ils ne pourraient jamais cacher ce qui s'est passé. Il est à mi-chemin du jardin de Frank. En longeant les jardins il compte les maisons pour être sûr de trouver la bonne. En évitant les poubelles et une bicyclette solitaire enchaînée avec optimisme à une barrière en bois pourrissante. Le silence jusqu'ici, mais il est à la grille de Frank maintenant.

Il tire lentement le verrou, sans même un bruit de raclement. Il pousse la grille et regarde à l'intérieur du jardin avant de faire un pas. Il n'y a vraisemblablement pas encore d'obstacles. Ils viendront quand il entrera dans la maison. Sa seule crainte serait que Frank soit debout et l'attende. Une crainte irréaliste, mais la cible n'est pas réaliste. Il a refermé la grille derrière lui. Il regarde les fenêtres. Pas pour voir s'il y a de la lumière – Frank ne serait pas aussi négligent. Mais pour repérer un mouvement éventuel. Frank se préparant à lui tirer dessus par une fenêtre ouverte. Non, il ne tuerait pas un homme dans son propre jardin. Il est trop intelligent. Il peut expliquer un coup de feu dans la maison, mais pas un corps étendu dans l'herbe avec un trou supplémentaire. Mets-toi à la place de Frank. Qu'est-ce que tu ferais en ce moment ? Il a dû installer un système d'alarme quelconque. Il ne peut pas être en train de dormir en se disant que rien ne le menace. Pas Frank. Il doit reconnaître le danger et être prêt à l'affronter. C'est ce dont Calum se méfie, tandis qu'il s'approche lentement de la porte arrière de la maison. Il sort la clé, l'introduit sans bruit dans la serrure. Il sort son arme de sa poche intérieure avant de tourner la clé. C'est là qu'il commence à faire attention aux pièges.

48

Dix minutes à peu près après le départ de Fisher il a su ce qu'il allait faire. En réalité, il s'est senti libéré. Pour la première fois depuis qu'il avait repris connaissance sur le sol du couloir de Scott il a su exactement quoi faire. Pour la première fois il reprenait le contrôle. C'est bien de retrouver sa concentration, même si ça risque de ne pas durer longtemps. Il est passé en mode pro. Il a pensé à tout ce dont il aurait besoin. Il a répertorié, envisagé, épuisé toutes les éventualités. Si c'était la vie, tout irait bien. Ce boulot, il peut l'exécuter, et bien. Il n'a pas besoin de beaucoup de matériel. La seule chose qu'il a mis un peu de temps à trouver a été son passeport. Frank est quelqu'un de très ordonné, comme Calum. Chaque chose à sa place. Rien ne devrait jamais être difficile à trouver. C'est utile de pouvoir toujours mettre la main sur ce dont on risque d'avoir besoin. Sauf que son passeport n'était pas, comme d'habitude, dans sa table de nuit sous son chéquier jamais utilisé. Il était resté dans une poche d'un des sacs de voyage qu'il avait emportés en Espagne. Pour sa convalescence au soleil aux frais de Peter Jamieson.

Ce sera forcément Calum. Pas de mystère. Peter témoignera son respect en envoyant son meilleur homme. Techniquement le seul, mais il aurait pu engager un free-lance. Young a certainement déjà choisi le remplaçant de Frank. Probablement Shaun Hutton. Il est le candidat évident. Il a manifestement été la fuite dans l'histoire Scott, en cherchant à se concilier les bonnes grâces de Jamieson. Il sera engagé en temps utile. Frank ne lui donnerait pas la préférence. Trop capricieux. Il n'a jamais eu de poste fixe. Par ailleurs, ils ont besoin de quelqu'un qui puisse travailler avec Calum. Quand ils en auront fini avec Shug, ils s'attaqueront à de plus gros morceaux. Il y aura des opérations qui exigeront plus d'un homme armé prêt à appuyer sur la détente. Dans le temps, Frank a connu ça deux ou trois fois. Si vous ne faites pas confiance à l'autre type, l'expérience peut être éprouvante. Vous attendez qu'il dise ou fasse quelque chose de travers. Ce sera peut-être difficile de trouver un autre tireur avec lequel un type comme Calum acceptera de travailler. Frank sourit en pensant à Calum. Toujours maussade et silencieux. Rien qu'un brin supérieur. Les autres ne vont pas aimer travailler avec lui. Mais ils accepteront. Parce qu'il est bon.

C'est parce que Calum est bon que Frank doit être préparé au mieux. Il arrivera par-derrière. Logiquement, il n'utilisera pas la porte de la rue pour une cible comme Frank. Trop risqué. Quand la cible ne vous attend pas, vous frappez. Elle ouvre la porte et vous entrez en trombe. Un bon moyen de s'introduire sans casser ni portes ni fenêtres. Calum comprendra que Frank est en état d'alerte maximum. Il entrera par la porte de derrière. Peut-être en la forçant avec un pied-de-biche ; elle est vieille et peu épaisse. Bon Dieu, bien sûr, une clé. Ils ont fait faire une copie de la clé. Young s'en sera chargé. Ce sale petit malin a dû s'en occuper il y a des années, un jour où il savait que Frank n'était pas chez lui. Une pratique très répandue dans les grosses organisations. Pour s'assurer de la disponibilité de leur personnel. Frank est près de cette porte. Il fait le vide. Prépare tout. S'assure que la maison a l'air d'avoir été abandonnée sans intention de retour. Que son départ ne paraîtra pas aussi soudain qu'il ne sera en réalité. Il essuie les surfaces, range tout. Rassemble les quelques objets qu'emporterait un homme qui veut disparaître.

De retour dans la chambre à l'étage. Pas l'endroit rêvé, il rend le travail plus compliqué en étant aussi loin de la porte de derrière, mais c'est là que Calum s'attendra à le trouver. Comme la maison est petite, il n'y a pas beaucoup d'autres possibilités. La porte de derrière ouvre sur la cuisine. Ce qui signifierait tirer à vue, et un coup de feu avec la porte ouverte est hors de question. Mieux vaut ne pas le faire dans une pièce de devant. Frank veut un peu de lumière pour travailler. De la lumière en façade serait visible par davantage de monde. Donc la chambre sur l'arrière. Il prend un oreiller dans le placard et le pose au pied du lit. Son passeport, son chéquier, sa carte de crédit, son portefeuille, son portable, son permis de conduire, ses carnets de contacts codés et quelques vieilles photos, il les range soigneusement sur la commode en face du lit. Là où on peut les attraper rapidement et les fourrer dans un sac en partant. Une dernière chose à faire avant d'attendre. Les rideaux sont tirés, mais aussi épais soient-ils il ne veut pas risquer d'allumer. Pourtant il a besoin de lumière. Il abaisse au maximum la lampe de chevet articulée et l'allume. Elle ne laisse passer que peu de clarté. Assez pour y voir, pas assez pour qu'elle puisse traverser les rideaux et être vue de l'extérieur.

Ça y est. Tout est prêt. Il n'est même pas encore minuit. Calum n'arrivera pas avant une heure au plus tôt. D'habitude, ce serait après deux heures, l'heure de pointe pour les tueurs. Ils risquent moins de tomber sur des ivrognes et des âmes en peine en attendant un peu. Mais là ils préparent certainement une évacuation. Ce n'est pas un assassinat destiné à faire passer un message. Ils auront prévu un véhicule pour le transporter, un endroit où l'enterrer. Frank est assis dans le fauteuil à côté de la penderie, face à la porte ouverte. C'est un vieux fauteuil capitonné. Une véritable épave, il l'a depuis près de trente ans, mais c'est le siège le plus confortable de la maison. Un bon endroit pour la méditation. Puisqu'il y a évacuation, ils viendront tôt. Ils tiendront absolument à avoir tout fini et à rentrer chez eux avant le lever du jour. Ils pesteront contre la pluie. Frank pense à beaucoup de choses, à beaucoup de gens. La plupart impliqués dans le crime organisé. C'est sa vie depuis si longtemps. Ça et rien d'autre. Il a connu des personnages intéressants, fait des choses qu'il peut à peine croire maintenant. Il a un petit sourire quand la pendule indique plus d'une heure.

Il est entré par la porte de derrière. En silence. Il la referme, avec lenteur et prudence. Il respire lentement, sans bruit. Traverse la cuisine et arrive dans le couloir. Aucune lumière. Aucun bruit. Aucun mouvement. Il pousse doucement la porte du living de la main gauche, l'arme dans la droite. Rien. Il traverse lentement la chambre d'en bas. Vide. Il est probablement dans son lit, mais il faut vérifier. Le cauchemar est d'entrer dans la chambre et que Frank te saute dessus. Ne pas permettre à un ennemi d'être derrière toi. Maintenant, l'escalier. En appuyant sur chaque marche au plus près du mur. Les marches grincent surtout au centre. Même avec cette précaution elles grincent légèrement à chaque pas. Le premier bruit jusqu'ici. Il fait une vague grimace en atteignant les dernières marches et tourne au coin du palier. Trop de bruit pour essayer de surprendre un homme comme Frank. À présent il voit qu'il est bien trop tard pour ça.

Frank est assis dans un fauteuil face à la porte, les yeux fixés sur le couloir. Il y a de la lumière, mais pas trop. Un vieil homme, assis dans la pénombre, soutient son regard. Il a l'air triste. Calum a levé son arme. D'instinct, il le vise. Frank sourit et met les mains en l'air.

« Tu n'as pas besoin de faire ça, dit-il à Calum. Entre. »

Calum ne bronche pas. Il pointe toujours son arme, il tente de juger la situation. Frank sait forcément que c'est lui, avec ou sans cagoule. Où est le piège ? Mieux vaudrait peut-être tirer d'ici, pour que cette partie du boulot soit assurée. Il court un risque évident. Qu'il puisse y avoir quelqu'un derrière la porte. Peu vraisemblable. Frank n'engagerait pas quelqu'un d'autre. Pas son style. Trop dangereux. Mais Calum ne peut pas l'exclure. Un homme dangereux et désespéré. Agrippé au bord du gouffre. Calum s'avance. Deux formes de précaution se heurtent. Son instinct de tirer dominé par celui de ne pas précipiter les choses. Il est maintenant sur le seuil. Aucun piège apparent. Frank se lève de son fauteuil, les mains toujours en l'air. Calum jette un rapide coup d'œil derrière la porte. Rien. Il regarde de nouveau Frank. La lampe abaissée. Les objets essentiels sur la commode. Il commence à comprendre ce que c'est. Il lance à Frank un regard perplexe. Même dans la pénombre, et avec sa cagoule, Frank voit son incrédulité.

« C'est la fin », dit-il. Il va au pied du lit, se retourne. Il tombe à genoux, met les mains derrière le dos. Facilite le plus possible la tâche pour Calum. Comme il est à genoux, sa chute sera brève. Ce qui devrait éviter ou au moins réduire les projections de sang quand il tombera. Calum a vu l'oreiller. Frank a tout fait pour que le travail soit le plus propre et le plus simple possible. Il a réellement renoncé. C'est un suicide par procuration.

Tout est là pour Calum. Il pourra l'emporter pour faire croire à une disparition. L'oreiller peut à la fois atténuer l'éclair du coup de feu et limiter le saignement de la plaie. Calum sent qu'il devrait dire quelque chose, mais il ne le fera pas. Conscience professionnelle. Le moment venu, tu agis. Il saisit l'oreiller. Il a un élancement dans la main, l'effort réveille sa blessure. Il est maintenant derrière Frank. L'oreiller appuyé sur sa nuque. Silence absolu. Il enfonce le canon dans l'oreiller. De la main gauche il remonte un côté de l'oreiller autour de son arme. Il appuie sur la détente. Un bruissement étouffé. Pas de projections de sang. Frank tombe en avant. Heurte le sol. Calum s'agenouille automatiquement près de lui et appuie fortement sur la plaie. Sans même y penser. Sans enregistrer que c'est Frank qui vient de mourir. Que c'est Frank qu'ils vont emporter. Il ne pense qu'à son travail. Qui lui fait horreur en ce moment.

Ce n'est que deux minutes plus tard qu'un George méfiant apparaît en haut de l'escalier. Calum appuie toujours sur l'oreiller.

« Apporte le sac, dit-il calmement, et un sac en plastique pour ses affaires. »

George les regarde. L'air bouleversé. Il hoche la tête et redescend. Encore un à qui Calum ne peut pas se fier. Ce ne peut être que par George qu'Emma a eu vent de son véritable métier. Il ne peut faire confiance à personne. Autrefois, quand il était free-lance, il n'avait pas besoin de faire confiance à quiconque. Un luxe à l'époque, une nécessité maintenant. Aujourd'hui il doit se fier à d'autres, et il ne peut pas. Impossible de survivre de cette façon. Ça vous rattrape toujours. C'est plus long pour certains que pour d'autres. Frank a duré plus longtemps que quiconque. Personne ne dure jusqu'au bout.

Calum est agenouillé près de lui, il regarde le corps de l'homme qui faisait le même métier que lui. Qui est son avenir.

Achevé d'imprimer en septembre 2013
dans les ateliers de Normandie Roto Impression s.a.s.
N° d'édition : 450
N° d'impression : 133408
Dépôt légal : octobre 2013

Imprimé en France